# 明成祖史论

MINGCHENGZU SHILUN

毛佩琦 著

商务印书馆
创于1897  The Commercial Press

**图书在版编目（CIP）数据**

明成祖史论 / 毛佩琦著 . —北京：商务印书馆，2023
ISBN 978-7-100-21696-8

Ⅰ. ①明… Ⅱ. ①毛… Ⅲ. ①中国历史—研究—明
代②明成祖（1360-1424）—评传 Ⅳ. ① K248.107
② K827=48

中国版本图书馆 CIP 数据核字（2022）第 169014 号

**明成祖史论**

毛佩琦 著

商 务 印 书 馆 出 版
（北京王府井大街 36 号 邮政编码 100710）
商 务 印 书 馆 发 行
北 京 冠 中 印 刷 厂 印 刷
ISBN 978 - 7 - 100 - 21696 - 8

2023 年 5 月第 1 版 开本 710×1000 1/16
2023 年 5 月北京第 1 次印刷 印张 22½

定价：98.00 元

# 目 录

1

# 卷首语

历代皇权易位，不乏倒行逆取者，但是没有一位像明成祖朱棣那样背负了那么多、那么久的骂名。唐太宗逼父杀兄，夺得天下，很少被人提起，至多也是一笔带过，反倒以盛世明君标榜青史。《明史·成祖本纪》"赞"，在对明成祖做了一番赞许之后，便一笔抹黑了："然而革除之际，倒行逆施，惭德亦曷可掩哉！"[①] 为什么这位还算有所作为的皇帝，落得如此不堪的评价？这要看他夺了谁的位，杀了什么人。

被他篡位的建文帝朱允炆，号称仁慈君主，这样的人或这样的符号是不能反的。建文帝执政短短四年，即使奋发有为，也没能有多少施展，况且四年时间主要精力都用到了平定叛乱上。因此，与其说人们怀念建文君，不如说是人们对明太祖的高压统治恐惧思变，而燕王朱棣以"恢复祖宗旧制"为号召，打破了人们的期待。一些读书人对建文君的忠节，其实是在表达对洪武政治的批判，所谓"四载宽政解严霜"[②]，人们不希望再回到类似洪武时期的统治，不希望推翻建文君的"宽政"。当然，朱棣的恢复祖宗旧制的旗号只是一种政治操作。一个打破礼法的不安分的人，怎么可能会被旧制所约

---

① （清）张廷玉等撰：《明史》卷七《本纪第七·成祖三》，中华书局，1974年，第105页。

② （明）朱鹭：《建文书法儗》附编上《过金陵吊方正学诸臣诗》，中国国家图书馆藏明万历刻本。

束。但那是他夺位以后的事了，一时间，人们无法预料他将会如何执政，将会成为一位怎样的皇帝，所以只能拒斥。

夺权往往是要杀人甚至要血流成河的。但有的人杀不得，僧道衍姚广孝在燕王朱棣起兵时，对他有所劝告，不是劝他不杀人，而是告诉他有一个人不能杀，杀了，读书种子就绝了。此人就是被士大夫奉为楷模的方孝孺。杀了读书人的楷模，读书人不会真的就绝了，但对于朱棣的骂名就会永远不绝了。

然而，尽管有战乱和杀戮，有从建文到永乐的易位，在社会生活层面大体上是波澜不惊的。永乐年间继承了洪武年间发展生产、管理社会的制度，基本没有变动。老百姓只是要过日子，只要不影响到自己的正常生活，谁做皇帝都是一样的。况且，争来夺去，还不是朱家的天下。正如朱棣在方孝孺的斥责和质问下无言以对时所说："此朕自家事耳！先生毋过劳苦。"①大明是朱家的天下，由谁做皇帝，外人就不要太操心了。

但是，同样是这些读书人，反对篡位是基于法礼；对于最终夺得了权位的人，仍然会有一套法理的述说。这是当政者的需要，也是读书人的需要，如此，就可以心安理得地跟着朱棣干了。

正德中，莆田为在靖难中死节的乡先贤立祠，林俊为之作《记》，就颇费口舌地讲了一通"大经大权"的话，他说：

> 国家廓清内难时也，死事约略可省记者方侍讲孝孺……吾乡陈知府彦回、陈给事中继之，凡四十有六人……呜呼，有驭世之大经，有运世之大权。自传子而家天下也，厄再世观扈权在君，桐宫权在相，三监权在亲，传位长君权在母。我太祖知天命有在，权在我。有人也，经德弗回立焉者，正也。我太宗

---

① （清）谷应泰：《明史纪事本末》卷之十八《壬午殉难》，中华书局，1977年，第291页。

权之，轨世酬物存焉者，大也。诸人共起而争之，抗声纲常守焉者，定也。盖至是时而国步康，时化顺，大玉弗移，采章犹故，容有意诸人者。是修死曰："彼食其禄，自尽其心。"追论子宁曰："使今日在，固当用之。"而时或事异，犹无失玉成明伟之烈，若犹唐然王、魏优之义不可为训，君子殆有议焉。[①]

不论"驭世之大经"，还是"运世之大权"，都可随意翻转，所谓纲常，也不过是维护一姓统治的工具。靖难之役的结果是"大玉弗移，采章犹故"，于是，天下太平，万物息争。虽然当年抗命诸臣坚守纲常惨遭屠戮，但后来的皇上朱棣说了"彼食其禄，自尽其心"，"使今日在，固当用之"，无异于当年唐太宗之任用王珪、魏征。大哉王言，能不感激涕零乎！

朱棣破坏礼法，悍然造反夺位，于公德有亏。千年之后终难逃"乱臣贼子"的骂名。尽管他即位后钳制人口，销毁史籍，甚至伪造历史，依然无济于事。朱棣为镇压政治反对派，对于抗命者采用断舌、磔刑、油烹，"疏族远亲，莫不连染"的"瓜蔓抄"等等手段，已属骇人听闻；他迫令所谓奸臣妻女"转营奸宿"，"纵教坊子弟群乱其妻"，下令人死后"着狗吃了"，其丑恶残暴更是亘古未闻，分明是一个顶着皇冠、披着黄袍的恶棍！

如果说他镇压反对派是出于政治需要，那他对于后宫柔弱女子的摧残，就纯粹是出于私欲泄愤。因为鱼、吕二宫人的争吵引发了一场冤案，朱棣在暴怒之下，对宫中可怜无助的女子大开杀戒。朱棣亲临刑场，看她们一个个遭受剐刑，先后坐死者达二千八百人，

---

① （明）林俊：《见素集》卷十二《二烈祠记》。《记》署"正德丁丑（十二年，1517年）春三月上浣"，《四库明人文集丛刊》，上海古籍出版社，1991年，第1257—1258页。林俊，莆田人，成化戊戌（十四年，1478年）进士，正德历右副都御史，嘉靖时任刑部尚书。

"杀宫人殆尽"[①]。最后，前后两案共杀三千余人。虽然，据载此时朱棣的暴虐狠厉可能出于重病在身，但更应从其极端疯狂的权力欲、占有欲去追究原因。其私德有亏竟如是！另外，朱棣起兵口称自己是太祖高皇后之嫡子，以编造其即位的合法性，在登上大位后仍然不愿公开承认自己的生母，在以孝治国的时代，又德性何在？[②]

然而，评价历史人物常常是不论私德的，特别是大人物；公德、私德都是给小人物设置的。多少占据大位的帝王将相，私德不堪，史书却忽略不计。

朱棣是胜利者，自然有塑造自我形象的机会，不论在舆论上还是在实际上，都要把自己塑造为一个明君、英主。他执政二十二年，可谓宵衣旰食，殚精竭虑，运筹于殿廷，鏖战于疆场，无一刻以自逸。《明史·成祖本纪》赞其"即位以后，躬行节俭，水旱朝告夕振，无有壅蔽。知人善任，表里洞达，雄武之略，同符高祖。六师屡出，漠北尘清。至其季年，威德遐被，四方宾服，受朝命而入贡者殆三十国。幅员之广，远迈汉、唐。成功骏烈，卓乎盛矣"[③]，是大致不错的。

明成祖朱棣堪称是一位大有作为的雄主，不用说在明史上，就是在整个中国历史上，也占有重要的一席。朱棣长谋远略，其为政、勤政，有符于太祖。

他曾说："朕德凉薄，托于万姓之上，惧弗克负荷，夙夜祗事，

---

① 吴晗辑：《朝鲜李朝实录中的中国史料》上编卷四《世宗庄宪大王实录一》，甲辰六年十月戊午，中华书局，1980年，第319—320页。

② （明）谈迁：《国榷》卷十二，惠宗建文四年："文皇帝御讳棣，太祖高皇帝第四子也。母碽妃。《玉牒》云高皇后第四子，盖史臣因帝自称嫡，沿之耳。今《南京太常寺志》载孝陵祔享，碽妃穆位第一，可据也。"中华书局，1958年，第847页。吴晗有《明成祖生母考》，见《吴晗史学论文集》第1册，人民出版社，1984年，第542页。

③ （清）张廷玉等撰：《明史》卷七《本纪第七·成祖三》，第105页。

不敢暇豫……夫戒谨者，治之所兴；宴安者，乱之所自。"①他谨慎施政，安不忘危。永乐九年二月癸卯，朱棣在右顺门披览奏牍，御案上镇纸金狮欹侧将坠，给事中耿通趋进移置案中。朱棣就此表白了心迹，说："一器之微，置于危处则危，置于安处则安。天下大器也，独可置于危乎？尤须安之。天下虽安，不可忘危。故小事必谨，小不谨而积之，将至大患；小过必改，小不改而积之，将至大坏。皆致危之道也。"②

他关注民生，期望致民小康，即位之初，曾说："朕即位未久，常恐民有失所，每宫中秉烛夜坐，披阅州郡图籍，静思熟记。何郡近罹饥荒，当加优恤，何郡地迫边鄙，当置守备。旦则出与群臣计议行之。近河南数处蝗旱，朕用不宁，故遣使省视，不绝于道。如得斯民小康，朕之愿也。"③他遵行洪武时期的做法，民间发生水旱灾荒，地方官不得隐瞒不报；民间有饥馑，地方官开仓赈济无须请示批准。这几乎等于明朝的"家法"，后世均不得违背。

朱棣勤于政事，有记载说，永乐初，他每天"四鼓以兴，衣冠静坐"，"思四方之事，缓急之宜"。上午有早朝，下午有晚朝。外朝处事完毕，还要处理宫中之事。"闲暇则取经史览阅，未尝敢自暇逸"。"诚虑天下之大，庶务之殷，岂可须臾怠惰。一怠惰即百废弛矣"④！有人建议他务简默，他回答说："人君固贵简默，但天下之大，民之休戚，事之利害，必广询博访然后得之"，"不如是不足以

<hr>

① 《明太宗实录》卷一九四，永乐十五年十一月壬申，台湾"中研院"历史语言研究所校印本，1962年，第2043页。

② 《明太宗实录》卷一一三，永乐九年二月癸卯，台湾"中研院"历史语言研究所校印本，第1440页。

③ 《明太宗实录》卷二三，永乐元年九月庚子，台湾"中研院"历史语言研究所校印本，第427页。按："夜坐"，校印本误作"夜至"，从江苏国学图书馆影印本改。

④ 《明太宗实录》卷五〇，永乐四年正月丙辰，台湾"中研院"历史语言研究所校印本，第756—757页。

尽群情。<sup>①</sup>"因此他事必亲闻。他曾指责通政司"四方奏疏非重务者，悉不以闻"，务求周知民情，政令通达。他说："朕主天下，欲周知民情，虽细微事不敢忽。盖上下交则泰，不交则否。自古昏君其不知民事者多至亡国……凡疏奏关民休戚者，虽小事必闻，朕于听受不厌倦也。"<sup>②</sup>他曾令人将中外官员的姓名书写在武英殿南廊，闲暇观之，以熟悉政情<sup>③</sup>。

朱棣也像太祖一样，自奉俭约，不事纷华。他曾说："内库所贮，皆天财，待赏有功，虽朕不敢妄费。"<sup>④</sup>永乐十二年，一次百官奏事毕，朱棣退朝坐在右顺门，所服里衣袖敝垢，纳而复出。侍臣有人称赞他的贤德。他说："朕虽日十易新衣未尝无，但自念当惜福。故每澣濯更进。"这一点乃得自其父朱元璋真传。他说："昔皇妣躬补缉故衣，皇考见而喜曰，皇后居富贵勤俭如此，正可以为子孙法。故朕常守先训不忘。"<sup>⑤</sup>

朱棣用人，颇有知人之明。而且既任用，就放心依赖。所以永乐朝官员多久任者。他对吏部尚书蹇义说："铨选之职，但当据理，不当任情。理以是非为准，情以从违为工。"要依据是非对错决定用人员的去取，不能以听不听话决定人员的选用。他又说："用人用所长，才优者使治事，德厚者使牧民。有才者不必皆君子，有德定不为小人，慎之。"<sup>⑥</sup>对于有才但有缺点的人，也不妨任用。他还认为，

① 《明太宗实录》卷六六，永乐五年四月庚子，台湾"中研院"历史语言研究所校印本，第930页。
② 《明太宗实录》卷五八，永乐四年八月丁酉，台湾"中研院"历史语言研究所校印本，第847—848页。
③ 《明仁宗实录》卷五上，永乐二十二年十二月辛亥，台湾"中研院"历史语言研究所校印本，第165页。
④ 《明太宗实录》卷六六，永乐五年四月乙未，台湾"中研院"历史语言研究所校印本，第928页。
⑤ 《明太宗实录》卷一四八，永乐十二年二月癸亥，台湾"中研院"历史语言研究所校印本，第1734页。
⑥ （清）查继佐：《罪惟录》志卷之三二《永乐逸记》，永乐三年，浙江古籍出版社，1986年，第1026页。

一个人是不是能够展现才能，取决于"人主"对他如何使用，他说："叔孙通在秦则伪，在汉则诚。裴矩在隋则佞，在唐则忠，非两人也。"①同一个人，为不同人所使用，表现就不一样。对于曾经的建文朝旧臣，只要能够归诚，朱棣也不拒绝任用。他举唐太宗用人，说："唐太宗为君，王珪、魏征初皆仇怨，一体委任之不疑。两人终能尽心辅政，知无不言。尉迟敬德，亦仇敌也。既获而用之，便得其死力，皆太宗有至公之量，故能得此。今朕用人无间新旧，惟贤才是用，何尚存一毫私意！"②他对自己的用人很有信心："朕非恶尽心建文者，恶其导之坏祖法耳！事建文，忠建文；事朕，忠朕。"③

此外，朱棣为政，主张从大处着眼，说："治贵得大体"④，不拘琐碎细故；认为"君臣贵相与以诚，谀佞非治世之风"⑤；他不相信异兆祥瑞，说"彼物之异，常理有之"，算不得祥瑞，"海宇清明，生民乐业，此国家之瑞也"⑥，又认为"国之废兴，必在德，不专在数也"⑦，"人苟有德可传，何必百岁之寿"⑧。他重视学问，亲近学人，认为"虽生知之圣，亦资学问"⑨等等，这些记载虽然不无史臣之阿谀，

---

① （清）查继佐：《罪惟录》志卷之三二《永乐逸记》，永乐二年，浙江古籍出版社，1986年，第二册，第1026页。

② 《明太宗实录》卷五六，永乐四年秋七月壬子，台湾"中研院"历史语言研究所，第46页。

③ （清）谈迁：《国榷》卷十二，惠宗建文四年八月丙寅，第874页。

④ （清）孙承泽：《春明梦余录》卷二五《六科》，中国国家图书馆藏古香斋鉴赏袖珍丛书本。

⑤ 《明太宗实录》卷四四，永乐三年秋七月戊戌，台湾"中研院"历史语言研究所校印本，第690页。

⑥ 《明太宗实录》卷一九六，永乐十六年春正月丙寅，台湾"中研院"历史语言研究所校印本，第2056页。

⑦ 《明太宗实录》卷三三，永乐二年八月丙申，台湾"中研院"历史语言研究所校印本，第594页。

⑧ 《明太宗实录》卷五六，永乐四年七月甲辰，台湾"中研院"历史语言研究所校印本，第830页。

⑨ 《明太宗实录》卷八八，永乐七年二月甲戌朔，台湾"中研院"历史语言研究所校印本，第1161页。

官书之溢美，但作为一代君主能有这样的认识，也是很可贵的。

朱棣对政治反对派表现出了残暴的一面，但在司法上，他也有慎刑的一面。永乐二年（1404）二月，刑部处理强盗一案，认为人犯该当死罪，但其中有两人年十五岁以下，被朱棣下令免死，处以"投入习匠，输作终身"。刑科给事中认为朱棣处理不当，上书争辩，说："彼虽年幼，既能行劫，亦当被刑，不宜免死。"朱棣说："童稚未成人者，本无知觉，向非成人者诱之，岂能自为盗耶？朕特推此情矜之耳。岂有屈法滥恩？"又说："古耆悼不加刑。二儿去悼之岁皆不远，况试其力皆不能胜二斗粟。果有秦舞阳、童区寄之能，可曲贷乎？"①永乐六年十一月丁巳，刑部、都察院、大理寺上奏说，"大辟囚三百余人，已复讯皆实，请处决"。朱棣命令行人持节谕之："有冤抑，许自陈。"又召五府六部及六科官谕之，说："三百余人，未必人人皆得其实情。有一不实，则死者衔冤，尔等更从容审之。一日不尽，则二日、三日，便十日亦何害？必使其无冤。大抵人之实情难得，有言语便捷，辄驾虚词掩实情者；有讷于言，虽怀实情而口不能发者。须详悉以听，亦不可以刑迫之。"他举例论述以刑迫供之弊，说"今三百余人，宁无一二冤抑？尔等其详审之。"结果，二十余人辨冤，得以释放②。

一个对政治反对派滥刑，对后宫女子残忍屠戮的人，能说出这样的话，听起来几乎等于天方夜谭。这说明朱棣人格的分裂，理智和感情的分裂。然而，朱棣尽管没能以理智约束自己，作为皇帝，他的这些训示对于法司的执法，还是会有影响的。

---

① 《明太宗实录》卷二八，永乐二年二月己丑，台湾"中研院"历史语言研究所校印本，第510页。按：秦舞阳，燕国勇士，年十三，杀人，后随荆轲刺秦王。见《史记》卷八六《刺客列传第二十六·荆轲》，中华书局，1959年，第2533页。童区寄，十一岁，有智有胆，遭盗绑架，杀盗自救。见（唐）柳宗元《柳河东集》卷十七《童区寄传》，哈佛燕京图书馆藏明崇祯六年（1633）刻本。

② 《明太宗实录》卷八五，永乐六年十一月丁巳，台湾"中研院"历史语言研究所校印本，第1130—1131页。

朱棣好大喜功，汲汲于建立功业，动辄务求其大，其胸襟胆略在历代帝王中确也少有。他的许多举措都赫赫煌煌，超迈前古。其长驾远驭，亦非洪武时期可比。洪武时期，限于国力，对于故元势力，无法克服，只能防范切割。朱元璋也有天下一家的观念，但同样限于国力而不能有大的作为。朱棣对故元势力采进取态势，企图一劳永逸地解决蒙古问题，而且他走得更远，大有全面继承故元遗产之势。他迁都北京，派郑和下西洋，打通海路，调停各国纠纷；派陈诚出使西域，联络西域各国，都可以看作是大元帝国事业的继续。

朱棣的所作所为，是功是过，何成何败，自应给予应有之评价。不过，朱棣把摊子铺得太大，求功的步伐太急，永乐二十余年间，驱天下百姓于无休止的征战徭役之中，虽号称功加汉唐，而当时百姓实未得其惠，欲"斯民小康"，其可得欤！

这里有一个令政治家和史学家都困惑不已的难题。当政者雄心的边界在哪里？除了为实力所限之外，建立大功大业与百姓眼前利益如何权衡？长远战略与短期功利如何权衡？执政者需要思考如何行动，史学家则需要思考什么为功，什么为过。当人们歌颂所谓功加汉唐的时候，小民的利益置于视野了吗？反之如果不思进取，庸碌无为，民力可能会节省，小民就可以得到更多利益吗？也许，继永乐之后的仁宣之治更值得称许，仁宣对永乐之政作了很多收缩和调整，史称其时"仓庾充羡，闾阎乐业，岁不能灾"，"民气渐舒，蒸然有治平之象"①。然而，他们能够如此，不正是因为永乐时期的开拓进取为他们打下了基础吗？

然则，以史家之观察，明成祖朱棣自有其历史地位。明人焦竑（1392—1449）说："高皇帝剪除凶残，鸿业未固，必得大圣人继起，乃能定之。微独国朝为然，汉唐宋统一天下，皆有太宗，乃克

---

① （清）张廷玉等撰：《明史》卷九《仁宣本纪》"赞"，第125—126页。

永世。"①王世贞（1526—1590）说："太祖之后而功者，孰不知成祖乎？"②明太祖创建了明朝。明朝的事业要延续、要发展，其后继者有责焉。建文帝执政是一种模式，明成祖执政是另一种模式，毕竟朱棣走到了最后，他以进取作守护，以发展作继承，在明朝历史上留下了深刻的印记。他巩固了太祖朱元璋的事业，并且把它大大向前推进了。明朝国祚可以延续二百七十余年之久，与明成祖朱棣的开拓进取大有关系，这一点明朝人看得比较清楚。当然，明朝人所看重的是朱姓皇朝的长治久安。对我们说来，即便是由于明成祖的功业而延长了国祚，也不一定是要给予他肯定评价的理由。皇帝姓朱还是姓李，并不重要。重要的是看他给人民带来什么，给历史留下了什么。

最后，我还要重述这样一段话：放眼看去，中国历史上似有一带规律性的现象。每当一个新兴皇朝建立，完成了统一事业，它同时带有的缺陷又注定了它不能维持长久。继之而起者，必须把前朝所开创的制度完善起来，把它的缺陷克服掉。这时，便出现了一兴盛的、较为持久的新皇朝。试看，秦经百战统一天下，而失于役繁政苛。汉起而代之，承秦制，而以黄老无为之治得安天下。隋继战乱而兴，而失于贪功好大。唐承隋制以"去奢省费，轻徭薄赋，选用廉吏"而纠正之，于是出现了所谓"贞观之治"。后周经过改革，已初具一统气象，但因未能削除武臣擅权而失败。宋继之，剪除藩镇，强干弱枝，从而完成了相对的统一，建国达三百余年之久。朱元璋建立明朝，其制度可算完备，但分封过多，却引发了内乱。朱棣登位，削弱诸藩势力，推进文官制度，控制四夷，使明祚延至二百余年。这样纵观下来，朱棣在历史上的地位是不是更清楚了

---

① （明）焦竑：《忠节录序》，（明）朱鹭：《建文书法儗》附编上，中国国家图书馆藏明万历刻本。

② （明）王世贞：《弇州史料后集》卷二八《札记》，中国国家图书馆藏明万历四十二年（1614）刻本。

呢？朱棣虽非开国之主，但也并非守成之君。对于明朝，他承袭了朱元璋开创的制度，加以调整，把它置于更巩固的地位，虽无开创之功，却走了必要的一步。当然，这一步朱允炆或许也要走，但他没来得及施展长计，而朱棣夺得了一展身手的机会，以此成为明朝历史上的关键人物，也由此成为中国历史上的重要人物。经过朱棣，中国的疆域民族版图大体确定了，传统的政治制度进一步完善了，奠定了明清两朝的整体格局①。

我40余年前开始研究朱棣。那时年轻气盛，对朱棣批评较多。近年更多地肯定了朱棣的历史贡献。人无完人，对任何人都不能苛求，何况是古人，然而我们不是希望那些影响人民命运的人是完人或者接近完人吗？我们不希望看到因某个人的所谓功绩卓著，对他的评价就可以不拘"小节"；我们也不希望某个人为了建立功业，就可以让百姓为他忍受痛苦和付出牺牲。我想，后世居于大位者应该了解历史，但似乎更应该了解历史上那些伟大人物的缺点和不足。明乎此，庶几谓我对朱棣不为苛求。

毛佩琦

2021年6月24日

于北京昌平之垄上

---

① 毛佩琦:《永乐皇帝断论》，1985年10月安徽黄山"中国明史国际学术讨论会"论文。

靖难篇

# 第一章 藩封论

永乐皇帝朱棣（1360—1424），本为藩王，由于发动了靖难之役，推翻了他的侄儿建文帝朱允炆（1377—1402），才登上了皇位。因此，要认识朱棣，必先从明太祖朱元璋（1328—1398）的分封政策和朱棣做藩王时说起。

明朝建立后，太祖朱元璋把相当多的精力用到了加强专制皇权方面。朱元璋对别人掌握军队从来不放心。早在起事之初，他便以所收义子为心腹，分遣出镇，钳制诸军[①]。当自己的儿子成年后，他便让他们就藩于各军事重镇，许多高级将领都要受到这些年轻亲王的节制。为了加强专制统治，洪武十三年（1380），他诛杀了左丞相胡惟庸（？—1380），废除了中书省，以六部尚书分丞相之权。同年，又分大都督府为中前后左右五军都督府与兵部互相制约，分散了武臣的兵权，加强了皇帝对军队的控制。史称朱元璋"雄猜好杀"[②]，曾经为建立明朝立过汗马功劳的开国功臣，被他以各种借口杀戮殆尽。文武大臣对皇帝的威胁确实是消除了，但是为了"广盘石之安"[③]而分封的诸王，在洪武晚年却向皇位提出了新的挑战。早在

---

① （明）刘辰：《国初事迹》，（明）朱当㴫《国朝典故》卷四。

② （清）赵翼：《廿二史劄记》卷三二《胡蓝之狱》，中国书店据世界书局1939年版影印，1987年，第467页。

③ （明）王祎：《拟封诸王诏》，（明）陈子龙等选辑：《明经世文编》卷四《王忠文公集》，中华书局，1962年，第1册，第29页。

洪武九年（1376），因星变，朱元璋诏求直言，山西的平遥县学训导叶伯巨（？—1376）应诏上了一道万言书，其中首列"分封太侈"，"其语切直"。

关于分封，叶伯巨写道：

> （国家）惩宋、元孤立，宗室不兢之弊，秦、晋、燕、齐、梁、楚、吴、闽诸国，各尽其地而封之，都城宫室之制，广狭大小，亚于天子之都，赐之以兵甲卫士之盛，臣恐数世之后，尾大不掉。然后削之地而夺之权，则起其怨，如汉之七国，晋之诸王。否则恃险争衡，否则拥众入朝，甚则缘间而起，防之无及也。①

叶伯巨的上书引起朱元璋的震怒，竟以"疏吾家骨肉"，将叶伯巨"诏系刑曹"，致"瘐死狱中"②。难道这么浅显的道理朱元璋还需要臣子的上书进谏吗？由于身边饱学之士的朝夕论讲，他对于历代兴亡之经验也应该是烂熟于心的。其实，以朱元璋之聪明，他对叶伯巨提出的问题，早已做出了安排。现在我们可以读到洪武六年五月朱元璋手订的《祖训录》，以及后来洪武二十八年颁布的经过修订《皇明祖训》，其中对亲王的权力，特别是兵权作了严格的限制，规定"凡王国有镇守兵，有护卫兵。其镇守兵有常选指挥掌之，其护卫兵由王调遣"。"凡镇守兵，不许王擅施私恩"。③他甚至要隔断亲

---

① （清）谷应泰《明史纪事本末》卷之一五《削夺诸藩》中，叶伯巨上书文字颇有缩略，中华书局，1977年，第225—226页。《明史》本传所录"上书"文字较详，其文所列诸国为"秦、晋、燕、齐、梁、楚、吴、蜀"，与《纪事本末》不尽同。见卷一三九《叶伯巨传》，第3990页。

② （明）宋端仪：《立斋闲录》卷一，见（明）朱当㴐《国朝典故》，中国国家图书馆藏明抄本，又见明邓士龙辑《国朝典故》卷三九宋端仪著《立斋闲录》，北京大学出版社，1993年，第916页。

③ 今存版本实为洪武十四年二月至十月间颁布的修订本，见张德信、毛佩琦主编：《洪武御制全书》之《祖训录》，黄山书社，1995年，第383—384页。

王与当地政府的联系，规定当地府县官员都由朝廷除授，王府的官员也要由朝廷选派，不得自行任命，王国不得结交延揽"奔竞佞巧知谋之士"，不许接受上书陈言。《祖训》还特别规定了防范在皇位接替、新天子即位时可能出现的问题：

> 凡朝廷新天子正位，诸王遣使奉表称贺，谨守边藩，三年不朝，许令王府官、掌兵官各一员入朝。如朝廷遵守祖宗成规，委任正臣内无奸恶，三年之后亲王仍依次来朝。如朝无正臣，内有奸恶，则亲王训兵待命，天子密诏诸王统领镇兵讨平之。既平之后收兵于营，王朝天子而还。如王不至而遣将讨平，其将亦收兵于营，将带数人，入朝天子。在京不过五日而还。①

尽管朱元璋对藩王的权力做了许多限制，但是，分封亲王主导思想自身的矛盾和制度设计中的漏洞，使得他没有从根本上杜绝藩王造反的可能。

朱棣是明太祖朱元璋的第四子，被封为燕王，封国在北平（今北京）。北平曾是元朝的统治中心——大都，实为政治和战略的要地。朱棣被封地此处，显示了朱元璋对他的期待。在朱棣夺位后，臣下常常借此谀颂朱棣，说他能力多么强，多么受太祖的重视。其实他被封为燕王时还不过11岁，远远没有达到成熟的年龄，还不足以担当大任。相反，朱元璋曾一度想以西安作为明朝的首都，他将第二个儿子朱樉（1356—1395）封为秦王，建藩西安，在朱元璋看来，其地位无疑更为重要。②如前所说，亲王的地位虽然很高，待遇

---

① 张德信、毛佩琦主编：《洪武御制全书·皇明祖训》，第401页。
② 洪武中，御史胡子祺（胡广之父）"上书请都关中，帝称善，遣太子巡视陕西，后以太子薨，不果"。参（清）张廷玉等撰：《明史》卷一百四十七《胡广传》，第4124页。

优厚，但也只是"分封而不锡土，列爵而不临民，食禄而不治事"①。每个亲王只拥有三个护卫的兵力，少者三千人，多者不过万九千人②。然而，朱元璋分封诸王的目的在于"外镇边圉，内控雄域"，"以卫社稷"③，因此又不能限制他们的发展，甚至力量越强大越能得到他们的助力。朱元璋常常命他们训将练兵，临视週迴险易，制造军器。《皇明祖训》"兵卫"规定："凡王教练军士，一月十次或七八次、五六次。若临事有警，或王有闲暇，则遍数不拘。"《祖训》"职制"规定："王府指挥官并属官，随军多少设置，不拘数目。"④这样，他们的力量便有个大大发展的空间。当时，被推翻的故元势力，仍然是明朝的首要威胁。为对付北元，朱元璋多次命令秦王、晋王、燕王将兵出塞，筑城屯田。在军事行动中，大将如宋国公冯胜（？—1395），颍国公傅友德（？—1394）都受亲王的节制。这种亲王所拥有的"秉钺部兵，崇权握势"⑤的优越条件，就成为朱棣后来夺取皇位的资本。

朱棣即位后，常常渲染太祖朱元璋如何属意于己，暗示朱元璋曾有传位给朱棣的打算，谀臣们甚至将"棣"附会为暗示"帝"。其实这不过是为了掩盖朱棣篡位之耻的欺人之谈。从一些记载看，次子秦王、三子晋王也是受到朱元璋倚重的。史称，秦王"严毅英武，太祖委以关西军事，得专刑赏，岁时躬巡边鄙。自大将军以降，皆属节制。有军功者先拟封拜以闻。御军甚严，所过秋毫无敢犯，未尝妄戮一人，故戎狄畏威，兵民倚以为重。洪武二十七年（1394），西番负固弗庭，王奉命征之，多所擒获。番酋穷迫，率其众诣伏下

---

① （清）张廷玉等撰：《明史》卷一二〇《列传第八·诸王》"赞"，第3659页。
② （清）张廷玉等撰：《明史》卷一一六《列传第四·诸王》"序"，第3557页。
③ （明）王圻：《续文献通考》卷一九四《封建考》，现代出版社影印本，1986年，第2920页。
④ 《皇明祖训》"兵卫""职制"，中国国家图书馆善本部藏明礼部刻本。
⑤ 《皇明两朝疏抄》卷三戚元佐《议处宗藩事宜疏》。

降，遂受约束"①。史称晋王"聪明英锐，眉目修耸，美须髯，顾盼有威容，多智数"②。秦王、晋王也并非平庸之辈。实际上，诸亲王每出塞御敌，根据朱元璋的指示，燕王都要受到兄长的约束。就宗法伦理而言，如无特别情况，长幼之序是不可以淆乱的。就是朱棣即位后编写的、为他夺取皇祚辩护的《奉天靖难记》也不能完全掩盖这种情况，如所载洪武二十三年（1390）春晋王、燕王率师西出，晋王向皇太子告状，说"上（指燕王朱棣）不听己约束，劳师冒险"③云云，就是燕王在军事行动中须听从兄长约束的明证。

不过，在诸王中，朱棣也算是相当彪悍的一位，其在对北元作战中表现突出，战绩往往在诸王之上。史称他"貌奇伟，美髭髯，智勇有大略，能推诚任人"④，"料敌制胜，洞烛万里，威振朔漠"⑤。前所举洪武二十三年晋、燕二王同征，燕王北出，晋王西出，会期进师。燕王"直抵迤都山，径薄虏营，获乃儿不花及其名王酋长男妇数万口，羊马无算，橐驼数千"。而晋王则无所获⑥。

按照宗法制的规定，明朝建立后朱元璋立长子朱标（1355—1392）为太子，分封众子为亲王。诸王失去了继位为皇帝的可能，但仍不免心存觊觎，特别是年龄较长的二子秦王、三子晋王、四子燕王，有一种不能言说的怨怼，甚至诸王之间也进行着明争暗斗。他们争相有所表现，以期博得朱元璋的好感，同时设法排挤竞争对

① （明）何景明撰：万历《雍大记》卷一八，中国国家图书馆善本部藏明刻本。
② （明）王世贞：《弇州史料后集》卷六二引《国史》，中国人民大学图书馆藏明万历刻本。
③ 王崇武：《奉天靖难记注》卷一，国立中央研究院历史语言研究所专刊之二十八，商务印书馆，1948年，第8页。
④ （清）张廷玉等撰：《明史》卷五《本纪第五·成祖一》，第69页。
⑤ （清）查继佐：《罪惟录》卷三《太宗文皇帝纪》，第71页。
⑥ 王崇武：《奉天靖难记注》，同上。按，原文又说："晋王素畏惧，出近塞，不敢进。"而《罪惟录》"帝纪"卷之三说："晋王懦不进，（燕）王抵迤都山，掳其太尉、丞相等。全师以归。……太子曰：'晋王虽未深入，然张声势，有犄角之助'。"疑永乐时官书故意贬低晋王。

手，以取得更多的机会。比如，一些文献记载晋王曾到父皇朱元璋处告燕王"劳师冒险"，又日夜搜求燕王的"国中细故"，"专欲倾上（燕王）"；甚至太子也加入了攻击燕王的行列中，据载，燕王每入朝，太子"数以语见侵"等等。现在流传的文献经朱棣即位后矫饰，未免一面之词，但从中依然不难看出诸王之间的互相倾轧之势。

洪武二十五年（1392），太子朱标死，秦、晋、燕王无不有次及之望。朱元璋接受了学士刘三吾（1313—1400）的建议，立长孙①朱允炆为皇太孙，以杜绝诸王对皇位的企望。不久，洪武二十八年（1395）秦王死，洪武三十一年（1398）晋王死，这时，不仅朱棣的两个强有力的对手消失了，而且他成为诸王中最年长者，在诸子中处于强势地位。同时，这时朱棣的羽翼已经丰满，不但拥有久征惯战的护卫军，实际权力上也早已超出了"列爵不临民"的规定。《明史》说"迨洪武末年，燕王屡奉命出塞，势始强"②，已是无可改变的事实。

洪武三十一年五月，即晋王死后一个月，朱元璋曾给朱棣一道敕谕："成周之时，天下治矣，周公犹告成王曰'诘尔戎兵'安不忘危之道也。今虽海内无事，然天象示戒，可不防乎？朕诸子汝独才智，克堪其任，秦晋已薨，汝实为长，攘外安内，非汝而谁？已命杨文（1350—1406）兼总诸军，听尔节制。尔其总率诸王，相机度势，用防边患，又安黎庶，以答上天之心，以副吾托付之意。"③事已至此，朱元璋不能不把朱棣看作维护朱家皇朝的重要支柱，对他寄

---

① 朱允炆实为太子朱标之第二子，以其兄先逝而为长。太子妃常氏所生二子雄英、允熥相继薨。吕氏以次妃生允炆、允熞、允熙。见（清）张廷玉等撰：《明史》卷四《本纪第四·恭闵帝》，第59页；卷一一八《列传第六·诸王三》，"兴宗五子"，第3614页。

② （清）张廷玉等撰：《明史》卷一三九《列传第二十七·叶伯巨》，第3996页。

③ （明）黄光昇：《昭代典则》卷一一，明万历刻本；另见（明）尹守衡：《明史窃》卷一，明崇祯刻本。

予更大的希望。然而朱元璋毕竟精明过人，他总感到不能完全令人放心。皇太孙朱允炆曾向朱元璋谈过自己的忧虑[1]。朱元璋也对皇太孙面对强势亲王的局面有所察觉，如果朱棣能够"上答天心"，不辜负朱元璋的托付，固然天下大吉，否则未来的局面年轻皇帝是很难对付的。但眼见未来的弱主面对强藩的大格局已经形成，身处暮年的朱元璋已无能为力了。一个月后，朱元璋病危，临终前他告诫身边即将承继大业的君臣："燕王不可不虑"，并下遗诏"诸王临国中，毋得至京。王国所在文武吏士，听朝廷节制，惟护卫官军听王。诸不在令中者，推此令从事"[2]。

但是，形势已经无可逆转，皇位继承人与诸王之间的矛盾难以消弭。不仅燕王，觊觎皇位的也不乏其他亲王。洪武三十一年（1398）闰五月乙酉，朱元璋辞世。根据朱元璋遗嘱，皇太孙朱允炆即皇帝位。

建文帝用兵部尚书齐泰（？—1402）、太常卿黄子澄（1350—1402）之议，迫不及待地实行谋划久已的削藩[3]。就在这年七月，周王即以谋反罪被逮，废为庶人[4]。此时距朱元璋之死仅仅两个月。建文帝出手可谓迅雷不及掩耳。周王朱橚（1361—1425）之被逮，是因为其子、汝南王朱有爋（1380—？）告发其父朱橚和周府世子朱有燉（1379—1439）谋反。而当时，朱有爋年仅十岁。王世贞（1526—1590）说，"十岁儿岂便作此狡狯？得非齐黄诸公，欲以质

---

① （明）尹守衡《明史窃·革除记》（明崇祯刻本）载：朱元璋"因语皇太孙曰：'朕以御虏付诸王，可令边尘不动，贻汝以安。'太孙曰：'虏不靖诸王御之，诸王不靖，孰御之？''太祖默然良久，曰：'汝意何如？'太孙曰：'以德怀之，以礼制之。不可则削其地，又不可则变置其人，又甚则举兵伐之。'太祖：'无以易此矣。'"

② （明）谈迁：《国榷》卷一〇，洪武三十一年闰五月，第783—784页。

③ （明）张芹：《备遗录》，见明刻本朱当㴐《国朝典故》。

④ 按，此用《国榷》说，见卷一一，中华书局，1958年，第789页。《明史》卷四《建文帝本纪》系此事于八月："周王橚有罪，废为庶人，徙云南。"中华书局，1974年，第60页。《明史纪事本末》则记废周王为庶人，迁之云南，系于洪武三十一年六月。

成定王之罪，而使人诱其左右阉宦以告密之利，可以夺嫡篡父耶？将毋有燃为左右所诱劫而不能制耶？"①不过，无论如何，这件事说明，无论是为了皇位，还是为了王位，各方势力都是谋划已久，蠢蠢欲动。而首先拿下周王则出于齐泰、黄子澄的谋划。此前，建文帝与齐泰、黄子澄商议削藩计划，齐泰想先从燕王朱棣下手，黄子澄反对，认为燕王势力强大，仓促间难以取胜。他主张先废掉周王，不仅仅因为周王的势力相对弱，而且因为周王是燕王的同母兄弟②，除去周王，等于剪除了燕王的羽翼。于是，周王被迁往云南，周世子被安置于临安。然而，无论是先从燕王下手，还是先除去周王，削藩的方针已然确定，那么，也就不用去计较周王所谓谋反的事实究竟有多少了。明人朱鹭（1553—1632）批评说："手足骨肉之间有异志，无叛征，处之要自有道。"其实周王的问题仅仅是"第不能兢兢祗慎守法，叛谋未不闻也"。建文君臣不讲分寸地武断处置，在诸王中引起了连锁反应。所谓"逼一王而诸王心战"。周王的被废在诸王中造成了恐慌，因此诸王"相继告变"③。皇帝与诸王之间的冲突已经全面公开化。建文元年（1399）二月，朝廷下令亲王不得节制文武吏士——其实这是重申祖训规定；四月，人告岷王朱楩（1379—1450）不法事，建文帝下令削除岷王护卫军，处死其导恶指挥宗麟，废岷王朱楩为庶人；因湘王朱柏（1371—1399）伪造钞及擅杀人，降敕切责湘王柏，并遣使以兵迫之。湘王不堪其辱，说："吾闻前代大臣下吏，多自引决。身高皇帝子，南面为王，岂能辱仆隶手求生活乎？"遂阖宫自焚而死；又以人告齐王榑"阴事"，诏召齐王入京，废为庶人，拘系之；幽禁代王朱桂（1374—1446）于大同，

① （明）谈迁：《国榷》卷一一，洪武三十一年七月"王世贞曰"，第790页。
② 朱棣一直声称自己为太祖高皇帝、高皇后嫡子，以伸张继位的合法性。此处说燕王与周王同母，透露出燕王并非高皇后所出。
③ （明）谈迁：《国榷》卷一一，洪武三十一年七月"朱鹭曰"，第790页。

废为庶人①。确如燕王抱怨所说："未及期年，削夺五王"，"吾父子一家之命危在朝暮"②。这是一场争夺皇位的生死存亡的斗争。双方都是有备而来，但似乎燕王的准备更加充分。不同于作为皇储的朱允炆，燕王在自己的封国内经营了十八年，因为备边，握有重兵，而且多次练兵巡边出塞征战。当建文帝削藩危及燕王的时候，燕王曾经上书建文帝，以武力相威胁："如陛下听奸臣之言，执而不发，臣请亲（《秘史》作请）帅精兵三十万（《秘史》作三十五万）直抵京师索取去也。"③其兵竟号称三十万人之多！虽有虚张声势之嫌，但也足以说明燕王拥兵之众，绝非王府护卫军所限定的区区一万多人。而且朱棣广结豪杰智谋之士，布置私人势力，甚至将耳目安插到建文帝的身边。他苦心谋划，梦想成为皇帝已非一日④。建文元年（1399）六月己酉，燕山护卫百户倪谅上变，告发燕王谋反。朝廷下令处死燕王府旗校于谅等人，逮捕了王府官僚，并且下诏切责燕王⑤。建文帝削藩已经降临到朱棣头上了。不论是出于防卫自固，还是进取夺位，朱棣都必须起而与朝廷对抗，双方都拿出真刀真枪来，甩掉了温文的假面具。明人早已指出，"燕王之变，削亦反，不削亦反"⑥，燕王之反，并不在于建文帝是否要削藩，他是早下了决心要反的。反观建文帝对于燕王，则是"反亦削，不反亦削"，不论燕王是不是暴露反状，他是早下了决心要削除燕王的。这种态势，是朱元璋分封制度酿成的。分封政策的主旨在于用强大的藩王来保障皇朝，而藩王

---

① （清）谷应泰：《明史纪事本末》卷之一五《削夺诸藩》，第328页。

② 《明太宗实录》卷二，建文元年七月丁丑，台湾"中研院"历史语言研究所校印本，第20—21页。

③ 《燕王令旨》"上惠帝书"。引自王崇武：《明靖难史事考证稿》"燕王令旨奉天靖难记明实录《燕王上惠帝书》对照表"，商务印书馆，1948年，第17页。

④ （明）朱当㴐：《靖难功臣录·姚广孝》，载（明）沈节甫辑：《经录汇编》卷之一百一，中国国家图书馆藏明万历刻本。

⑤ （清）张廷玉等撰：《明史》卷四《本纪第四·恭闵帝》，第61页。

⑥ （明）屠叔方：《建文朝野汇编》，中国国家图书馆藏明万历刻本。

强大了，反而会威胁皇帝。这种制度内在的矛盾无法解除，君主与亲王之间的尺度不好拿捏。在权位上，双方都视对方为寇仇，一有机会，矛盾就会爆发。燕王朱棣与建文帝之间的对抗，不过是这种矛盾的爆发的一个典型事例。

朱棣举兵了，矛头直指朝中。他援引《祖训》中"朝无正臣，内有奸恶，必训兵讨之，以清君侧之恶"的规定[①]，打起"靖内难"、"清君侧"的旗号，挑起了战争，故此役被称之为"靖难之役"。但是，朱棣对《祖训》作了截取和篡改。他隐去了亲王兴兵须要奉"天子密诏"这一重要前提[②]，而且，《祖训》规定，即使亲王清除了君侧之恶，铲除了祸乱，最后也只能朝见天子而回到自己的封地，不能赖在京师不走，更不能对皇位有非分之想。朱棣心里很清楚，他起兵本身就是对天子的反叛，就是违背"祖训"，他援引《祖训》，不过是掩人耳目，既要借《祖训》为自己张目，就不能不对《祖训》进行篡改。

这场战争，对朝廷来说是居高临下以正压逆，本来以天下之大应该是足以应对一隅之反叛的。但最终却失败了。后人分析建文帝失败的原因，有很多说法。最为典型的是说朝廷所用非人，决策错误。比如朱鹭将其归于"人事实误"，说"齐、黄计躁于削国，而不能远虑；正学迂于法古，而目不见近"。这里所指，其实都是具体操作层面的问题。从宏观上看，则是朱元璋一系列强干弱枝的政策使然。开国老将凋零殆尽，元勋宿将，付之屠戮。相反，却放手让朱姓藩王的势力坐大，几条祖训对于如狼似虎的藩王，很难有什么实际约束力。因此当强藩造反时，朝廷已经无人可用了。

官军挂帅平乱或者应战的是硕果仅存的老将、长兴侯耿炳文

---

[①] 王崇武：《奉天靖难记注》卷一，第36页。

[②] 《皇明祖训》"法律"第十三条（明礼部刊本，第28页）规定："如朝无正臣，内有奸恶，则亲王训兵待命，天子密诏亲王统领镇兵讨平之。既平之后，收兵于营，王朝天子而还。"

（1334—1403）。燕王是以下犯上，起于一隅，形势上并不有利，但因为他谋划已久，而且久经战阵，调遣有方，却能在实战中屡占上风。燕军在济南、东昌（今山东聊城）也曾经遭到挫折，但燕王坚忍不挠，败而复起，最后一路克敌制胜。用朱棣的话说，是"荷天地祖宗之灵，战胜攻克，擒之于坝上，歼之于白沟，破之于沧州，溃之于藁城，麇之于夹河，蹂之于灵璧"[①]。最后，朱棣以宦官探得南京虚实，避开朝廷主力守军，直插南京，夺得了皇位。"靖难之役"以燕王"入承大统"，建文帝"逊国"而告终。

如此看来，事情似乎相当简单明白，朱允炆为保卫皇位，朱棣想夺取皇位。朝廷谋略不足，官军指挥失当，而朱棣有勇有谋，用兵得法，最终胜负如是。因此，不论是旧史家，抑或是新学人，在评论这场战争时，多以"皇室权力之争"一言蔽之，或指点战场得失，或分析帷幄优劣，至多也只追究到朱元璋分封政策所种下的祸根。

其实，这场战争有着更深刻的政治背景。如果深入历史，逐一剖析具体事实，或者可以透过各种表象，发现历史运作背后的力量。明朝历史由洪武而建文，由建文而永乐，靖难之役，是一大关节，透彻明析这一大关节的成因，会有助于我们对明成祖朱棣和明初政治有更全面的认识。

朱元璋精心设计的亲王分封制度，引起了一场战乱。虽然明朝没有因此灭亡，但所造成的破坏也相当严重。永乐初年的一些记载反映出当时被兵地区民生凋敝的情况。战乱所造成的破坏和损失是一时的，"靖难之役"对明朝政治的影响却是深远的。一方面，朱棣作为亲王以武力夺取皇位取得了成功，给怀有野心的亲王们树立了一个坏的榜样，鼓励他们一旦有机会就尝试以武力篡夺皇权。另一

---

① （明）黄光昇：《昭代典则》卷一二，明万历刻本。又见《明大宗实录》卷一〇上，洪武三十五年秋七月壬午，台湾"中研院"历史语言研究所校印本，1962年，第6册，第144页，"蹂"作"辒"。

方面，所有坐在皇位上的人都要面对众亲王，不知道这些骨肉至亲哪位心怀不轨。皇帝应该如何对待这些亲王？无论如何，明朝的分封制度必须改变。当权者要消弭祸乱于无形。在祖宗之法不可变的旗帜下，明朝的分封制度在悄然发生着变化。

### 附论：明朝分封制的末路

朱棣发动靖难之役的成功给后世宗室子弟树立了坏榜样。尽管从永乐年间就开始对亲王加以限制，并用各种方法削弱亲王的势力，但是后来还是发生了一连串的宗室造反：宣德年间的汉王之乱，正德年间的安化王之乱、宁王之乱，还有一个胎死腹中的永乐末年的赵王之乱。① 为保护皇帝的地位不受威胁，历朝皇帝都采取各种办法限制亲王。宗室人口越来越多，但对他们的戒备也越来越严，所谓"宗室日蕃，禁防寝备"②。嘉靖末年，为规范宗室的行为，编成《宗藩条例》，万历十年删订为《宗藩要例》，对宗室的限制措施繁复细密，可以说是处处用心，处处防范，举其大端，诸如限制诸王的兵权，永乐以前，就有过削减诸王护卫之举动，如建文帝曾削宁王三护卫。永乐十一年，"有告代王不轨者，赐敕列其三十二罪，召入朝，不至，再召，至中途，遣还，革其三护卫及属官"。③ 永乐十八年，"有告周王橚反者，帝察之有验，明年二月，召至京，示以所告词，橚顿首谢死罪，帝怜之，不复问。橚归国，献还三护卫"④。宣德四年，"护卫军张嵩等讦（康王志𡒄）其府中事，志𡒄不安，辞三护

---

① （清）谷应泰：《明史纪事本末》卷二六《太子监国》，第396页。

② （明）申时行等：《明会典》卷五五《礼部十三·王国礼一》"封爵·序"，影印万有文库本，中华书局，1989年，第346页。

③ （清）张廷玉等撰：《明史》卷一一七《代简王桂传》，第3582页。

④ （清）张廷玉等撰：《明史》卷一一六《周定王橚传》，第3566页。

卫，宣宗答书奖谕，予一护卫"①。借故削王府护卫已成为消减亲王势力的一种常用手段。

对亲王限制的其他规定还有许多，诸如规定王府内不得私藏兵器。正德九年，鲁府归善王当冱以"藏护卫兵器，违祖制，废为庶人"，②甚至国家有难，也不准亲王擅自带兵勤王。正统十四年"土木之变"，成化六年，寇入河套，韩王宗室请带兵效力，都以藩禁而遭拒绝，所以"自是宗臣无预兵事者"。③明末，农民军大炽，九年秋八月，京师戒严，唐王聿键（1602—1646）"倡义勤王。诏切责，勒还国。事定，下部议，废为庶人，幽之凤阳"④。

诸如王府不得擅自行事，"永乐元年令，王府有事发行三司等衙门，随即奏闻，必得钦准方许奉行，敢有擅行者治罪"⑤。后来，对宗室奏事也有限制："宗室非机密重情，不得径奏。"⑥

明朝还有"王官不外调，王姻不内除"的制度。各级官员一旦进入王府任职，便永无升转的机会了。因此，吏部往往将无法安置的官员除授王府官。"王官不外调，王姻不内除"，其目的也是避免与亲王关系较深的人参与王府以外的事务。

明朝还规定，王府之间不得任意交游，王府派出人员的活动都要严加限制。正德十一年规定，各王府派赴京城办事人员，"只许会同馆安歇，不许在外潜往，事完即回。违者照例发问充军。在京有容令住歇及指称打点等项，事发各问罪如律"。嘉靖元年规定，各王府赴京人役，"有挟带空本在京填写者，缉事衙门，巡视御史拿问追究，用印之人，从重治罪"⑦。

---

① （清）张廷玉等撰：《明史》卷一一六《秦燕王棣传》，第3560页。.
② （清）张廷玉等撰：《明史》卷一一六《鲁荒王檀传》，第3576页。
③ （清）张廷玉等撰：《明史》卷一一八《韩宪王松传》，第3605页。
④ （清）张廷玉等撰：《明史》卷一一八《唐定王桱传》，第3608页。
⑤ （明）申时行等：《明会典》卷五六《礼部十四·王国礼二》"奏事"，第353页。
⑥ 同上。
⑦ 同上。

明初，凡有节日喜庆，亲王可以庆贺入朝。如洪武十五年八月，高皇后崩，秦王与晋、燕诸王奔丧京师，十月还国。十七年皇后大祥，复来朝，寻遣还①。但是，万历《明会典》明确说："凡遇三大节，止于府中行遥祝礼。"②已经不允许亲王进京祝贺节庆了。《明史》说，弘治十三年以后，律例并行，而网亦少密，王府禁例六条，诸王无故出城有罚，其法尤严。③《明史·代简王朱桂传》："襄垣王逊煓（1410—1462），简王第五子，分封蒲州。诸王就藩后，非清命，不得岁时定省。煓念大同（代王府所在地）不置，作思亲篇，词甚悲切。"④宣德四年，襄王瞻墡（1406—1478）自长沙徙襄阳，道安陆，与瞻坦留连不忍去。濒别，瞻坦恸曰："兄弟不复更相见，奈何！"左右皆泣下⑤。景泰二年，荆宪王瞻堈请朝上皇。不许⑥。天顺五年奏准，凡王从旧王府城外经过，许出相见，随即回府，若不从城外经过者，不许⑦。亲王虽尊极人臣，而兄弟不得相见。弘治八年七月，皇太后春秋高，思一见（崇简）王（见泽），帝特敕召之。礼部尚书倪岳（1441—1501）言："数年来，三王之国，道路供亿，民力殚竭。今召王复来，往返劳费，兼水溢旱蝗，舟车所经，恐有他虞。亲王入朝虽有故事，自宣德以来，已鲜举行。英宗复辟，襄王奉诏来朝，虽笃敦叙之恩，实塞疑谗之隙，非故事也。"大学士徐溥（1428—1499）亦以为言，帝重违太后意，不允。既而言官交章

① （清）张廷玉等撰：《明史》卷一一六《秦王樉传》，第3560页。
② （明）申时行等：《明会典》卷五六《礼部十四·王国礼二》"庆贺"，第351页。
③ （清）张廷玉等撰：《明史》卷九三《刑法志一》，第2286页。
④ （清）张廷玉等撰：《明史》卷一一七《代简王桂传》，第3583页。
⑤ （清）张廷玉等撰：《明史》卷一一九《梁庄王瞻坦传》，第3634页。
⑥ （清）张廷玉等撰：《明史》卷一一九《荆宪王瞻堈传》，第3631页。
⑦ （明）申时行等：《明会典》卷之五六《礼部十四·王国礼二》"之国"，第350页。

及之。乃已①。亲王虽是天潢骨肉，亲子之情亦不得叙。皇太后想见儿子一面也不能如愿。倪岳疏中所指英宗时事载《明史》，襄王朱瞻墡在明英宗被滞留瓦剌时，曾上书请立英宗长子为太子，而令铖王监国，又上景帝书，请其对英宗无忘恭顺，但英宗复辟后襄王却险遭诬陷。所以事实澄清后，英宗对襄王格外礼遇，令其两次入朝，且"敕王岁时与诸子得出城游猎，盖异数也"，实在是一个特例②。而上述"王从旧王城外经过，许出相见"的规定，就是在此时定立的（天顺五年，见前注）。又，万历中，郑贵妃不欲其子福王之国，以留下来庆贺太后寿诞为词，太后曰："吾潞王亦可来上寿乎？"③郑贵妃的请求只好作罢。李太后是神宗生母，潞王是神宗亲弟，他们尚且被约束如此，不亦悲夫！嘉靖十八年皇帝南巡，"各处近路王府，许亲王具常服，预先出城候驾，其余宗室俱不许擅离府出迎"④，也是被特许亲王出城的一个特例。《明史·诸王传》"赞"说："防线过峻，法制日增。出城省墓，请而后许，二王不得相见。藩禁严密，一至于此。"⑤

明朝对亲王的待遇极为优厚，岁禄之外，还赐给天地、草场，特赐盐引，经销食盐。但亲王之支子孙，大量郡王镇国、奉国将军等等都靠岁禄衣食。而"生齿日繁，国力不给"。嘉靖中，御史林润（1530—1569）上书说："天下财富岁贡京师米四百万石，而各藩禄米至八百五十三万石。既无灾伤蠲免，亦不足供禄米之半。年复一年，将何以支？"而当时规定，不许宗室从事四民之业，也不准宗

---

① （清）张廷玉等撰：《明史》卷一一九《宗简王见泽传》，第3636页。

② （清）张廷玉等撰：《明史》卷一一九《襄王瞻墡传》，第3629页。

③ （清）张廷玉等撰：《明史》卷一一四《孝定李太后传》，第3535页；（清）赵翼著，王树民校证：《廿二史劄记校证》卷三二，中华书局，1984年，第746页。

④ （明）申时行等：《明会典》卷之五三《礼部十一》"嘉靖十八年南巡仪"，第341页。

⑤ （清）张廷玉等撰：《明史》卷一二〇《诸王传赞》，第3659页。

室参加科举考试①。到晚明，对于宗藩的种种限制，已经违背了太祖朱元璋分封亲王的初衷。致使本为屏藩帝室削藩而分封的亲王，成为享受尊荣的寄生虫。他们之于朝廷，不仅不能得缓急之用，反倒成了沉重的负担。《明史》评论说：

> 当太祖时，宗藩备边军戎受制，赞仪疏属且令边历各国，使通亲亲。然则法网之密起自中叶。岂太祖众建屏藩初计哉！②

顾炎武（1613—1682）写道，自靖难之役以后，"大臣无不以削弱王府为务。嗣位诸王又皆生长深宫之中，长妇人之手。无不广置田庄，放情酒色，及贼骑至城，而亲王之势与齐民无异。逆贼见藩封之大，而所向辄陷也，则以为天子之都，亦将如是。是以直犯京师，而不之忌"。③至如前揭，封国在南阳的唐王，在明朝危难时起兵勤王，被指责为不守祖制，被废为庶人，关押在凤阳高墙，都是因为被靖难之役吓破了胆子。亲王可用也不用了。

明太祖朱元璋分封亲王之制在他死后引发了内乱，是一项完全失败的政策。

---

① 万历中，郑世子朱载堉奏请"宗室皆得儒服就试，中式者，视其才器，中外职兼用，始允行之"。崇祯中又重申郡王子孙文武堪用者，得考验授职。（清）赵翼著，王树民校证：《廿二史劄记校证》卷三二，第749页。

② （清）张廷玉等撰：《明史》卷一二〇《诸王传赞》。

③ 陈登原：《国史旧闻》卷三二"靖难影响"引《亭林余集》《书太虚山人象象谭后》，中华书局，1980年，第24页。

# 第二章　革除论

燕王朱棣即皇位后，要否定建文帝的合法性，编造篡改了许多文书，伪造历史，甚至干脆否定建文历史的存在，抹去"建文"年号，称其为"革除"。但是，建文帝执政四年的事实是不能抹杀的。在官修的史书中没有建文帝的位置，更没有建文"实录"。有关建文时期的史料，在明成祖即位之后销毁殆尽，却同时编造了很多材料，抹黑建文帝[①]。朱棣死后，建文史事渐渐浮出水面。特别是英宗复辟之后，建文帝及其遗嗣逐渐得到正视。而国史关于建文帝的记载仍然付之阙如。正德、嘉靖以后，朝野乃敢大言建文史事。至于万历、天启，民间涌现了一批关于建文帝的著述，一些人努力钩沉典籍传闻，重现历史面貌，但良莠不齐，杂芜并存，迄无一完整真实的建文历史[②]。但要透视靖难之役，就不能不从建文史事说起。有幸的是，前辈学者王崇武等人对靖难史事做了开拓性的研究。循此路径，进一步深入发掘、辨析，如今对建文帝及靖难史事有了较多的了解，足以帮助我们更加深入地认识这段历史。

建文君臣所推行的是一套与洪武时期截然不同的政策，他们改

---

① 永乐年间，颁布的官书《奉天靖难记》这类内容不少。如说"允炆日益骄纵，焚太祖高皇帝、孝慈高皇后御容，拆毁后宫，掘地五尺，大兴土木，怨嗟盈路，淫逸放恣靡不所为"云云，不一而足。见王崇武《奉天靖难记注》卷一，第186页。

② 参见吴德义：《建文史学编年考》"前言"，天津教育出版社，2009年，第1—2页。

变祖法、更新政治的思想是极为明确的。我将建文时期的施政称为"建文新政"。明太祖朱元璋订立的各项制度,都可以称为祖制,是不能轻易变更的。他留下的《皇明祖训》,对于其子孙后世具有法律意义,必须严格遵守。洪武三十一年(1398)闰五月乙酉,明太祖朱元璋辞世,皇太孙朱允炆根据礼制,"陈'祖训'于东直殿,设重器于西直殿",既表示皇权授受之隆重,又表示对祖训的遵奉。五月十六日,建文帝即皇位,声称"夙夜祗惧,思所以克相上帝,以无忝皇祖之大命"①。在即位诏中建文帝又声称,要"永维宽猛之宜,诞布维新之政",已经露出推行新政的端倪。建文皇帝所倚重的大臣、兵部尚书齐泰则明确说:"《皇明祖训》不会说话,只是用新法便。"②这显示他们对祖宗旧制的蔑视和实行变法的决心,但也因此被燕王朱棣抓到了把柄,成为举兵"靖难"的借口。建文帝宣称"德惟善政,政在养民","期致雍熙之盛"③,他下了一道包括赦死罪、宽刑狱、蠲逋租、赈灾荒的诏书④,是为新政的开始。以下逐项剖析新政的内容。

我们先来看看建文即位前后刑法的变化。

建文帝长于深宫,自小接受儒家教育。各种文献均记载他"仁柔""孝友",这种品格反映在他的政治生活中,则与朱元璋的严酷之政相左。太祖朱元璋在晚年,也有意让朱允炆得到历练,此时朱允炆已经表现出了他的个性。"太祖春秋高,中外万机,尝付帝(建文)裁决。时尚严翼,帝济以宽大,于刑狱犹多减省,远近忻忻爱戴。"⑤据说,朱元璋曾经以《律》授皇太孙,皇太孙"遍考经礼,参之历朝刑法志,改定七十三条,帝览竟,大喜曰:'吾当乱世,刑不

① (明)谈迁:《国榷》卷一一,洪武三十一年闰五月乙酉,第787页。
② 王崇武:《奉天靖难记注》卷二,第101页。
③ (明)朱鹭:《建文书法儗》前编,叶七、八。
④ (明)朱鹭:《建文书法儗》前编,叶七、八。
⑤ (清)傅维鳞:《明书》卷四,《建文皇帝本经》,《丛书集成初编》本,商务印书馆,1937年。

得不重。汝当平世，刑不得不轻。所谓刑罚世轻世重也"①。建文所改
七十三条，内容如何，今已不可考。黄建彰曾考证建文所改者应是
例而非《律》②。不过所改内容由严变为宽，大概是可以确定的。建
文即位后，继续实行宽刑的方针。他说：大明律"较前代律往往加
重。盖刑乱国用重典，非百世通行之法也。……律设大法，礼顺人
情，齐民以刑，不若以礼。其传谕天下有司，务崇礼教，赦疑狱，
嘉与万方，共享和平之福"③。这样做的结果是"罪至死者，多全活
之。于是刑部、都察院论囚，视往岁减三之二。人皆重于犯法"④。建
文二年（1400）皇帝下诏曰："顷以诉状繁，易御史台号都察院，与
刑部治庶狱。今赖宗庙神灵，断狱颇简，其更都察院仍汉制御史府，
专以纠贪残，举循良，匡政事，宣教化为职省。"⑤由于宽刑，造成刑
狱减少，以至于要将兼治刑狱的督察院改称为御史台，以削减其司法
功能。

洪武初，朱元璋曾说："水弱，民狎而玩之，故多死也。盖法严
则人知惧，惧则犯者少，故能保全民命。法宽则人慢，慢则犯者众，
民命反不能保，故守成者不可轻改祖法。"⑥在这种思想指导下，洪武
时期"用刑太繁"⑦，甚至"无一日无过之人"⑧。后来，朱元璋虽然也

———————

① （明）朱鹭：《建文书法儗》前编，叶一二下。中国科学院图书馆藏明万历
乙卯本，校以中国人民大学图书馆藏崇祯元年（1628）刻本。
② 黄彰健：《洪武二十二年太孙改律及三十年律诰考》，载《国立中央研究院
历史语言研究所集刊》第二十册下册，中华书局，1987年。
③ （明）朱鹭：《建文书法儗》前编，叶四下。
④ （明）宋端仪：《立斋闲录》卷一，见明抄本《国朝典故》；《明史》卷九四
《志第七〇·刑法二》："建文帝继体守文，专欲以仁义化民元年刑部报囚，减太祖时
十三矣。"第2320页。《建文朝野汇编》卷三："建文元年十二月，法司奏，今岁论
囚，视往岁减十之三。"明万历刻本。
⑤ （明）宋端仪：《立斋闲录》卷一，见明抄本《国朝典故》。
⑥ 《皇明祖训》"箴规"，中国国家图书馆善本部藏明刻本。按，此本《序》末
署"洪武六年五月日"。
⑦ （明）叶居升：《上万言书疏》，《明文海》卷四七，中华书局，1987年，第
344页。
⑧ （明）解缙：《大庖西上封事》，《明文海》卷四七，第349—350页。

说过"刑罚世轻世重"的话，但终洪武朝，他重典治国的方式并未改变。洪武三十年（1397），《大明律》最后修订完成，成为定制颁示天下，朱元璋下令申刑法画一之制，"令子孙守之"，"群臣有稍议更改，即坐以变乱祖制之罪"①。因此，建文帝君臣冲破成规，实行宽刑，是需要有些勇气的。《大明律》的条款是不容改变的，但在执行中，建文帝采取了从宽的原则。建文二年九月，建文帝下令"赦流放官员，录用子孙。洪武中以过误逮及得罪者，皆征其子孙录用之"②。"征洪武中功勋废误者子孙录用之"③。对那些在洪武中根据《大明律》定罪的予以赦免，是对洪武所施刑罚的实际否定，是对洪武失误的一种平反。因而，在建文朝的官僚队伍中，有不少人是在洪武中遭到贬黜放废的人。

我们再来看看田赋方面的情况。

每个新皇帝上台，都要做一番冠冕堂皇的文章，宣示纠正前朝弊端，务行仁慈之政，大多是例行公事而已。建文帝想要有一番作为，他下达的诏书却是要切实实行的。建文帝即位当年冬天，他下诏赐明年田租之半。诏书说："朕即位以来，大小之狱，务从宽省，独赋税未平，农民受困。其赐明年天下田租之半。"④建文元年正月，他又下养老诏，命官赎民鬻子⑤。同年三月，诏均江浙田赋，人得官户部。诏书说："江浙赋独重，而苏松准私租起税，特惩一时之顽民，岂可定则以重困一方？宜悉与减免，照各处起科，亩不得过一斗。田赋既均，苏松人仍任户部。"⑥

① （清）张廷玉等撰：《明史》卷九三《志第六九·刑法一》"序"，第2279页。
② （明）屠叔方：《建文朝野汇编》卷四《逊国编年》，中国国家图书馆藏明万历刻本。
③ （明）朱鹭：《建文书法儗》正编下，叶十二下，中国科学院图书馆藏明万历乙卯本，校以中国人民大学图书馆藏崇祯元年（1628）刻本。
④ （明）朱鹭：《建文书法儗》前编，叶二十一下。
⑤ （明）朱鹭：《建文书法儗》正编，叶五下。
⑥ （明）朱鹭：《建文书法儗》正编，叶五下。

　　江浙苏松地区赋税重于他地，是元代以来就有的老问题，但朱元璋当政后，此地赋税更加沉重。"初，太祖定天下官民田赋，凡官田亩税五升三合五勺，民田减二升，重租田八升五合五勺，没官田一斗二升。"而"浙西官、民田，视他方倍蓰，亩税有二三石者"①。为什么会这样？据说，朱元璋在初取天下时，"愤其城（苏州）久不下，恶民之附寇（指张士诚，1321—1367），且受困于富室而更为死守。因令取诸豪族租佃簿历付有司，俾如其数为定税。故苏赋特重，惩一时之弊"②。官赋相对于民租是很轻的。按民租标准征收租税，是大大加重了农民的负担。后来苏松等地的田赋虽稍有减免，但仍远远高于他地③。重赋的实际受害都是普通农民，江浙人民因此不堪其苦，就用逃亡和逋欠的方法加以抵制，使重赋之田地无赋可收。因而建文帝均江浙田赋，不仅使百姓得受其惠，也有利于国家，确是一件德政。至于不准苏松人在户部作官，则是担心苏松人官户部可能蒙蔽为奸，一旦掌握财政大权会对朝廷构成威胁。江浙地区是明朝经济的重要支柱："浙江及苏松二府，为财赋之地"，而"户部胥吏，尽浙东巨奸，窟穴其间，那移上下，尽出其手。且精于握算，视长官犹木偶"④。不准苏松人官户部实为一种地区歧视政策，不利于各地间政治文化的平衡。

　　洪武末年，江南僧道"多占腴田，蚕食百姓"⑤。僧道多占田地，挤占了农民的耕地，也减少了国家的税赋。杭州知府虞谦（1366—

---

　　① （清）张廷玉等撰：《明史》卷七八《志第五四·食货二》，第1896页。

　　② （明）祝允明：《野记》卷一，清同治甲戌刻本。其实苏松重赋的原因很复杂，即如《野记》诸书所记属实，至多也只能是苏松重赋的原因之一。

　　③ （明）祝允明：《野记》卷一，洪武十三年二月朔，命户部减苏松嘉湖重租粮额。旧一亩科七斗五升至四斗四升者，减十之二；四斗三升至三斗六升者，俱止征三斗五升。以下仍照旧额。

　　④ （明）沈德符：《万历野获编》补遗卷三《历法》"算学"条，中华书局，1959年，下册，第889页。

　　⑤ （明）张芹：《备遗录》，见明抄本《国朝典故》。

1427）、户科给事中陈继之（？—1403）先后上书，建言限制僧道占田。建文帝批准了他们的建议，对僧道占田加以限制。建文三年（1401）七月，下诏曰：

> 近代以来，俗僧鄙士，食著自养，货值富豪，甚至田连阡陌，本欲以财自奉，然利害相承，遂不之觉。既有饶足之利，必受官府之扰……今天下寺庵宫观，除无田产外，其有田者，每僧道一人各存田五亩，免其租税，以供香火费，余田尽入官，有佃户者，佃者自承其业，无佃户者，均给平民。[1]

限僧道占田，无疑也是一桩爱民之举。

建文帝受攻击最甚的莫过于违背祖法，更改洪武官制了。

朱元璋为控制权力，对中央制度做了多次调整。洪武十三年（1380），他罢中书省，废丞相，升六部秩以分相权，"事皆朝廷总之"[2]。朱元璋诫谕子孙："以后子孙做皇帝时，并不许立丞相。臣下敢有奏请设立者，文武群臣即时劾奏，将犯人凌迟，全家处死。"[3]建文帝不顾祖训严禁，"阃外事一以付泰"[4]，民间至称"以齐泰为左丞相，黄子澄为右丞相"[5]。这在维护旧制，视祖训为神物者看来，自然是大逆不道了。相反，朱棣提出"悉复皇考之旧"，"纲纪政令一出

---

① （明）朱鹭：《建文书法儗》正编下，叶二十四下。《姜氏秘史》建文三年七月甲寅。

② （清）谷应泰：《明史纪事本末》卷之一三，"胡蓝之狱"，第182页。

③ 《皇明祖训》首章，明礼部刻本，叶四至五。

④ （明）张芹：《备遗录·齐泰传》。

⑤ （明）黄溥：《闲中今古录摘钞》，商务印书馆影印《纪录汇编》卷之一二九。民国二十六年（1937年）版，第10页。按，明代史学家王世贞认为，建文帝并未设丞相。其说详见《弇州史料后集》卷六三，二史改三。然则，"阃外事一以付泰"，则已有丞相之实矣。中国人民大学图书馆藏明万历甲寅本。

于天子"①。他强调这一点，不仅是为借助于"复旧"的保守势力，使篡权师出有名，也是为了维护皇权的专制。

改官制，终建文四年一直没有间断。仔细考察，建文所改官制有些无关紧要，意义不大，或仅仅改变了名称，实际并没有改变。但有些官制的改变，则是有深意的。朱元璋罢丞相，升六部秩，而六部尚书仅为二品，这是除宗人府官和公孤傅保以外文臣的最高品级，显然其目的是故意压低六部地位，以确保纲纪政令一出于天子，使"天子之威福无下移"②。专制皇帝需要的是皇家的臣仆，这些臣仆可由皇帝任意处置，从罢黜直到廷杖、处死。朱元璋所开创的廷杖，使大臣的身心遭到肆意的摧残和污辱。所谓"血溅玉阶，肉飞金陛"，"君之视臣如狗彘"③。建文朝中也有反对更改官制的，史仲彬（1366—1427）、楼琏（？—1402）曾以"安静祖法"为言，上书建文帝。建文帝在楼琏的奏疏上批道："此正所谓知其一未知其二者。六卿果可低于五府耶？祭酒犹在太仆下耶？假令皇祖而在，必当以更定为是。群臣勿复言。"④他不满于六部尚书低于五军都督府的都督，不满于太学的最高长官祭酒低于掌管马政官太仆寺卿。建文帝至少要让他们地位相等。此一改变使文臣的地位有所提高，也显示他有意适当分权。建文帝倚重大臣，放手让他们去做事，尊重他们的地位，这与朱元璋极端专制的做法是大相径庭的。燕王朱棣在致曹国公李景隆的信中说："祖训云，罢丞相，设五府、六部、都察院、通政司、大理寺等衙门，分理天下庶务，彼此颉颃，不敢相压，事皆朝廷总之，所以稳当。

① （明）李贽《续藏书》卷五，"文皇帝答曹国公李景隆书"，中华书局标点大字本，1974年，第2册，第269页。

② （明）王世贞：《弇州史料前集》卷二，六部尚书表序。中国人民大学图书馆藏明万历甲寅本。

③ 陈登原：《国史旧闻》卷四五，（五二五）明世皇叔，第105页；卷四九，（五八一）廷杖，第273页。

④ 赵士喆：《建文年谱》卷上，清咸丰刻本。

以后子孙做皇帝时，不许立丞相。有奏请设立者，文武群臣即时劾奏，将犯人凌迟，全家处死。今虽不立丞相，欲将六部官增崇极品，掌天下军马钱粮，总揽庶务，虽不立一丞相，反有六丞相也。天下之人，但知有尚书齐泰等，不知朝廷。"①这段话生动地说明了建文改制的情况和建文帝与朱元璋、朱棣对待权力控制的不同态度。

洪武时，王府官的地位很低。他们不过是亲王的家庭教师和管理王府事务的办事员。建文帝下令增设王府官，规定王府的宾友教授进对侍坐称名不称臣，见礼如宾师②，对担任辅导的王府官极为尊重。侍讲方孝孺（1357—1402）说：诸藩"尊崇之极，而骄泰易滋，左右之臣位下势卑，不能矫其失"。"天子慨然为深长之思，增立辅臣，重其职任，俾咸知尊贤取友，以成令德。"③如此，限制宗藩骄泰，提高文臣地位，一举双得。

建文帝屡诏求言，并能责己纳谏，有开明之象。一次，建文帝"偶感微寒，视朝稍宴"，监察御史尹昌隆（1369—1417）上言规谏："陛下嗣守大业，宜追绳祖武，兢兢业业，忧勤万机，今乃即于晏安，日上数刻，犹未临朝。群臣宿卫疲于侍候，旷职废业，上下废弛。播之天下，传之四裔，非社稷福也。"言辞极为激烈。左右曰："以疾谕之。"建文帝曰："不可，直谏难闻。"于是下诏："昌隆言切直，礼部其宣示天下，使知朕过。"④。又一次尹昌隆劾执政大臣曰："奸臣专政，阴盛阳微。"执政恶之，故贬。建文帝曰："求直言以直

① 王崇武：《奉天靖难记注》卷二，商务印书馆，民国三十七年（1948年），第101页。

② （明）宋端仪：《立斋闲录》卷一，明抄本《国朝典故》。

③ （明）方孝孺：《逊志斋集》卷一四，《送伴读朱君之庆府序》。明嘉靖刻本。

④ （清）张廷玉等撰：《明史》卷一百六十二《尹昌隆传》，第4397页。（明）朱鹭《建文书法儗》中，帝曰："昌隆言中朕过，礼部可颁示天下，朕亦用自警。"见前编，叶十九。

弃之，人将不食吾余，命复原官。"①甚至，有两个宫人在宫中殴哗，建文帝也以"一宫未齐"，"悱然感愧自责"②。这种作风，与朱元璋相较，真有天渊之别。那么，建文帝把以监察各级官吏为主要职能的六科给事中改为左右拾遗，突出他们约束规谏皇帝的职能，就绝非仅出于"慕古改名"而已。出于同样原因，建文帝将谨身殿改为正心殿，并建省躬殿，置"古书圣训"其中，以"尚父所存丹书之旨，《夏书》所歌宫室声色之戒"自勉③，都显示出律己的态度。

建文帝将都察院改为御史府，如前所述是宽刑省狱的结果，而其中也有一番寓意，如翰林院侍讲方孝孺所说："曩者，法吏执刑深刻，犯者滋众，先皇帝甚厌苦之，欲有所更革而未暇。今皇上以德养人，群生喜悦，讼者衰止，复古官名以修善政……自今居是府者，其敬承圣训，凡便于国、利于民者则言之，为民之蠹、为国之病者则去之。毋溺于私而枉其所守，毋慑于势而屈所当为。一以道辅佐天子，行德教，使黎民醇厚如三代时，斯不负建国图治之意。苟为不然……则是官之名虽更，而实之可厌苦者自若也，奚可哉！"④可见，一些机构不仅改其名，更着重于充其实。

与此同时，建文朝在地方上进行了省州并县，精简机构。建文帝的这一措施，是针对洪武时的官冗政繁而采取的。早在洪武末，有识之士已建议朱元璋要"省冗官，减细县"⑤。据《建文朝野汇编》等书所载进行粗略统计，建文几年间撤销的县有39个、州9个和一批县的同知、吏目、推官、知事、丞簿等。还撤销巡检司73个，河泊所49个，递运所15个，水马驿48个，税课局109个，税课司41

① （明）朱鹭：《建文书法儗》正编，叶十六下。
② （清）赵士喆：《建文年谱》卷上，清咸丰刻本。
③ （明）方孝孺：《逊志斋集》卷七《省躬殿铭》，明嘉靖刻本。
④ （明）方孝孺：《逊志斋集》卷一七《御史府记》，明嘉靖刻本。
⑤ （明）解缙：《大庖西上封事》，《明文海》卷四七，中华书局1987年影印本，第351页。

个和一些道纪司、道会司、道正司、僧会司、道会所、僧纲道纪司、盐课局、盐课司、茶课司、批验盐引所、闸，省去府州县学训导104个及其他一些官吏。而增设只是个别零星的。值得注意的是，所撤销的机构多与税收有关，而增设机构中，只有一个河泊所与税收有关。大量的税课局、河泊所等机构的撤销，无疑会减轻百姓的税课的负担，有利于经济发展。明人朱鹭说："（建文）四年之间，今日省州，明日省县；今日并卫，明日并所；今日更官制，明日更勋阶；宫门殿门名题日新，虽以干戈倥偬日不暇给而曾不少休，一何扰也！""是正学（方孝孺）之过也。然在后世，民残于多牧，禄縻于冗员，重以中官出使，道路绎骚，则汰官、省邑二事，固亦有足采者。未可谓建文时政，毕竟非也。"①从后世的弊端反观建文省官并置，是有其合理的原因的。

另外，《明史》称："建文嗣位，御内官益严，诏出外稍不法，许有司械闻。"从中也可以看出建文帝的执政风格。王崇武先生（1911—1957）曾以建文年间派遣出使朝鲜的使臣与永乐年间相比较，指出，惠帝所派诸使，皆为文臣及监生，大都儒雅风流，清不近货，而永乐年间出使朝鲜的多为宦官，尤以海寿、黄俨（？—1425）、尹凤等，恣肆渎货，放任骚扰又有不同了。②

建文帝所推行的种种措施，我们不妨称之为建文新政。该新政是以其政治理想为指导的。

建文帝是儒家思想的忠实信徒，"所好读书及古典文章"③。即位以后，他锐意文治，"日与方孝孺辈论周官法度"④，一心恢复二帝三

---

① （明）朱鹭：《建文书法儗》前编，叶九下。

② （清）张廷玉等撰：《明史》卷三百四《宦官传》"序"，第7765页。参见王崇武《奉天靖难记注》卷一，第190页；《明靖难史事考证稿》第六章。第133页。均见《国立中央研究院历史语言研究所专刊》之二十八、二十五，商务印书馆，1948年。

③ （明）朱鹭：《建文书法儗》正编。

④ 同上。

王之治。虽然历代最高统治者都喜欢用此标榜自己，但建文帝是个天真的政治家，其言不似出于权术和虚伪。而这可能正是他失败的重要原因。由于史籍残缺，我们不妨从他的主要谋臣方孝孺的言论中考察一下他的施政思想。

翰林侍讲方孝孺同样是个天真的政治家。他从明初大儒宋濂（1310—1381）问学，"濂门下知名士皆出其下。先辈胡翰、苏伯衡亦自谓不如"。他"末视文艺，恒以明王道、致太平为己任"。①方孝孺与友人论证，甚至要在明朝恢复井田制，其目的在于"但使人人有田，田各有公，通力趋事，相救相恤"。他认为"富者益富，贫者益贫，二者皆乱之本也"；"使陈涉、韩信有一廛之宅，一区之田，不仰于人，则且终身为南亩之民，何暇反乎？"②他企图以行仁义、复井田，避免贫富分化，消除祸乱，而致长治久安。虽然他看到了社会的问题，也找到了问题的根源，但他提出的解决方案，未免近于迂腐，显然是无法实现的。然而这却是他的政治理想。

明朝已是君主社会后期。明朝经过洪武三十余年，经济得到了相当的发展，但社会矛盾还是不断加剧。仅《太祖实录》记载，洪武一朝的农民暴动就达一百八十余次之多。有鉴于此，方孝孺作为一个政治家，以复古的口号为社会寻找出路，企图克服当时社会无法克服的矛盾。由此，他基于激愤，指斥王淑英反对复井田，说王淑英的话为"流俗人之常言"，也就容易理解了。

方孝孺思想的可取之处，在于他发挥了孟子的民本思想。他说："能均天下之谓君。"他认为，众人所以要推选君主是为了"使之尽心于民事"。因此说，"天之立君所以为民，非使其民奉乎君也"。他批评那些将君民关系倒置的后世之君："知民之职在乎奉上，而不知

---

① （清）张廷玉等撰：《明史》卷一四二《方孝孺传》，第4017页。
② （明）方孝孺：《逊志斋集》卷一一《与友人论井田书》，明嘉靖刻本。

君之职在乎养民。是以求于民者致其详而尽，于己者卒怠而不修"。他甚至痛切地说："如使立君而无益于民，则于君也何取哉！"①方孝孺要求君主履行君职，借上天来批评那些不能修其职的君主，说他们不会得到天的护祐，将会引起天怒而"殛绝之"，表达出一种近乎诅咒的愤怒：

> 公卿大夫至于百执事莫不有职，而不能修其职，小则削，大则诛。君之职重于公卿大夫百执事远矣，而不自修，又从而侵乱之，虽诛削之典莫之加，其何不畏乎天邪？……君不修其职，天谓之何？其以为宜然而祐之邪？抑将怒而殛绝之邪？奚为而弗思也！②

二百七十年后，被称作具有启蒙思想的清初大儒黄宗羲（1610—1695）在新的历史条件下写作了著名的《明夷待访录》。在《原君》中黄宗羲激烈抨击了君主制，说："古者以天下为主，君为客，凡君之所毕世而经营者，为天下也。今也以君为主，天下为客，凡天下之无地而得安宁者，为君也。"他把那些不称君职的君主称为"独夫"，视为"寇仇"，直至呼吁"向使无君，人各得自私也，人各得自利也"。③细案思想脉络，黄宗羲与方孝孺之间，不仅仅是言辞相同而已，实有内在的贯通和发展。及黄宗羲作《明儒学案》，论到方孝孺，说他不止于"程朱复出"，其高度"直欲排洪荒而开二帝，去杂霸而见三王，又推其余以淑来裸，伊周孔孟合为一人"。黄宗羲对方孝孺的崇拜简直无以复加。他称赞方孝孺"以生

---

① （明）方孝孺：《逊志斋集》卷三《杂著·君职》，明嘉靖刻本，第66页。

② 同上书，第66页。

③ （清）黄宗羲：《明夷待访录·原君》。按，此书写于黄宗羲54岁时，时在康熙三年（1664）。清光绪戊戌丰城余氏宝墨斋刊本。

民为虑，以王道为心"的精神，认为一般人没有理解方孝孺的思想精髓，因此力排众议，反对"以一死抹过先生苦心"①。黄宗羲与方孝孺的心是相通的。

方孝孺的思想与朱元璋的极端专制很难相容。朱元璋认为："趋事执役以奉上者，庶民之事也"②，"田赋力役出以供上者，乃其分也"，不然则"国法不容"，"天道亦不容"③。他甚至厌恶孟子的"民贵君轻"，一度下令删节《孟子》，刊行所谓《孟子节文》。那么，朱元璋说方孝孺"斯人何傲"，贬方孝孺为蜀王府教授④，就不仅仅是因为方孝孺的傲慢了。他们的治国理念是有根本区别的。

建文新政给社会带来一定好处，因此明人有"四载宽政解严霜"之誉⑤。各地流传着许许多多关于建文帝的传说。明朝人顾起元（1565—1628）记载："父老尝言，建文四年之中，值太祖朝纪法修明之后，朝廷又一切以惇大行之，治化几等于三代。一时士大夫崇尚礼义，百姓乐利而重犯法。家给人足，外户不阖，有得遗钞于地置屋檐而去者。及燕师至日，哭声震天，而诸臣或死或遁，几空朝署。盖自古不幸失国之君，未有得臣民之心若此者矣。"⑥这些记载和传说，足以与建文新政相印证。建文帝执政的时间虽然很短，但他的"仁声义闻"甚至远播西域、朝鲜，直到抗日战争时期，"大理民

---

① （清）黄宗羲：《明儒学案》卷首《师说》，"方正学孝孺"，中华书局，1985年，第1页。

② 《明太祖实录》卷一一一，洪武七年春正月丁卯，台湾"中研院"历史语言研究所校印本，第1847页。

③ 《明太祖实录》卷一五〇，洪武十五年十一月丁卯，台湾"中研院"历史语言研究所校印本，第2362—2363页。

④ （明）祝允明：《野记》卷二。清同治甲戌刻本。

⑤ （明）朱鹭：《建文书法儗》附编上，叶二十四，"过金陵吊方正学诸臣"。

⑥ （明）顾起元：《客座赘语》卷一《革除》，中华书局，1987年，第28页。

家亦有以惠帝（建文）为鼻祖者"①。至于建文帝行踪迹下落之轶闻传说自明朝以来不可胜记，胡适先生曾著文论其事②。详见后文。

靖难之役的发生不是偶然的，其并不能以"燕王夺位"而一言蔽之，有必要追问靖难之役的深层动因。我注意到它背后的文武之争。

这要从洪武年间说起。明太祖朱元璋以武功得天下，建国之初从战场上下来的武臣遍布各衙门，武臣普遍重于文臣是理所当然的。陆容（1436—1497）说：

> 国朝建置之初，一切右武。如五军都督，官高六部尚书一阶。在外都司卫所，比布政司，府州官亦然。……故国初委任权力，重在武臣，事无不济。③
>
> 洪武中，大臣为三公者，皆开国功臣，三孤亦无备员。如刘伯温、汪广洋宁封伯爵，而不以公孤加之，其慎重可知矣。④

明朝的勋戚多是统兵将帅，可以位至三公。诸亲王之重，也以能节制诸军而凸显。而当时文臣的地位相对较低。王世贞说："国家初起重武，其于文事亦不数数焉，大要各以其途进。"⑤文事尚未展开，取士也不专重科举。虽然朱元璋曾屡兴大狱，诛戮功臣，但并未触动武人的根本地位和种种特权。他杀的只是一些可能对皇帝构

① 王崇武：《明靖难史事考证稿》，第38页。《考证稿》引姚莹《康輶纪行》"建文帝为呼图克图"条："番人相传，察木多之大呼图克图为明建文帝转世。虽无稽，足见当时天下怜建文，异域亦久而不忘也。"《考证稿》第六章"惠帝与朝鲜"说甚详，所引朝鲜李远芳《实录》："上（远芳）曰：'大抵人心怀于有仁，建文宽仁而亡，永乐多行刑杀而兴，何也？'（赵）浚对曰：'徒知宽仁而纪纲不立故也。'"是建文宽仁之声远播异域。
② 胡适：《胡适论学近著》第一册，《建文传说的演变——跋崇祯本〈逊国逸书〉残本》，商务印书馆，1935年。
③ （明）陆容：《菽园杂记》卷三，中华书局，1985年，第31页。
④ 同上书，第34页。
⑤ （明）王世贞：《弇州史料前集》卷九。

成威胁的高级将领。这种重武轻文的政策，是当时政治形势决定的。打天下靠军人，政权巩固也靠军人。但在经过三十余年的和平之后，这种政策需要改变了。

建文帝即位时，国家形势已经发生了变化，走向文治必然要"归重左班"①，文人的地位逐渐突出起来。在建文改制中，不仅升高了六部尚书的品秩，让文臣分享较多的权力，更多地参与决策，而且大开科举，为读书人进入仕途打通道路。方孝孺说："皇上嗣之，尊右文教，而士兢劝。"②建文帝要建立一支推行儒家政治理想的官僚队伍。他还诏举优通文学之士，作为科举的补充。甚至下令"并卫所"，"诏军卫官举通经军士"③，在军队中举拔通经的人，把文治推进到军伍中。

这一政治格局对此后的靖难之役产生了怎样的影响呢？

首先，建文新政在一定程度上是对洪武治国方略的否定或纠正，其必然会得罪洪武时期的既得利益集团。这个集团必然会反对新政，并竭力维护被洪武政治赋予的利益不受损害，凡为建文帝所变更的，均要求恢复旧制。

其次，建文新政所得罪的至少包括这样两部分人，其一是众亲王，建文帝的削藩政策使他们的权益地位受到极大损害，有的亲王甚至罹于削爵、杀身之祸。其二，是众多的武臣，因为文臣地位的提高势必使他们的权益受到抑制。这两部分人对建文新政的不满是必然的。

这样，我们再回过头来看靖难之役的动机，除了众所周知的燕王朱棣要夺取皇位以外，他还绑架了或者说动员了两股势力投入靖难的阵营。第一，坚持维护祖宗旧制的势力。朱棣必须要提出有号召力的政治口号，而这口号正是"恢复祖宗旧制"。他指责"朝中奸

---

① （明）王世贞：《弇州史料前集》卷二叶十八，六部尚书表序。
② （明）方孝孺：《逊志斋集》卷十二，乙卯京闱小录后序。
③ （明）朱鹭：《建文书法儗》正编上，叶十六下、十七上。

臣"变乱祖宗成法，声称"靖难""清君侧"，正是以维护祖制为理论依据的。第二，在建文新政中利益受到损害的人群。朱棣需要寻求不满建文新政的势力与他携手推翻建文帝，而诸亲王和众武将构成了这种势力。

将这两点归纳起来可以清楚地看到，靖难之役对抗的双方，一是以朱允炆和文臣集团为一方，维护皇权，推行新政；另一是以朱棣和亲王军人集团为一方，保护既得利益，维护祖制。

这样，可以归纳说，靖难之役所进行的建文帝朱允炆与燕王朱棣之间的斗争，是变革旧制与维护旧制两派之间的斗争，是争取实行开明政治的皇帝文人集团与保守的亲王军人集团之间的斗争。一方要保持和扩大自己的既得利益，反对改制，另一方则希望较多地参与政权，变更旧制，推行新政。这就是这场斗争的更深刻的背景。

建文新政是一部"未完成交响曲"。由于戎马倥偬，时间短促，建文帝没有时间更充分地推行他的新政，已经推行的新政也缺乏全面的设计和有力的措施。因而，新政没能赢得更广泛的社会力量的支持。这是一些天真的政治家，一个靠左班文人支持的"仁柔"皇帝，在强大的亲王军人集团面前很快就被打垮了。

这一结论完全可以用靖难之役前后的历史事实来证明。建文新政已如上所言。"复旧"的口号也明白地写在朱棣给朝廷的上书和他起兵的檄文中。地位受到威胁的军人们，聚集在"恢复旧制"和"诛左班文臣"①的旗帜下，公开叛附燕王或徘徊观望，成为朱棣所依

---

① （明）姜清：《姜氏秘史》移檄天下文："奸臣齐尚书、黄太卿此等逆贼，必不与之共载天，不与父皇报得此仇，臣纵死亦不已也。故用钦遵《皇明祖训》法律内一条，躬行率领精兵三十万，诛讨左班文职奸臣。"明抄本。宋端仪：《立斋闲录》："洪武三十五年六月十三日，燕王令旨，谕在京军民人等知道，予昔者守固藩国，以左班奸臣窃弄威福，骨（肉）被其残害，起兵诛之，盖以扶持宗社保安亲藩也。"明抄本《国朝典故》。

靠的中坚力量。

据《罪惟录》记载：

> 燕王初作难，苦无以为名。托云欲清君侧，不足以勇士怒，及两胜后，凡从耿（炳文）、李（景隆）北征阵亡士卒，让皇（建文帝）有诏："这孩儿每不肯用心厮杀，以致败衄，子孙勾补入伍。"茹常以劝太宗（朱棣）借此示恩，曰："自古死王事，未闻反以蒙罚。谕俱复其父职，死亦免其徭。"[①]

前面我们已经分析了军人们不肯用心厮杀的原因，这里更可以看出朱棣等人是在用心争取这股势力。史籍记载官军"诸大将""多怀贰心，以故成祖至江上，不战而溃"[②]；"将士往往离散不肯向敌"[③]，卒至失国。明人朱鹭说：朱元璋"专意右武"，因而"左班不得望幸泽，而亦无长短可效，不过定制度、修诰章，竞奉上旨而已。及至建文皇帝，注思讲学，恬武竞文，缙绅亲而介胄疏。于是，翰院有锡谥，尚书登一品，四稔之间，气若移焉。而文臣莫不涌跃致身，趋死如归。其凛凛著亢节者，无虑弥百数，盖振古一创见。而武臣率怀携贰。叛附接踵，其临阵生心，甘心虏缚者，多至千人，皆身为将帅、都督、指挥者也"。他感叹道："两朝相及，曾不甚辽，一何文武离合之异也！"[④]

燕军进入南京，迎降的文臣不过"凡百若而人"[⑤]。除一批死难

---

① （清）查继佐：《罪惟录》志卷三二《外志·永乐逸记》，第1025页。

② （明）谈迁：《国榷》卷十二，惠宗建文四年六月乙丑"郑晓曰"，第838页。

③ （明）李贽：《续藏书》卷五，逊国名臣，魏国徐公，中华书局标点大字本，第295—296页。

④ （明）朱鹭：《建文书法儗》正续下，叶五上下。

⑤ 卓敬：《卓忠毅遗稿》"徐一经序"，民国十八年（1929）十月陶社重印林石笥先生辑本。

者外，在任而"遁去者，达四百六十三人"①。地方官，仅北平所属郡县，"望风而解组者"就有"二百九十有一人"之多②，他们拒绝与朱棣合作。许多人慷慨就戮，在极端野蛮的酷刑下毫无惧色，方孝孺甚至置杀十族的威胁而不顾。为什么呢？用就义者自己的话说，是"两间正气归泉壤，一点丹心在帝乡"③。除了要尽那点君臣节义外，主要的就是他们有自己的政治理想和主张。他们宁肯为建文新政殉身，也不愿再回到洪武式的暴政之下去。在朱元璋的暴政之下，"一不当则斥，一得罪则诛。盖霜雪之用多，而摧残之意亦甚不少"。建文帝则"专一煦以阳春"④。朱鹭在《过金陵吊方正学诸臣》诗中说："四年宽政解严霜，天命虽新故忍忘？自分一腔忠血少，尽将赤族报君王。"⑤多少道出了他们怀念阳春，甘为建文新政殉身的心情。"吾徒虽死终无憾，望采民艰达圣明。"⑥他们还试图以自己的死，唤起执政者对百姓的同情。

可见，靖难前后文武阵营的划分是很清楚的。

至于亲王，在燕师南下时，谷王朱橞（1379—1428）打开南京金川门迎降自不待言；宁王朱权（1378—1448）则是朱棣的直接合作者，虽然说是受了燕王的胁迫，但作为亲王的他，也有被削藩的潜在危险，因此宁王的兵力全部加入了靖难军，而且得到朱棣的"事成当中分天下"之约⑦。亲王们是建文新政中削藩之政的最大受害者，投身靖难之役是符合他们的利益的。

---

① （清）谈迁：《国榷》卷一二，惠宗建文四年六月乙丑，第844页。

② （明）朱鹭：《建文书法儗》正编下，叶四十八下。

③ （明）朱鹭：《建文书法儗》正编上，叶六下，"刑部侍郎胡子昭就义诗"。

④ （明）李贽：《续藏书》卷五，逊国名臣、文学博士方公，李秃翁曰，第290、291页。

⑤ （明）朱鹭：《建文书法儗》附编上，叶二十四。

⑥ （明）朱鹭：《建文书法儗》正编下，叶三十下，"沛县知县颜伯玮就义诗"。

⑦ （清）张廷玉等撰：《明史》卷一一七《宁王朱权传》，第3592页。

# 施政篇

# 第三章　心法论

　　朱棣发动靖难之役，夺得了皇位，是他一生的重大转折。接下来的课题是怎样做皇帝，做什么样的皇帝，把大明帝国引向何方。在靖难之役中，为了达到夺位的目的，为自己上位张目，他曾经通过批评建文帝表达过自己的政见，但并不系统完整。朱棣的治国理念，应该从他即位后的言论行动中去探察，也应该从他成长的经历中去追寻。作为皇子受到的教育，作为藩王、大明皇朝的屏藩经受的历练，太祖朱元璋治国施政所树立的榜样，都会对他的施政理念构成影响。

　　太祖朱元璋非常重视对诸子的教育，在宫中设置了大本堂，作为皇子的读书之所，聘请天下名儒对他们进行辅导。朱元璋要求师傅们不仅培养诸子的德性，还要他们与诸子朝夕论说"民间稼穑之事"和"往古成败之迹"[①]。朱元璋对诸子的老师孔克仁说："朕诸子将有天下国家之责，功臣子弟将有职任之寄。教之之道，当以正心为本，心正则万事皆理矣。苟导之不以其正，为众欲所攻，其害不可胜言。卿等宜辅以实学，毋徒效文士记诵词章而已。"[②]朱元璋注重实学应用，不喜欢空疏之学。他还经常以自己的经历教育皇子，让他们回到凤阳，看看自己的肇基之地，了解明朝创业之艰难。朱元

---

　　① 《明太祖实录》卷三五，洪武元年冬十月乙未，台湾"中研院"历史语言研究所校印本，第637页。
　　② 《明太祖实录》卷四一，洪武二年夏四月己巳，台湾"中研院"历史语言研究所校印本，第817页。

璋在凤阳父母的陵前竖立了巨大的石碑，亲自撰写了《御制皇陵碑记》，"特述艰难，明昌运，俾世代见之"，以为"后世子孙戒"①。朱元璋希望他们成为捍卫帝国的屏藩，而不仅仅是耽于享乐的贵族子弟。

亲王，特别是明朝开国时期的亲王，作为皇室成员，自幼就惯见政治风云，即使读书，也往往注意兴亡之鉴和帝王之学。朱棣虽然久历军阵，但也读了一些书。他也常请文学侍臣为之讲解经典，他要求"于讲说道理处，必举前古为证，庶几明白易入"。他认为"帝王之学贵切己实用"，因而，"讲说之际，一切浮泛无益之语勿用"②。他平日将儒臣们所纂修的《周易大义》《尚书直指》《春秋直指》等"于斋阁、书殿、寝室各置一本，得备观览"③。朱棣读书，从实用出发，不是为了摆样子的。

朱棣亲自编纂的《圣学心法》是一部帝王教科书，是他采集历代"圣贤嘉言"编辑而成④。他在该书中集中表达了他所理解的治国理念，用以培养和教育太子。

《圣学心法》首次揭出是在永乐七年（1409）二月。其时，朱棣即将巡视北京，他向翰林学士胡广（1370—1418）等出示一书，他说：

"古人治天下，皆有其道。虽生知之圣，亦资学问。由唐汉至宋，其间圣贤明训，具著经传，然简秩浩繁，未易遽领其要。帝王之学，但得其要，笃信而力行之，足以为治。皇太子天下之本，于今正当进学之时，朕欲使知其要。庶几将来太平之望。秦汉以下，教太子者多以申、韩刑名术数，皆非正道。朕间因

① （明）沈节甫辑：《纪录汇编》卷一《御制皇陵碑》，"中国文献珍本丛书"，中华全国图书馆缩微复制中心，影印明万历本，第21页。
② （明）杨士奇：《三朝圣谕录》上，叶十三。见吴弥光：《胜朝遗事》二编，清道光任寅楚香书屋刊本。
③ （明）杨士奇：《三朝圣谕录》中，叶一。
④ （明）朱棣撰：《圣学心法》"序"。该书有中国国家图书馆藏永乐七年（1409）内府刻本，四册；明内府抄本，四册；嘉靖三十八年（1559）益府刻本，四册。

闲暇，采圣贤之言，若执中建极之类，切于修身、齐家、治国平天下者，今已成书。卿等试观之，有未善，更为朕言。"胡广等"遍览毕"，奏曰："帝王道德之要，备载此书，宜与典谟训诰并传万世。请刊印以赐。"上曰："然"。遂名曰"圣学心法"，命司礼监刊印。①

这便是《圣学心法》的编纂缘起和它的大致内容。

在历代帝王中，朱棣最推许唐太宗，称其事功而追慕之。他曾说："若唐文皇帝，倡义靖难，定天下于一。躬擐甲胄，以至履弘基而登璇极。其思患也，不可谓不周；其虑后也，不可谓不远。作《帝范》十二篇，以训其子，曰饬躬阐政之道，备在其中。详其所言，虽未底于精一执中之蕴，要皆切实著明，使其子孙能守而行之，亦可以为治，终无闱门藩镇阉寺之祸。"②明人沈德符（1578—1642）说：朱棣之《圣学心法》"自比唐太宗《帝范》十二篇，以示仰止。盖两文皇靖内难，攘外夷，功德略同，故著作亦合辙如此"③。明成祖以唐太宗相标榜，《圣学心法》也是模仿唐太宗的《帝范》之作。

朱棣编纂这部书的目的如前所言，而在《圣学心法》序中，朱棣再次做了申述，说道："朕常欲立言以训子孙，顾所闻者不越乎六经圣贤之道，舍是则无以为教，尚何舍哉！故于几务之隙，采古圣贤嘉言，编为是书。"④该书是集历代圣贤治国方略语录而成，卷首洋洋六千余言的序，则是夫子自道。朱棣说："不观吾言，则无以观吾之用心，不知吾之用心，则不能窥圣贤之间奥。非欲其法于吾言，实欲其取法于圣贤之言也。"⑤《圣学心法》是朱棣政治思想最集中的

---

① 《明太宗实录》卷八八。永乐七年二月甲戌朔，台湾"中研院"历史语言研究所校印本，第1161—1162页。"由唐汉至宋"，原文如此。

② （明）朱棣：《圣学心法》"序"。

③ （明）沈德符：《万历野获编》补遗卷一《列朝》"圣学心法"条，第794页。

④ （明）朱棣：《圣学心法》"序"。

⑤ 同上。

体现。他的主要思想可归纳如下。

## 一、敬天法祖　修身勤政

天和天命的观念，自产生以来，便与政治密不可分，被统治者利用来作为加强自身权威的工具。以后历代，天命观虽迭经发展变化，但仍不脱君权神授的框架。历代帝王对天既敬且畏，唯恐天命不佑，同时又借天命畏人。朱棣继承了西周以来天命观中的许多内容。

在朱棣的时代，不可能摆脱对天的神圣、神秘的观念。苍天高高在上，无言无视，而又无时不监临，无时不护佑，世间万事万物无法逃遁，除了将其神化，否则是无法做出其他解释的。朱棣认同天人感通之说，其感通之处，在于人的"敬"与"不敬"。敬则受天命之眷佑，否则遭天命之遗弃。因而朱棣说："吉凶晦否。菲降自天，实自由于人。"何者为敬？"法天之行，体天之德"，按"天道"行事，则为敬。又何者为道？"天道不言，四时行而万物生"，"天道至诚无息"，"天道至公无私"。因此，做到敬，就能得到"上天眷顾，四海安"。如果"所行差忒"，便会遭受"天命去之，人心违之"的惩罚，要想延长统治于须臾，也是不可能的①。

朱棣说的"人"有两层意思。前者"实自由于人"，这人主要指人间的统治者，即人君。这个"人"必须按照天道行事，才可能成为享受天命眷佑的圣人，不然就不会受到上天眷佑。后者"人心违之"这个人，是指被人君统治的众人。这个"人"是天下安与不安的根本。虽云"天命违之，人心去之"，但按逻辑说，实则是"人心违之"从而"天命去之"。君主按至公无私的天道行事，则人心顺畅服从，天命便会眷佑；如行事并非至公无私，不合于"天道"，人心便会违逆甚至反抗，天命也会遗之而去了。

---

① （明）朱棣：《圣学心法》"序"。

所以，传统理念之天命，是差不多与人心等同的。朱棣无法摆脱天命说的迷信成分，认同天人感应的之说，但他能把人君的治国之道、民众之心的顺逆从违视为天下能否长治久安的根本，无疑应给予正面的评价。

同历代帝王一样，朱棣希望将自己神化，借先哲的话加强自身的权威。他声称："人君一动一静，无非天也。心在则天在矣。"这里的天心又变成君心了。这一论说在逻辑上显然是矛盾的。既然"人君一动一静无非天"，既然天道是至公无私的，人君之心也只能是至公无私的而不是别的，从而也不存在什么奉不奉天道了。反之，如果人君之心可能至公，也可能不公，那么，在其不公之时便与天不合，"人君一动一静无非天"的说法便不正确。这个矛盾是致命的。每个君主在宣称他与天同心、代表天命时都无法逃脱这个矛盾，因而也便很容易被识破君心即天心的欺骗性。

历代皇朝盛衰的事实教训了统治者，他们不能不承认天命并非始终眷佑一切君王的，因而他们必须对此有所警戒，必须谨慎行事。永乐二年八月丙申，朱棣在与侍臣讨论元朝兴亡的历史经验时，就表述了这种认识。他说：

> 天运虽有前定之数，然周家后来历数过之，盖周之先德积累甚厚，其后嗣又不至有桀、纣之恶，使夏、殷之后不遇桀、纣，未遽亡。若顺帝不恤军民，不理国政，而荒淫无度，安得不亡！故国之废兴，必在德，不专在数也。[①]

因而，人君不仅要敬天，而且要畏天。敬天、畏天，实际是要对君主的行动有所约束。首先，天是不可欺的："下民细微犹不可诈，况于上天神明，而可欺哉！"[②]其二，天是唯一可以约束人君的。

---

① 《明太宗实录》卷三三，永乐二年八月丙申，第594页。
② （明）朱棣：《圣学心法》卷二《君道》，引《通鉴纲目》"王嘉曰"。

"人君所畏唯天。若不畏天，何事不可为？去乱亡无几矣。"①其三，人君知畏天，则可以常顾敬戒、谨慎施政。"王者知有天而畏之，言行必信，政教必立，喜怒必公，用舍必当，黜陟必明，赏罚必行。"②

总之，朱棣希望自己和他的继承者成为圣明之主，顺天无私，至公博爱，畏天慎行，以求至治。

祖先崇拜是中国传统文化中的重要内容，历来与敬天、顺天并行不悖。在中国人看来，今人所享有的一切都是祖先所赐，甚至天命的眷顾，也与祖先之积德有莫大关系。作为富有四海的帝王之家，更对创业垂统的祖先充满无限的崇拜。他们坚信，既然其祖先可以创业，那么，谨守祖先之法也必然可以守业。一切改变祖法、违背祖制的做法都是危险的。因而恪守祖制在《圣学心法》中便成了重要内容。他说：

> 祖宗之法，所以为后世也。当敬之、守之，不可以忽。继世之君，谨守祖法，则世祚延长。衰世之主，败其祖法，则身亡国削。③

我们之所以说法祖与法天、敬天并行不悖，主旨是一致的，还因为他们总是把先王看作法天的楷模。天德、天道究竟是什么样的？难以说清。而先王的言行典则，则是可视可听可得而循的明确榜样。只有做得像其祖先一模一样，才可受天命眷佑于久远。

天之可敬，在于它可以眷佑下民；天之可畏，在于它可以抛弃下民，甚至降罚以行天谴。天命是如此无常！人君无不担心他们可能被抛弃的命运。君主们面临万民，如履薄冰，如蹈水火，他们警

---

① （明）朱棣《圣学心法》卷二《君道》，引富弼《言行录》。
② （明）朱棣《圣学心法》卷二《君道》，引朱熹《文集》。
③ （明）朱棣：《圣学心法》"序"。

惕着随时可能来到的灭顶之灾。为了避免被抛弃的命运，历代君主和政治家提出了不少君主临民要谨其好恶、束其言行、勤其朝政的主张。朱棣也说：

> 人君之所好，与天下而同其好，所恶与天下而同其恶。群情之所好，而己独恶；群情之所恶，而己独好，是拂天理之公，而徇夫人欲之私，则所蔽者固而溺者深。虽欲勿殆，其可得乎？①

人君虽高踞于万民之上，但不是可以为所欲为的。其取舍标准则是与天下人心共好恶。他们把自己装扮成天下民众中的一员，竭力约束自己的欲望，表现出与民众同好恶，如果追求满足私欲，而"拂天理之公"，其结果是极为危险的。这种与民间同乐的理想，与上述天命观的实质是一样的，即他们看到了能否稳住宝座在于是否得到万民爱戴。这实际源于孟子的民本思想。《孟子》中有这样的对话："曰'独乐乐，与人乐乐，孰乐？'曰：'不若与人。'"②

历代人君和思想家在现实的政治经验中，得到一个结论："君者舟也。庶人者水也。水所以载舟，亦所以覆舟。"③因而他们对人民的力量十分惧怕。"君失人心，则为独夫。独夫则愚夫愚妇一能胜我矣。"④君主一旦失去民心，不过独夫而已，连一个愚夫愚妇也不如，何况他面对的是亿万民众。这是一幅十分可怕的图景。君主岂能不常存警戒之心？若待酿成祸乱则悔之晚矣。于民怨未形之时图之以法，便是谨好恶、慎修身。这其中包含三层意思：

（1）"积善之家，必有余庆。积不善之家，必有余殃。"⑤朱棣同历代政治家一样，把皇室看作天下第一家庭。在善有善报、恶有恶

---

① （明）朱棣：《圣学心法》"序"。
② 《孟子·梁惠王下》，中国国家图书馆藏明万历四十五年（1617）闵齐伋刻本。
③ （明）朱棣：《圣学心法》卷二《君道》，引《孔子家语》。
④ （明）朱棣：《圣学心法》卷二《君道》。
⑤ （明）朱棣：《圣学心法》卷二《君道》，引《易》坤文言。

报这一点上，与普通人家没有什么不同。

（2）"君好之，则臣为之，上行之，则民从之。"①作为最高统治者，其所作所为为普天之下所瞩目，它关系到国家兴衰。同时，他还主导着一国之风气："上有好者，下必有甚焉者。"②"上好德，则民用正。上好佞，则民用邪。"③君主只有努力修身，行为端正，品德无私，才能齐家、治国、平天下。

（3）"君子终日乾乾，夕日无惕，若厉，无咎。"④"弗虑无获，弗为胡成。一人元良，万邦以贞。"⑤人君应该勤勉自励，疏懒豫怠则将一事无成。朱棣本人是个勤奋的皇帝，他于此体会甚深，他说：

> 夫祸乱生于怠豫，而治康本于自强。一心之用，周流天地。须史暨息，则非勤励。大禹勤劳，功覆天下。文王勤上，福被子孙。德以服人，宜莫如勤。能勤能力，可以有功。……勤则不懈，不懈则身修、家齐，国治而天下平。⑥

## 二、保民如赤子

在阶级社会中，不同的阶级之间的关系应该是什么样子？各个时代的政治家、思想家都在探讨这个问题。中国的儒学政治家、思想家们，设计了一个和谐、美妙的蓝图。统治者与被统治者，君主与百姓被他们描述成家庭关系，君主是大家长，人民便成了子民。这大家长不仅有权役使其子民，征其贡赋，而且有保护他们的义务。统治阶级没有无限地压榨、剥削，被统治阶级也没有无休止的反抗。

---

① （明）朱棣：《圣学心法》卷二《君道》，引《乐记》。
② （明）朱棣：《圣学心法》卷二《君道》，引《孟子》。
③ （明）朱棣：《圣学心法》卷二《君道》，引邵子《皇极经世书》。
④ （明）朱棣：《圣学心法》卷二《君道》，引《易》乾九五爻辞。
⑤ （明）朱棣：《圣学心法》卷二《君道》，引《书·商书·太甲下》。
⑥ （明）朱棣：《圣学心法》"序"。

他们之间是协作的、谐调的，其所作所为均是有节制的。朱棣认可、宣传这一主张。他说：

> 民者，国之根本也。根本欲其安固，不可使之凋散，是故圣王之于百姓也，恒保之如赤子。未食则先思其饥也，未衣则先思其寒也。民心欲生也，我则有以遂之，民情恶劳也，我则有以逸之……薄其税敛，而用之必有其节。如此，则教化行而风俗美，天下劝而民众归。①

明智的统治者明白，民众是国家根本，是政权的支柱，是财富的来源。使其饱暖，缓其徭役，保民爱民，即所谓施仁政，是巩固统治所必须的。从朱棣所引述的历代言论看，所谓仁政还包含着以下几层意思：

（一）施仁政则得人心，得人心则得天下。

《圣学心法》引《书》禹曰："安民则惠，黎民怀之。"②引《大戴礼记》曾子曰："君子以仁为尊，天下之为富。何为富，则仁为富也。天下之为贵，何为贵，则仁为贵也。"③

（二）剥削榨取留有余地，则民乐而从之。

《圣学心法》引《礼记》王制曰："天子不合围，诸侯不掩群。"说的是田猎犹须留有余地，切不可竭泽而渔。所引《孟子》之言更是把仁政看作制取天下的妙术："人者有不忍之心。先王有不忍之心，斯有不忍之政矣。以不忍人之心，行不忍人之政，治天下可运于掌上。"④何为不忍？何为仁政？《荀子》有更具体的解释："使民夏不宛暍，冬不冻寒，急不伤力，缓不后时。事成功立，上下俱富而

---

① （明）朱棣：《圣学心法》"序"。
② （明）朱棣：《圣学心法》卷三《君道》，引《书·虞书·皋陶谟》。
③ （明）朱棣：《圣学心法》卷三《君道》，引《大戴礼记》。
④ （明）朱棣：《圣学心法》卷三《君道》，引《孟子·公孙丑篇》。

百姓皆爱其上。"①开创了唐代贞观之治的唐太宗，对于过分的剥削有一形象的比喻，他说："为君之道，必须先有百姓，若损百姓以奉其身，犹割股以啖腹，腹饱而身死。"而给百姓留有余地的唯一目的是社会秩序的稳定："去奢省费，轻徭薄赋，选用廉吏，使民衣食有余则不为盗。"②

（三）历代君主自命为天下的主宰，总是以救世主自居，因而负有安养百姓的责任。这可以说是原始先民留下的一点传统。在原始的无阶级社会中，有贤能者被推为首领。他们担负着部落的生产、生活的管理责任。由于他们的劳绩，氏族部落的生产、生活得以有组织、有秩序地进行。被后世理想化了的三皇五帝都是这类人物。后世君主以圣人自命，动辄称"法先王"，实则以最优秀的社会生活的组织管理者相标榜。

饥民之所饥，寒民之所寒，有不忍之心还不是最重要的，最重要的是组织管理国家和百姓的生产活动。如果没有有效的生产活动，不仅民之饥、民之寒无法解决，一个国家也难以维持其存在。因此，君主不仅是一个国家的最高统治者，也是国家生产、社会生活的最高的管理者和组织者。他们不仅有权取财于民，也有义务使百姓衣食饱暖，维持社会再生产，从而使整个国家得以运转。朱棣是深谙此道的，请看他的这段话：

> 经国家者，以财用为本，然生财必有其道。财有余则用不乏。所谓生财者，非必取之于民也。爱养生息，使民之力有余，品节制度，致物之用不竭。……民者邦之本，财用者民之心。其心伤则其本伤，其本伤则枝干凋瘁，而根柢蹶拔矣。③

---

① （明）朱棣：《圣学心法》卷三《君道》，引《荀子·富国篇》。
② （明）朱棣：《圣学心法》卷三《君道》，引《通鉴纲目》。
③ （明）朱棣：《圣学心法》"序"。

朱棣所说的是取财有道，不能过分掊克，以致伤民之心。然而财自何来，只有一途，那便是发展生产。因而，历代统治者无不把农业水利工商置于要务，不如此，则无以立国。

永乐二十二年间，明朝政府为国计民生花了大量的工夫，如移民屯田、发展军屯、治理水患、蠲免赋税、赈济灾民等等，都是众人所知的事实，下文将有论说。

## 三、制礼作乐　明刑弼教

礼、乐在中国古代的政治文化中占有重要地位。历代统治者都十分重视发挥礼乐在社会生活中的作用，因而致力于制礼作乐。朱棣在《圣学心法·序》中说：

> 夫礼者，治国之纪也；乐者，人情之统也。是故先王制礼，所以序上下也；作乐，所以和民俗也。非礼，则无以立也；非乐，则无以节也。教民以敬，莫善于礼，教民以和，莫善于乐。[①]

礼戴着公正的面具，维护着不平等的秩序。不用武力，不借刑罚，就使臣民各安其位，的确是个极妙的方法。乐，有着两重作用。其一，乐包含着礼的成分。不同的阶段、阶层，所用之乐是不同的。不同的阶级、阶层，应该安于礼制的规定，享用本等级的音乐。其二，乐的精神是和谐，它与纷争、紊乱相反，可以陶冶人的性情，使之归于安宁温良。

然而，礼乐的约束力毕竟是有限的，因而仅凭礼乐是不够的。如果人臣不安于礼乐制度的约束，他们可能随时冲破行为规范，打乱现存秩序。为使人臣安于现行制度之内，教化是最重要的手段。

---

① （明）朱棣：《圣学心法》"序"。

朱棣在《圣学心法·序》中说:

> 道德仁义,教化之源。善治天下者,以道德而为郛郭,以
> 仁义为干橹。陶民于仁义,纳民于道德,不动声色而天下化。
> 如流水之赴壑,沛然莫之能御也。[①]

这里所说的道德仁义,已经不完全是一种道德观念了。它包含
的主要意思,应该理解为自上而下地自觉地维护现存秩序,安于现
存秩序。只要教化普及,天下臣民就会"如流水之赴壑,沛然莫之
能御",为人君者则会安然稳坐其位。

在《圣学心法》中,还有所谓"别内外"、"正名分",也应与礼
教、德化作同等观。关于"正名分",朱棣说:

> 圣王之于天下也,不使卑逾尊,贱陵贵,小加大,庶先嫡,
> 君君臣臣、父父子子,各得其所而礼义立。孔子论为政,必先
> 于正名,春秋纪王法,必严于谨分。治在下者必明乎此,则君
> 臣正,父子亲,夫妇别,长幼顺。上以统下,大以维小,卑以
> 承尊,贱以事贵,则朝廷之义明,而祸乱之源塞矣。[②]

在朱棣眼里,礼乐教化,都是针对臣民的,所谓"上以统下,
大以维小",均为纯粹的统治术。《圣学心法》本是为皇帝所用的教
科书,却于"君道"之外还列述了"父道""子道""臣道",其目的
都是要将整个社会纳入所谓的礼教德化的规范之中。

然而,只有道德礼义仍不足以治国。对于那些胆敢逾礼制、违
背道德破坏现存秩序的,则要约以法律,施以刑罚。这被朱棣称作
"明刑以弼教"。他说:

---

① (明)朱棣:《圣学心法》"序"。
② 同上。

　　刑者圣人制之以防奸慝也，使民见刑而远罪，迁善而改过。是故，刑虽主杀，而实有生生之道焉。何也？盖禁奸革暴，存乎至爱，本乎至仁。制之以礼，而施之以义，始也明刑以弼教，终也刑期于无刑。①

　　既然刑不过是用以弼教，所以它不是主要的治国手段，因而用刑法要有节制，以之起到威慑作用，从而使人不敢犯法，终至不用刑法而天下治。朱棣眼见历代暴君丧身亡国的教训，谆谆以慎刑告诫子孙，切不可过于苛暴：

　　至若秦隋之君，用法惨酷，倚苛暴之吏，执深刻之文，法外加法，刑外施刑，曾何有忠爱恻怛之意？死人之血，漂流于市，受刑之徒，比肩而立，此仁人君子之所以痛伤也。故杀人愈多而奸愈作，狱愈烦而天下愈乱。失四海之心，招百姓之怨，曾未旋踵，而身亡国灭，子孙无遗类，是皆可为明戒。②

　　历代统治者总喜欢把自己装扮成仁义贤明的君主。其用武，曰为止戈，曰解人于倒悬，拯人于水火；其杀人，曰有"生生之道"。即使淫刑滥杀，也绝不承认苛暴。然而历史教训了他们，滥施刑罚会失四海之心，招百姓之怨，从而失掉宝座。中国历代主张行仁政的政治家，对此是一脉相承的。

　　统治者的反省反思，以至于节制刑罚，从根本上说，并不是因为他们对百姓有多深的感情，他们的出发点在于维护其宝座的稳定。

---

① （明）朱棣：《圣学心法》"序"。
② 同上。

## 四、养士择贤　听谏纳言

君主以一人临天下万民，虽全智全能也不可能事事亲躬。君主之能在于用人。因此，培养人才、选拔人才便成了历代有为君主、政治家重视的问题。朱棣说：

> 致治之要，以育才为先。化民成俗，以学道为至。学不至道，则不足以成才。是故，养士必有其素，求贤必得其效。苟不养士而欲得贤，是犹不耕耨而欲望秋获，不雕凿而欲望成器。故养士得才，以建学立师为急务也。
>
> 任人之道当择贤才，择之审则用之精。故轻重得宜，小大无失。是故，圣君之用人，必取信于众论，不偏听于一人。一人之心有好恶，众人之议合至公，人皆四贤，用之可也。一人曰贤，察之可也。取之至公，用之至当，不以私昵而妨贤，不以非贤而旷官。故善用才者，如百工之用器，各造其宜而已……
>
> 佐治理者，必出众之才。知其果贤矣，听之勿疑，则可以养其忠亮；授之以事，则可以责其成功。夫贤才在位，则不贤者远，官皆称职，而庶事咸康。[①]

这里，朱棣提出了几项主张：（1）致治须资贤才，贤才须养之而成，故育才须以建学立师为急务。（2）任人当择贤才，择贤才当取之至公而用之至当。（3）用人果贤，听之勿疑，官皆称职，庶事咸康。

但是还应该补充一条，即君主要使士为己用，必须待之以礼，否则将不会得士。朱棣说："人君之于臣下，必遇之以礼，待之以诚，不如是则不足以得贤者之心。夫君不独治，必资于臣。敬大臣非屈己之谓也，以道在是而民之所观望者也。是故，待下有礼，则

---

① （明）朱棣：《圣学心法》"序"。

天下之士鼓奋而相从。待下无礼，则天下之士纳履而远去。"①

在中国古代，士是一个独立的阶层，它可以为君所用，也可以拒绝为君所用，关键要看君所实行的是什么政策。即以明初言之，其时文人多有不出仕者。清人赵翼（1727—1814）说："盖是时，明祖惩元季纵弛，一切用重典，故人多不乐仕进。"②因而朱元璋竟然规定了惩治"不为君用"的律条。尽管如此，还是有不少人拒绝与明廷合作③。历史上此类事例很多，有鉴于此，历代开明的统治者和政治家便提出了礼臣下的观念。礼臣下并不是朱棣的发明。

在君主制社会中，虽然君主是政治生活中的主角，但大多数政务却有赖于臣僚去完成。君与臣是一对矛盾，不仅在权力分享上，而且在治国方略上，他们也经常会发生冲突。是出于公心还是满足私欲，是立足于长治久安还是只顾眼前安乐，往往是他们冲突的焦点。作为君主，如何对待臣下的意见，作为臣僚，如何"辅佐"君主，是又一个为历代政治家所注重的问题。按照中国的传统，纳谏、听言是君主为人们所称许的美德；不畏威暴，敢于谏诤，则是臣僚应尽之责。在《圣学心法》中，朱棣说：

> 人君日总万几，事难独断，必纳言以广其聪明，从善以增其不及。虚心而听，不恶切直之言。宽大有容，以尽謇谔之谏，故薮译之大者，以其能容也。君德之圣者，以其听谏也。是故，乐闻谠言，则忠直者进。乐闻巽言，则谀佞者入。忠鲠之言，虽若难闻，其犹药石，可以愈病。巽顺之言，虽若易闻，其犹虫蠹；终必害物。朝夕纳诲，此贤君之盛德；询于刍荛，此先民之至言。况夫人君居至尊之位，苟不谦己和颜以接

---

① （明）朱棣：《圣学心法》"序"。

② （清）赵翼：《廿二史劄记》卷三二《明初文人多不仕》，中国书店据世界书局1939年版影印，1987年，第467页。

③ （清）张廷玉等撰：《明史》卷二九八《隐逸列传·序》。

群言，则臣下难有直言，不敢进矣。故听言者，国之大福也。众言日闻，则下无蔽匿之情，中无隐伏之祸，而朝廷清明，天下平治矣。[①]

纳言之要，在于虚心约己，倘有自用，必不得言。另外，人君居高临下，若不和颜下士，则人有言亦不敢进。但君主之纳言，目的仍在消除祸患，长治久安。

那么，何者可亲，何者可斥？何言可纳，何言可拒？朱棣提出了公正的原则：

夫言有似是而非，貌有似真而伪，人君不可不辨也。君子处心公正，表里如一，小人则用情私邪，险陂倾侧，当审其邪正，慎其用舍。……然自古忠邪难辨，惟明君则能识之。[②]

他批评了那些"庸主""昏主"之所为，必然终至败亡：

若夫庸主则不然，好谀而喜佞，拒谏而饰非，恣其志之所为，极其心之所欲。享重禄者，固荣而保位，居下僚者，惧罪而畏诛。缄默不言，耳目壅塞，俱蹈败亡，可胜惜也……

惟昏主则不然，以聚敛者为足以称其欲，巧佞者为足以悦其心。胶固而不移，纠结而不释。如是则忠正者不得人，小人进而君子退，欲国不危，岂可得也？[③]

朱棣在巡狩北京之前，曾经以用贤纳谏训示即将监国留守南京

---

① （明）朱棣：《圣学心法》"序"。

② 同上。

③ 同上。

的太子：

> 盖自古圣哲为政，未有不需贤而能成者，尔宜悉心以求益，
> 虚己以纳言。庶几整肃弘纲，康理庶务。然听言之际宜加审择。
> 言果当理，虽刍荛之贱必从之；言苟不当，虽王公之贵不可听。
> 惟明与断乃克有成。①

纳谏亲贤说在中国是有传统的。朱棣以明君自许。他要求他的子孙能继承和发扬这个传统。然而，纳谏不仅需要人君有雅量，还需要有明断。然而，臣下所言何者为当，何者不当，却是难以明断的。人君苟不明，以谀颂为尽忠，以诤言为忤逆，所谓纳谏也就毫无意义了。

通过以上的分析，我们可以看出，朱棣的治国理想是以儒家学说主体，摒弃了"申韩刑名术数"，全面继承了中国传统政治学说中的"敬天保民"的思想。其核心不仅承认天命，鼓吹天人感应，而且重视人。人君要行仁政，要保民如赤子，以天下人心之好恶为取舍。君待臣以礼，臣事君以忠。君主择贤纳谏，人臣礼乐和谐。整个社会应是一个以道德、礼教相约束，君君臣臣、父父子子的有秩序的社会。可以说朱棣的治国理想便是儒家的政治理想。

以上，我们看到的仅是朱棣的言论，它既是说给子孙听的，更是说给天下臣民听的。他希望子孙之承业者可以长治久安，也希望借此把自己描绘成贤君圣主。然而，他是否真的按他听说的行事呢？事实证明，朱棣对他所宣称的信条并不总是严格恪守。他有时是随心所欲，有时甚至是干脆背离了他所宣称的信条。在下文中，我们将对照朱棣的所作所为逐一加以考察。

---

① 《明太宗实录》卷八八，永乐七年二月甲戌朔，台湾"中研院"历史语言研究所校印本，第1161页。

# 第四章　奉天法祖论

中国历代帝王中，如果不是开国君主或自己也曾参与创业，很少能做出什么业绩。他们大多生于安乐，长于富贵，如果没有内忧外患，他们将用不着雄才大略，只须守好家业，不过分胡闹，就可以做个太平天子、守成之君了。

朱棣虽非开国之主，但也算不得守成之君。他以藩王入承大统，不仅靠的是自己的优越血统，而且也靠的是自己的武装力量和政治谋略。他的经历造就了他具有开国君主的气质。历史注定，他是朱元璋事业的继承者，一个不安于现状的开拓者。

朱棣即位，不必事事从头做起。朱元璋已经留下了一套完整的政治制度，它仍然会在朱明皇朝的旗帜下继续运转。同时，朱棣是以"恢复祖宗旧制"为号召而起兵的，他指责朝中奸臣变乱成法，破坏祖制，声称自己起兵是为了"诛奸恶、保社稷、救患难、全骨肉"。因此，朱棣上台伊始便一反建文新政，以"复旧"相标榜。为了政治需要，朱棣有必要把自己用朱元璋正统继承人和祖制维护者这一假面具包装起来。朱元璋的旗帜举得越高，恢复祖制的调子唱得越响，便对自己的统治越有利。但这与他不安于现状的开拓气质很难相容。他的行为动辄突破成法。这就使他陷入近乎二重人格的矛盾之中。

朱棣即位后一再自我表白："我皇考肇造鸿业，垂法万年，为子孙计，思虑至周。"因此"凡皇考法制为所更改者，悉复其旧"①。他反复说："悉遵皇考成宪，不敢一毫自用"，"遵承旧制，一不敢忽"②，"人君守成法以出治，人臣遵成法以辅治"③。

如前所述，朱棣《圣学心法》一书宣称要敬天法祖，明确表示守成之君不得擅改祖制。他说："夫创业垂统之君，经历艰难，其虑事也周，其制法也详，其立言也广大悉备，用之万世而无弊，有聪明睿哲之资，遵而行之，则大业永固而四海攸宁矣，灾害不生而五福攸萃。……盖创业实难而守成不易。……朕承皇考太祖高皇帝之洪基，仰惟肇造艰难，惕焉省惧，明昭有训，是仪是式。夫作之于前，则必有缵述于后。不有以继之，则无以承籍于悠久。"又说："祖宗立法，所以为后世也，当敬之守之，不可以忽。"④其意自己是"不愆不忘，率由旧章"的后王，是朱元璋可靠的继承人，是其所"制法"所"立言"的遵行、维护者⑤，因而也就是历代贤君圣主的后继者⑥。

然而，朱棣起兵靖难，夺取皇位，本身就是对祖宗秩序的破坏。

朱棣是朱元璋第四子，本为藩王，并不具备继承皇位的资格。他的父亲按照"天命"将他的长兄朱标立为太子。懿文太子死后，又立其子朱允炆为皇太孙。如果朱棣安于天命，遵奉祖训、谨守礼法，便不会导演出靖难那一幕戏剧了。然而他无法抵御皇位的强大诱惑力，而他镇守边塞、节制诸军而养成的实力更增强了他的信心。

①《明太宗实录》卷九下，建文四年六月甲戌，台湾"中研院"历史语言研究所校印本，第138页。
②《明太宗实录》卷六三，永乐五年春正月辛未，台湾"中研院"历史语言研究所校印本，第904页。
③《明太宗实录》卷五〇，永乐四年春正月甲午，台湾"中研院"历史语言研究所校印本，第745页。
④《明太宗实录》卷九二，永乐七年五月庚寅，台湾"中研院"历史语言研究所校印本，第1204—1205、1208页。
⑤《明太宗实录》卷五〇，永乐四年春正月甲午，台湾"中研院"历史语言研究所校印本，第745页。
⑥《明太宗实录》卷九五，永乐七年八月戊午，台湾"中研院"历史语言研究所校印本，第1261页。

他终于突破"天命"和礼法，要自己去改变既降的命运了。

朱棣的觊觎皇位，并非一朝一夕，经过三年多的征战，历经艰难，终于取得了胜利，打入南京，恨不得一步登上皇位，什么天命祖训全都置之脑后了。在朱棣即将入南京金川门时，编修杨荣（1372—1440）拦马问道："殿下先谒陵乎，先即位乎？"[1]朱棣方才恍然大悟，遂先谒孝陵然后再入城即皇帝位。从这些事可以看出朱棣既不相信天命，也不敬祖宗。他的谒陵不过是做个样子给天下臣民看的。敬天、法祖都不过是欺骗世人、驾驭天下的工具而已。因此，清代史学家谷应泰说："至若司马之心久暴于路人，齐鸾之谋早形于咨议，乃犹南向让三，连章劝进者，欺天乎？吾谁欺也！"[2]然而，朱棣又非要宣称自己是上承天命不可，不如此，则不足以制天下。如前所引朱棣精心炮制的即位诏，必称其攻克战胜都是"荷天地祖宗之灵"，其即位都是"顺天应人"，因为"天位不可以久虚，神器不可以无主"，在群臣一再"上章劝进，朕拒之再三而不获，乃俯徇舆情"而即皇帝位。[3]

显然，朱棣不一定相信天命，但以当时人的认识水平，对于能以一隅之兵，在短短三年之内便赢得天下的原因是无法解释清楚的，他们完全有理由怀疑上天眷佑朱棣。朱棣起兵，本是一场赌博，成功与否，尚在未知之数。他最后侥幸取得胜利，本人也难免产生得到上天眷顾的幻觉。当然，朱棣更希望天下臣民都相信自己的得位确是由于天命使然。他不能超出历代君主以武力、智术夺得天下的思维模式，但要借天命来宣传自己上位的合理性，要天下臣民顺从他的统治。

朱棣虽然宣传天人感应，但是他对"祥瑞"等迷信却是不尽相信的。永乐二年七月庚申，山东临清县奏野蚕成茧，且进献野蚕丝

---

[1] （清）谷应泰：《明史纪事本末》卷十六《燕王起兵》，第273页。

[2] 同上书，第278页。

[3] 《明太宗实录》卷十上，建文四年秋七月壬午朔，台湾"中研院"历史语言研究所校印本，第145页。

二十六斤。这被当时的人看作上天所降之祥瑞，是皇帝有德所致。礼部尚书李至刚（1355—1426）请率百官朝贺。朱棣曰："野蚕成茧亦常事，不足贺。使山东之地野（蚕）尽茧，以被其一方而未能遍及天下，朕之心犹未安也。朕为天下父母，一饮一食，未尝忘之、若天下之生民皆饱暖而无饥寒，此可为朕贺矣。"乃止。[1]朱棣的头脑还是清醒的，他知道野蚕生茧并不是一件什么了不起的事情。还有一些类似事情：

> （三年七月戊戌）陕西兴平、凤翔进瑞麦三十本，礼部率郡（群）臣上表贺，以为圣德复被之，应天下太平之徵。上览之，谓尚书李至刚、侍郎赵羾曰："瑞麦固是嘉应，但四方远迩，靡一物不得其所，斯可为太平，今中外果无匹夫匹妇之愁怨于下者？览表祗益惭愧耳。君臣贵相与以诚，谀佞非治世之风也。"至刚等愧谢。[2]

> （永乐六年三月癸巳）巡按福建监察御史赵昇及布政司、按察司奏，以柏生花为瑞。上赐敕切责之，曰："朕主宰天下，于生民休戚未能遍知，故委任尔等镇抚藩方，以图安辑，而乃肆志安逸，于军民疾苦一毫不言，而今言柏花为瑞。夫时和岁登，物无疵疠，生民足食四夷顺安，此国家之瑞也。尔等验之人事，岁果丰登，民果给足乎？树木之花世所常有，何益于国，何利于民，而以为瑞也？相为朋比戏侮如此！忠君恤民之心，果安在哉？姑宥尔等，若复为欺罔，虽欲幸免，不可得矣。"[3]

---

[1] 《明太宗实录》卷三三，永乐二年秋七月辛酉，台湾"中研院"历史语言研究所校印本，第580—581页。

[2] 《明太宗实录》卷四四，永乐三年秋七月戊戌，台湾"中研院"历史语言研究所校印本，第690页。

[3] 《明太宗实录》卷七七，永乐六年春三月癸巳，台湾"中研院"历史语言研究所校印本，第1047页。

在朱棣一再斥责下，官员们谄媚希宠之风仍难以制止，大概一旦有人赞颂祥瑞，谁都不敢阻拦。没过几天，又发生了一桩：

> （永乐六年三月丁丑）苏州、扬州二府言："桧花为瑞。"上曰："近苏松诸郡水潦为灾，有司往往蔽不以闻，昨有奏柏花为瑞者，已责其欺罔。今又言桧花，小人之务谀说也。可恶。"遂降玺书切责之。[①]

逢迎颂圣是官场的习惯性动作，这类事情还是一再出现。行在礼部尚书赵羾（1364—1436）以贞祥叠现，若两歧之麦，野蚕成茧，月食不见之类，皆欲称贺，都遭到了朱棣却退。永乐七年七月辛卯，顺天府密云县民向皇帝献嘉禾，县民意外得到了朱棣二十锭钞的赏赐。而对于又想要借机率群臣上表称贺的行在礼部尚书李至刚，朱棣再一次进行了训戒，他说："古帝王为治，尚敦实，黜浮华，朕德弗逮。但得四序协和，四海康乂，黎民衣食给足，即是国家之福。一物之异，皆偶然耳，何以贺为？"[②]如此等等，都表现出朱棣的明智，对于浅薄的天人感应的攀附比拟不屑一顾。

但是值得思考的是，为什么在朱棣的拒绝之下，群臣仍喋喋不休地以祥瑞为言？永乐七年八月甲子，山西代州繁峙县献嘉禾凡二百七十九本，行在礼部尚书又一次"请率群臣上表贺"。他说："前密云县民献嘉禾，陛下却群臣之贺。今嘉禾又至，此实圣德之应。请率群臣上表贺。"自然，朱棣又像以前一样拒绝了，不过他说的一段话却颇耐人寻味。他说：

---

① 《明太宗实录》卷七七，永乐六年春三月丁丑，台湾"中研院"历史语言研究所校印本，第1057页。

② 《明太宗实录》卷九四，永乐七年秋七月辛卯，台湾"中研院"历史语言研究所校印本，第1250页。

朕奉天子民，正愿天降丰年，使四海之人皆足。今苏松水患未息，近保定、安肃、处州、丽水皆雨雹，浑河决于固安，伤禾稼。且四方之广，尚有未尽闻者，不闻群臣一言及弭灾之道，而喋喋于贺嘉禾，谓祯祥圣德所致。夫灾异非朕所致乎？尔等宜助朕修德行政，他非所欲闻也。[1]

群臣一再喋喋不休地所谓贞祥圣德，固然是为讨好朱棣，但背后是君权神授的固有观念。君权神授是皇权统治合理性的重要说辞。从根本上说，朱棣是乐于听到这类赞颂的。但如果笼统地说天人感应，那么朱棣肯定不喜欢"灾异"也是"朕所致"，他不愿意将这类事情与自己相联系，并不等于他反对君权神授、天人感应的观念。那么，只要这种基本理念不改变，为所谓"祥瑞"所唱的颂歌就是不可避免的。朱棣在一片赞颂声中，还能保持头脑清醒，不忘以生民为念，关心四方的灾害，又从而对自己有所警戒，对群臣有所训谕，是很难能可贵的。

朱棣不迷信金丹方术，也不追求长生不老。永乐十五年（1417）八月甲午，行在通政司上言，瓯宁人进献金丹及方书。朱棣说："此妖人也。秦皇汉武一生为方士所欺，求长生不死之药，此又欲欺朕。朕无所用！金丹令自食之，方书亦与毁之，毋令别欺人也。"[2]甚至他并不祈求长寿。一次，他与侍臣论及此事，说"寿夭在天，人贵勉其在己者。人寿百岁，世多有之，然皆身没则无闻。颜子三十，令名无穷，人苟有德可传，何必百岁之寿！"[3]

对于臣下的阿谀，朱棣也有清醒的头脑。永乐十三年，贵州布

---

① 《明太宗实录》卷九五，永乐七年秋八月甲子，台湾"中研院"历史语言研究所校印本，第1264页。

② 《明太宗实录》卷一九二，永乐十五年甲午，台湾"中研院"历史语言研究所校印本，第2023页。

③ 《明太宗实录》卷五六，永乐四年秋七月甲辰，台湾"中研院"历史语言研究所校印本，第830页。

政司蒋廷瓒上书，说去年皇帝亲征漠北的诏书传到贵州，思南婺川县大严山，"有声连呼万岁者三"，意思是万山有灵，都在赞颂皇帝圣明。朝廷收到上书，不敢怠慢，礼臣率群臣向皇帝祝贺。朱棣大不以为然，说："高呼山谷，空虚相应，理或有之。廷瓒即以此阿朕。大臣不能正其非，且劝媚乎！"①

像秦汉那样称颂皇帝、彰显皇帝神圣的封禅之举，也为朱棣所不取。永乐十四年，礼部祠祭司郎中周讷请举行封禅典礼，刻石记功，尚书吕震（1365—1426）也支持周讷的建议。朱棣说："今天下虽无水旱疾疫，间闻有郡县上奏，便惕然于中。且圣经不言封禅，汝欲朕为之乎？"②

然而，朱棣既宣称皇权神授，就并非完全不相信天人感应。永乐年间最大的天变莫过于永乐十九年（1420）四月初八日北京奉天殿等三殿之大火了。这一场大火，使修建多年始克成功的大殿毁于一旦，举国恐惧震惊。朱棣连忙下诏罪己，征求直言：

> 壬寅，敕谕文武群臣曰："朕躬膺天命，祗绍鸿图，爰仿古制，肇建两京。乃永乐十九年四月初八日奉天等三殿灾。朕心惶惧，莫知所措。意者于敬天事神之礼有所怠欤？或祖法有戾而政务有乖欤？或小人在位贤人隐遁而善恶不分欤？或刑狱冤滥及无辜而曲直不辨欤？或谗慝交作谄谀并进而忠言不入欤？或横征暴敛剥削掊剋而殃及田里欤？或赏罚不当蠹财妄费而国用无度欤？或租税太重徭役不均而民生不遂欤？或军旅未息征调无方而馈饷空之欤？或工作过度征需繁数而民力凋敝欤？或奸人附势群吏弄法抑有司阘茸罢懦贪残恣纵而致是欤？下厉于民，上违于天，朕之冥昧，未究所由，

---

① （清）查继佐：《罪惟录》志卷之三十二《永乐逸记》，第1027页。
② 同上书，第1028页。

尔文武群臣，受朕委任，休戚是同，朕所行果有不当，宜条陈无隐，庶图悛改，以回天意。"[1]

通过这次天变的警示，他对自己的执政，做了全面的反省。随后，又下了一道诏书，"凡有不便于民及诸不急之务，悉皆停止，用苏困弊，仰答天心"，诏书开列应革之弊达二十一项之多。儒家政治思想，借天命言人事，以民心做天心，是它的可贵之处。朱棣在天变之后要对自己的执政进行全面整饬，也是有诚心所在的。

关于法祖，在发动靖难之役时是被朱棣用来作为旗帜的。违背、变乱祖制成为建文帝被推翻的理由。所以，复旧也就成为朱棣执政的理念之一。然而，起兵靖难本身已经违反了祖制，在执政上，朱棣能够兑现法祖、复旧的承诺吗？

即位之初，针对建文新政，朱棣很是做了一些表面文章。他下令五府六部，凡建文中所改易的洪武政令条格，悉复旧制，下令恢复刑部旧制，刑名一依《大明律》科断，恢复各宫殿的旧名，如正身殿仍为谨身殿，端门仍为午门等，他甚至革除建文年号，将建文四年称作洪武三十五年，连永乐年间新印制的宝钞，也仍称洪武年号[2]。这些空洞的政令和无关痛痒的名字，尽可以复旧，但一碰到要害处，就另当别论了。

削藩是建文君臣推行的一件大事。它虽算不得多么有利于民生的德政，却与祖制截然相背。朱棣既然声称复旧，自然不能不涉及宗藩问题。建文四年七月至永乐元年期间，被建文帝废黜幽系的诸王一律恢复了王位。他们纷纷入京朝见朱棣。朱棣对他们

---

① 《明太宗实录》卷二三六，永乐十九年夏四月壬寅，台湾"中研院"历史语言研究所校印本，第2263—2264页。

② 俱见《明太宗实录》。

格外优礼，动辄大加赏赐。①这样做不仅可以收尊崇祖训、笃亲亲之义的宣传之效，也可以笼络人心，巩固其地位。朱棣之靖难既联合亲王、军人最终取得了胜利，此时皇位既得，也不妨分享胜利之果。

　　然而，在朱棣看来，问题的要害在于皇位与权力。当建文帝要打破祖宗成法而触犯他的权位时，他就打出维护祖制的旗号；而当他做了皇帝，墨守藩封成法对他就不利了。他比建文帝更清楚强大的藩王对皇帝的威胁，也更善于消除这种威胁。在笑脸下面，他悄悄开始了削弱和控制诸藩的行动。建文四年（1402）七月癸卯，朱棣命左都督袁宇往四川、云南整肃兵备，镇抚一方，赐书岷王楩，令其"凡事可与（袁宇）计议而行"，又说"夫藩屏至重，贤弟宜慎出入，谨言节饮，庶诸夷有所瞻仰，而不负兄之所望"②。在冠冕堂皇的言辞之下，藩王的地位发生了根本的变化。《皇明祖训》规定，诸王下天子一等，公卿大臣皆不得与之抗礼③。燕王等在藩国时，都曾节制诸军。而朱棣现在竟要求岷王楩凡事与命将计议而行，藩王地位不是一落千丈了吗？建文四年九月戊申，朱棣对谷王府官军进行了一次没有先例的赏赐，"赏分三等"，"第一等比奇功，第二、第

---

　　①《明太宗实录》卷十上，洪武三十五年七月乙丑，"赐周王橚钞二万一千锭"。庚寅，"赐周王橚生日礼物，冠一，通天犀带一，彩币三十匹，金香炉、合各一，玉观音、金铜佛各一，钞八千锭，马四匹，羊十腔，酒百瓶"。第157页。同书卷十下，洪武三十五年七月丁酉，"赐谷王橞乐七奏，卫士三百，金银枪、大剑，金三百两，银三千两，彩币三百匹，钞三万锭，马四匹，金笼鞍辔二副，岁增米三千石，赏其开金川门迎驾之功也"；"赐周王橚钞八万锭，齐王榑二万锭"。己亥，"楚王桢辞归，赐以彩币二十表里，钞二万五千锭，其从官赐钞有差"。同上，第164、165页。卷十三，叶一上，洪武三十五年冬十月壬子，"赐谷王橞钞十万锭"，同上，第227页。如此等等。

　　②《明太宗实录》卷十下，洪武三十五年七月癸卯，台湾"中研院"历史语言研究所校印本，第168—169页。

　　③《皇明祖训·礼仪》："凡朝臣奉使至王府，或因使经过见王，并行四拜礼，虽三公、大将军，亦必四拜，王坐受之。若使臣道路本经王国，故意迂回躲避，不行朝王者斩"，明礼部刻本，叶十七。

三等比头功，第四等比次功例。不升官者加赏钞十锭，典膳仍在本职，食俸同正六品，赏准次功百户例，舍人准次功总旗例，凡五百八十七人，赏银钞表里有差"[1]。《皇明祖训》规定："凡王国守有镇兵，有护卫兵。其守镇兵有常选指挥掌之，其护卫兵从王调遣。"[2]王府护卫是亲王控制的军队。朱棣通过这一赏赐，至少是扩大了皇帝对王府官军的影响，削弱了藩王的控制力。十月，朱棣令晋王济熺（1375—1435）在其护卫内拨马步官军四千随高平王、平阳王于平阳卫府暂居，"分原给本府符验二道与之"[3]。这就是在变相地缩小王府护卫的编制了。靖难中，他与宁王朱权联手，曾经有事成之后中分天下之约，而此时则早已抛到了脑后。朱棣做了皇帝后，绝口不提此事。宁王朱权也知时过境迁，所谓"中分天下"无异虎口夺食，绝无可能。不过，他自恃参与靖难有功，认为无论如何也可以分得一杯羹，借机改善封国的条件。他找到朱棣，要求改封到江南。他提出要苏州，但朱棣以苏州是"畿内"为由，不予批准，榻下岂容他人安睡！宁王又提出要钱塘，朱棣说：钱塘"皇考以予五弟，竟不果。建文无道，以王其弟，亦不克享"。依然不同意。朱棣举出建宁、重庆、荆州、东昌几处，说："皆善地，惟弟择焉。"最后，朱权于永乐元年二月改封南昌，但是，朱棣下诏"即布政司为邸，瓴甋规制无所更"，也就是说，以布政司府为王府，而且房屋建筑规制不更改。这就有点不近人情了。明朝王府的规制有明确规定，其规格远远高于布政司。不新造王府也就罢了，为什么不按王府规制进行改造呢？显然有意压低宁王的地位。后来曾有人告宁王巫蛊诽谤，朱棣派密探前去调查，调查结果是"无验"，才算了结。吓得

---

① 《明太宗实录》卷十二下，洪武三十五年九月戊申，台湾"中研院"历史语言研究所校印本，第225页。

② 《皇明祖训·兵卫》，明礼部刻本，叶四十。

③ 《明太宗实录》卷一三，洪武三十五年十月甲子，台湾"中研院"历史语言研究所校印本，第236页。

宁王"自是日韬晦，构精庐一区，鼓琴读书其间"。"终成祖世得无
患。"①宁王此事就算了结了。朱棣是玩弄权力的高手，他凭借手中实
力，将众亲王任意置于股掌之中。

永乐即位之初，面临着缺官的局面。不久，由于"悉复旧制"，
被黜官吏只要"以奏牍付科"，即可以复职②，再加上涌现出一大批靖
难新贵，官僚队伍迅速膨胀起来。到永乐二年六月，"中外官数"竟
"比旧额增数倍"③，迫使朝廷不得不予以关注。由此不难看出建文省官
吏、并州县的必要性，也可以看出永乐的所谓"复旧"带来的问题。

朱棣的复旧，有时到了偏颇的程度。以田赋而论，建文中曾革
去江南苏松重赋，解除苏松人不得做户部官的禁令，本是一件有理
有利的事。但这一政令也在复旧的名义下不由分说地被取消了。据
说，朱棣对要求降低江浙地区官田重赋的官员十分痛恨，苏州知府
金炯就因此被槛车押至京城而死④。永乐中，农民实际交纳的赋税
要远远超过定额。特别是在迁都之后，从江南调运粮饷。当地农民
既要出粮饷，还要负担庞大的运输费、手续费等等。因此，有论者
曰："太宗即位，尽革建文之政，民力不堪，明制征及分者，官得
迁转，又数赦免。然岁积逋粮，至宣德末，苏州一郡已七百九十万
石，常松亦然。"⑤"吴民大困，流亡日多，一郡逋赋至七百九十
余万。督使相继，终不能完……宣德中虽名减赋，实则同洪武之

① （清）张廷玉等撰：《明史》卷一一七《列传》第五《宁王权传》，第3592页。
② 《明太宗实录》卷一二下，洪武三十五年九月乙巳，台湾"中研院"历史语言研究所校印本，第224页。
③ 《明太宗实录》卷三二，永乐二年六月丁亥，台湾"中研院"历史语言研究所校印本，第569页。
④ （清）顾炎武：《天下郡国利病书》卷一八《江南二·田赋》。王世贞《弇州史料后集》称："高皇帝制，直隶苏松二郡不得官户部。永乐中，皇太子监国，请以江西人给事中王高为户部侍郎，不许。"（卷四八，叶一二、一三）
⑤ 《古今图书集成·经济汇编·食货典》卷一四七《赋役部》总论十之三引《学庵类稿》，《明食货志·赋役》，民国二十三年（1934）中华书局影印本。

旧。"①建文年间曾经下令僧道限田每人五亩，其余均给农民，这项明显惠民的规定也被废除了。朱棣的复旧，并不问其是否有利于国计民生，但凡是建文所出一律推翻，其心胸气量亦小矣！

但是这些并不能说明朱棣对旧制是多么坚守，他绝不是一个循规蹈矩的守成之君。任何祖宗成法都不能束缚他的手脚。他宣称"刑名一以大明律科断"②，而实际上滥施残刑酷法，任意杀人，毫无章法，下文对此将另有论说。至于郡县交阯、亲征蒙古、迁都北京、派遣郑和（1371—1433）下西洋，又有哪一件有祖训可援？朱棣的许多作为都与祖训不合，甚至与自己在《圣学心法》中的说教相左。他所宣称的尊崇祖制、率由旧章云云，与被人提示才先谒孝陵后登宝座一样，是做样子给人看的。

朱棣的人格是矛盾的。我们要考察的是朱棣怎样将截然不同的说与做集于一身，如何使这种双重人格在他身上共生共处。

永乐四年闰七月己巳，朱棣召见北京儒士武周文，劳谕甚至，特命为翰林侍讲学士，赐冠带金织罗衣一袭。第二天，武周文入谢，朱棣便因其老而令致仕。这样一个普通的老年儒士，为什么会受到朱棣的如此优礼？朱棣对翰林侍读胡广等说："朕守藩时，闲暇喜观《易》。时王府官亦有三二人知《易》，然皆不若周文切实。但所言亦有拘滞不流动处。"原来朱棣与武周文有同好焉，武周文是朱棣在《易》学上的知音，但似乎不如朱棣对《易》理解得深。朱棣说：

> 盖《易》道妙在变通，不失其正耳。古人"随时从道"之
> 说，最得要领。

---

① 黄云眉：《明史考证》卷七八（志第五四）考证，中华书局，1980年，第626页。（清）张廷玉等撰《明史》卷七八《志第五四·食货二·赋役》："宣宗即位……诸府民多逃亡，询之故老，皆云重赋所致。"第1896页。

② 《明太宗实录》卷一〇上，洪武三十五年七月壬午，台湾"中研院"历史语言研究所校印本，第145页。

又说:

> 为学不可不知《易》，只"内君子，外小人"一语，人君用
> 之，功效不小①。

看来，朱棣深得《易》经"变通"的要领。他从"随时从道"
引申出左右逢源的权术，凡事取其适于己者曰"从道"，去其不适于
己者亦曰"从道"；以此为自己的行为进行辩解。明乎此，不仅可以
找到朱棣如何对待祖训问题的答案，而且可以加深对朱棣政治人格
的理解。

---

① 《明太宗实录》卷五七，永乐四年闰七月己巳。台湾"中研院"历史语言研
究所校印本，第837页。又《罪惟录》志卷三二《外志·列朝帝纪逸·永乐逸记》:
"间语胡广，为学不可不知《易》。《易》在变通而不失其正。……宜虚心以玩之，才
有得力。"（第1026—1027页）字句稍异。

# 第五章 文治论

　　俗话说，马上得天下，马上不能治天下。朱元璋以武力推翻了元朝，建立了大明帝国。开国之初，武人受到优礼是可以理解的。[①]洪武三十一年后，建文帝推行文治，提高文臣地位，则可谓是适应时势的转变。但文臣地位提高后，武臣的权益则受到忽视，这势必引起他们的不满。朱棣"靖难"依靠军人势力，提出诛"左班文臣"，自是他夺权的需要。但当其政权稳固后，必要用文人治理国家，文臣的地位也会相应地改变。这同样是时势使然。

　　朱棣发动靖难之役率兵南下时，他的主要谋士僧道衍（1335—1418）为之到郊外送行，于无人处，道衍向朱棣跪拜密启："臣有所托。"朱棣问道："何为？"道衍说："南方有方孝孺者，素有学行，武成之日，必不降附，请勿杀之，杀之则天下读书种子绝矣。"[②]僧道衍俗名姚广孝，他要保留读书种子，就是预见了时势将要发生这种变化。

---

　　① （明）王世贞《弇州史料》后集卷四七，叶十六下，文臣封爵："按，大明律文臣不许封公侯，又云其生前出将入相能除大患尽忠报国者，同开国元勋，一体封侯、谥公，不拘此例。谥当作赠，疑误也。按，称封侯谥公又云不拘此例，则侯似可封，然所谓生前云云，恐亦追封也。"第十八叶下，文职冒武号："国初公侯为辅运，伯为翊运，武为宣力，而文臣为守正。汪忠勤广洋、刘诚意基为开国翊运守正文臣，而无推诚字，盖杀其礼也。"第廿二叶上，右柱国："左右柱国不见会典，洪武三年始封。李、徐二公加左柱国，自李曹公而下俱右柱国。文臣则绝无及者。"

　　② （清）谷应泰：《明史纪事本末》卷一八《壬午殉难》，第291页。

但是道衍的劝说岂能阻碍朱棣的杀戮！当朱棣从烽烟和血泊中走进南京城，面对着一批至死不肯合作者的时候，他便会毫不顾惜地铲除这些"读书种子"。这将会在下文中谈到。

然而，朱棣做了皇帝后，也总想把自己打扮得温文些。他知道，人民绝不欢迎一个暴虐好杀的皇帝。永乐元年朱棣对他的群臣说：

> 为治之道，在宽猛适中，礼乐刑政有其序。……朕皇考太祖高皇帝……拨乱反正，不得已而用刑，特权一时之宜。及立为典常，既有定律颁之天下，复为祖训垂宪子孙，而墨劓剕宫并禁不用。朕以菲德缵成大统，仰思圣谟，夙夜祗服，惟欲举贤材，兴礼乐，施仁政，以忠厚为治……以上不负皇考创业之艰，而朕于守成之道亦庶几焉。[①]

有一次，通政使赵彝（？—1426）等引奏一个山东男子，进献阵图。这本来是要迎合朱棣，献媚取宠的。不料朱棣却以"不好武"相标榜。他说：

> 自古帝王用兵，皆出于不得已。夫驱人以冒白刃，鲜有不残伤毁折，其得不死，亦幸也。朕居军旅数年，每亲当矢石，见死于锋镝之下者，未尝不痛心，但出不得已耳。今天下无事，惟当休养斯民，修礼乐，兴教化，岂复当言用兵。此辈狂妄，必谓朕有好武之意，故上此图，以冀进用。好武岂盛德事？其斥去之。[②]

---

① 《明太宗实录》卷二三，永乐元年九月丙子朔，台湾"中研院"历史语言研究所校印本，第417页。

② 《明太宗实录》卷二五，永乐元年闰十一月癸酉，台湾"中研院"历史语言研究所校印本，第472—473页。又《罪惟录》志三二《外志·永乐逸纪》所记朱棣说："自古用兵，出不得已。令宜休养斯民，修礼乐，兴教化为久安长治计。此辈狂妄，希进用，急逐之。"（第1025—1026页）

为表示自己是一个偃武修文的明君，朱棣大肆张扬文事。他倡导儒学，优礼孔裔，聚集文士，编纂大规模的图书。朱棣的重要的文学侍从之一、翰林学士杨士奇（1365—1444）曾经称颂说："太宗皇帝御天下，慨然欲作新人才，兴起斯文。"①而《明史》则称："当是时，海内混一，垂五十年，帝方内兴礼乐，外怀要荒，公卿大夫彬彬多文学之士。"②

## 一、科举

讲文治，就不能不说到科举。明代科举制度之完善，为前代所无。而明代科举制度确立却有一个过程，对此前人多有论述。笔者注意到，这个过程是与明代初年的政治转型相联系的。明朝从武功开国到文治立国，经过种种较量和调整，最终导致了文官制度的全面完善。科举制度的确立就是在这个过程中实现的。

朱元璋起事之初，所用人才随地而出，并无制度，识于军中或投靠从征、征辟实用人才是其用人常态。朱元璋身边人才特盛，武将徐达（1332—1382）、常遇春（1330—1369）、汤和（1326—1395）都是随朱元璋起于草野，自不待论，谋臣朱升（1299—1370）、陶安（1315—1368）、刘基（1361—1375）、宋濂等等也都是征辟或投奔而来。在朱元璋的事业有了一定规模后，制度建设日益受到重视。一些读书人陆续投到他的军中，加快了制度建设的进程。

吴元年（元至正二十七年，1367）三月，朱元璋下令设文武科取士，洪武三年五月科举正式举行。本年合诸省之士会试，凡二百人，中式者百二十人。中式的比例很大。当时，天下初定，百废待

---

① （明）杨士奇：《东里文集》卷一四，第五叶下，《詹事府少詹事兼翰林侍读学士赠嘉义大夫礼部左侍郎曾公墓碑铭》，中国国家图书馆藏明嘉靖刻本。

② （清）张廷玉等撰：《明史》卷一四七、一四八《胡俨传》，第4128页。

举，各方面急需人才。朱元璋下令"各行省连试三年"，而且举人不用参加会试，直接到京城等候选派。

朱元璋虽然在身边儒士的怂恿下开设了科举，但他并不认为科举真的可以得到实用人才。他发现科举"所取多后生少年，能以所学措诸行事者寡"，并不好用。因而，科举的好景不长，于是又宣布"罢科举不用"①，同时"别令有司察举贤才，以德行为本，而文艺次之。庶几天下学者知所向方，而士习归于务本"②。自此科举停止了十一年之久，选官复行征辟荐举之法③。

在选用人才上，明太祖则带有很大的随意性。在有需要的时候，只要他看中了，就可以提拔任用，没有任何章法可言。但是，因为用人急迫，各地贡举人员往往过滥。"时中外大小臣工皆得推举，下至仓、库、司、局诸杂流，亦令举文学才干之士。其被荐而至者又令转荐。以故山林岩穴，草茅穷居，无不获自达于上，由布衣而登大僚者不可胜数。"④士人们对朱元璋的做法大不以为然。其做法遭到了士人的严厉批评⑤。

问题在于，荐举不能保证有效地选拔人才。虽然《制书》规定了"如将鄙陋不堪之人一概朦胧滥举，原举官吏，依贡举非人例问罪"，但选人没有明确的标准，荐举的各种名目无法严格考核。因此，朱元璋不得不下令对被荐举的人员以考试来加以选拔。进入和平太平时期，不再有人才涌出的随机性，确立养育选拔人才的制度势在必行。

---

① （清）张廷玉等撰：《明史》卷七十《选举二》，第1696页。
② 《明太祖实录》卷七九，洪武元年二月乙未，台湾"中研院"历史语言研究所校印本，第1443—1444页。
③ （清）谷应泰：《明史纪事本末》卷一四《开国规模》，第209页。
④ 《明史》卷七四《选举三》，第1712页。
⑤ （明）黄景昉著，陈士楷、熊德基点校《国史唯疑》卷一："吴印以钟山寺主僧，拔官布政。尝上章言事，特蒙眷。副使张梦兼气凌之，罪至死。必印才有过人者，然贻衣冠玷甚矣。解缙疏：'椎埋负贩之佣，朝捐刀镊，暮绾组符，虽云立贤无方，亦盍忧询有德？'"（上海古籍出版社，2002年，第10页。）

洪武十四年，朱元璋借建立太学之碑再次高张"崇文"。朱元璋诏谕诏群臣曰："王者受命，武功文德，相继成治。定天下以武，治不以武也。其崇文乎？"①这时国内的形势已经发生了很大的变化，恢复科举就在必然的情理之中。洪武十五年八月，朱元璋下诏决定恢复科举："诏礼部设科举取士。令天下学校期三年试之著为定制。"②到洪武十七年三月，朱元璋"命礼部颁行科举成式，凡三年大比，子午卯酉年乡试，辰戌丑未年会试"③。乡试八月举行，会试第二年二月举行。此后终洪武之世，三年一举，并未间断。

到洪武二十六年，时任汉中府教授的方孝孺，被征聘为京府乡试分考。他在《应天府乡试小录序》中声张"大敷文治"，他写道："圣天子受天命，作四海九州主。神武既昭，大敷文治。闵前代习俗陋而事功卑也。建学树师更定制度，举俊茂之才而作新之，复设科目登进其贤能，以备任使。"④科举成为全面走向文治的重要标志。

洪武三年的《开科举诏》曾规定"中外文臣皆由科举而选，非科举者毋得与官"，洪武十七年科举恢复后，这一规定得到了更多的落实。从此"科举必由学校"⑤。然而，即使到洪武末年，科举也不是用人的唯一渠道，而是进士、贡举、杂流三途并用⑥，做官并不一定要读书。

洪武三十一年，明太祖朱元璋辞世，皇太孙朱允炆继承皇位，改元建文。他要彻底实行向文治的转型。宽仁和文治成为建文帝执

---

① 《国子监通志》卷十，附录奉议大夫翰林学士宋讷奉敕撰《大明敕建太学之碑》，《天一阁藏明代政书珍本丛刊》第12册，线装书局，2010年，第229页。

② 《明太祖实录》卷一四七，洪武十五年八月丁丑朔，台湾"中研院"历史语言研究所校印本，第2299页。

③ 《明太祖实录》卷一六〇，洪武十七年三月戊戌，台湾"中研院"历史语言研究所校印本，第77页。

④ （明）方孝孺：《逊志斋集》卷十二《应天府乡试小录序》，商务印书馆四部丛刊初编缩印明刊本，第294页。

⑤ （清）张廷玉等撰：《明史》卷六十九《选举一》，第1675页。

⑥ 同上。

政的标志。建文帝得以彻底实现"中外文臣皆由科举而选，非科举者毋得与官"。为了彰显崇文，建文帝于即位第二年的三月就到太学亲祭了万世师表的孔子。尊右文教，辅成宽大，是其主旨。他提高了文臣的地位，使六部尚书秩登一品。读书种子方孝孺，洪武乙丑（十八年）科榜眼练子宁（1350—1402）、探花黄子澄、进士卓敬（约1348—1402）、齐泰；洪武甲戌（二十七年）科榜眼景清（1362—1403）；洪武丁丑（三十年）科春榜榜眼尹昌隆被委以重任，日侍左右。但是，建文的右文轻武，让早已伺机待起的燕王朱棣抓到了把柄。燕王打出的旗号是清除奸人"左班文臣"，以恢复祖宗旧制。他宣称是左班文臣乱了朝政，致使天子罹难，而朝政之所以乱，是因为他们改变了祖宗成法，削除藩王，提高文臣的地位都是与祖制不合的。建文帝的文治进程被打断了。一切似乎又回到了洪武开国时期。其原因在于燕王要标榜一切恢复祖宗旧制，还在于燕王的夺位又形同再一次以武力开国。登大位后的朱棣在用人上仿佛朱元璋开国时那样，带有某些随意性。

永乐朝六卿共十七人，其中国子监太学生八人：夏原吉（1366—1430）、宋礼（1361—1422）、赵羾、吕震、金纯、方宾（？—1421）、黄福（1362—1440）、李庆；进士五人：蹇义（1363—1435）、郭资（1361—1433）、郑赐（？—1408）、刘观、刘镳；荐举一人：李至刚；征召一人：郁新（？—1405）；善书一人：陈洽（1370—1426）；行伍一人：金忠（1353—1415）；

虽然，这些人多是洪武建文年间留下而迎附朱棣的，但还是可以看出朱棣的用人与建文帝的不同。朱棣甚至主张小人亦可用，因此，六卿中有才无德的小人不在少数[①]。直到明末，明成祖之用人，仍然受到訾议。崇祯时的阁臣黄景昉（1596—1662）说："永乐元

---

① 参见朱鸿：《明成祖与永乐政治》第四章"明成祖的治术"，"台湾师范大学历史研究所专刊"（17），台湾师范大学历史研究所，1988年，第158页。

年，定万寿节宴百官礼。在京僧道官大兴隆寺住持，得与文武四品以上同宴奉天殿内。草昧法粗略不可训，岂经姚恭靖裁酌耶？"①

但是，朱棣已经不能回到太祖开国时代。号称恢复祖宗旧制的他不能不继续走洪武末年开始的文治之路。他抨击建文帝重用文臣，但自己又标榜文治。而且他一再声称："为治之道，在宽猛适中，礼乐刑政施有其序……朕以菲德缵成大统，仰思圣谟，夙夜祗服，惟欲举贤材，兴礼乐，施仁政，以忠厚为治。"②

朱棣曾说，儒学为"国家致治首事，不可视为迂缓不切之务"③，称"孔子代天立教，故万世帝王敬事之"④。重视儒学，继承洪武以来的学校制度，进一步完善科举选官制度，并且使之常规化，是永乐年间文治的一项重要举措。

朱棣即位之第二年，永乐二年甲申，首开科举。礼部奏请会试选士之数，朱棣问："洪武中所选几何？"礼部尚书李志刚回答说："各科不同，多者四百七十余人，少者三十人。"朱棣说："朕即位初，取士姑准其多者，后不为例。""科举是国家取人材第一路，不可滥。"⑤本科取士472人。三月初一，朱棣御奉天殿，亲试礼部所选之472人，他的策试题目竟是欲探黄帝尧舜"垂衣而治，神化宜民"的"精微之蕴"，"通其所以教育，参其所以明扬"的兴学立贤之法。"考三礼之文，补乐书之阙，定黄种之律"，以"极制作之盛"。

---

① （明）黄景昉著，陈士楷、熊德基点校：《国史唯疑》卷二，第34页。
② 《明太宗实录》卷二三，永乐元年九月丙子，台湾"中研院"历史语言研究所校印本，第530页。
③ 《明太宗实录》卷八四，永乐六年冬十月庚寅。按台湾"中研院"历史语言研究所校印本"致治首事"脱"首"字，据江苏国学图书馆影印本补。见台湾"中研院"历史语言研究所校印本，第1121页；江苏国学图书馆影印本，第五十九卷，第七叶下。
④ 《明太宗实录》卷一四七，永乐十二年正月丁亥，台湾"中研院"历史语言研究所校印本，第1726页。
⑤ 《明太宗实录》卷二八，永乐二年二月己酉，台湾"中研院"历史语言研究所校印本，第554页。

制策曰：朕闻圣人之治天下，明于天之经察于地之义，周于万物之务。其道贯通古今而不易也。是故，黄帝尧舜，统承先圣，垂衣而治，神化宜民。朕欲探其精微之蕴。历象禹贡洪范载于书，大衍河图洛书著于易。古今异说。朕惟欲致其合一之归。兴学有法，立贤无方，而古今异制。朕惟欲通其所以教育，参其所以明扬。古者礼乐皆有书，今仪礼、曲礼、周礼仅存而乐书阙焉。朕惟欲考三礼之文，补乐书之阙，定黄钟之律，极制作之盛。皆圣人治道所当论也。咨尔多士，承朕皇考圣神文武，钦明启运，俊德功成，统天大孝高皇帝，作新余四十年，必知务明体适用之学，敷纳于编，朕亲考焉。①

他所要的是一个全面文治的方案。好大喜功的朱棣，推进文治的力度也是空前的。

永乐朝凡二十二年，会试共举行八科，前后总共录取1840人。其间北巡、迁都，科举考试都没有受到影响。永乐七年礼部会试，适逢朱棣巡幸北京，诏中式者陈遂等48人寄监读书，待永乐九年，朱棣还京师，才举行廷试。永乐十三年、十六年，朱棣在北京行在所，会试就在北京举行②。永乐十九年，朱棣已经迁都北京，会试遂于当年三月在北京举行③。杨荣（1372—1440）记其事云：

永乐辛丑，寔皇上正大统之二十年。先是，上巡狩北京，营建都邑，至是告成。春正月元日，乃御奉天殿受朝，万国来

---

① 《明太宗实录》卷二九，永乐二年三月壬寅朔，台湾"中研院"历史语言研究所校印本，第515页。
② 《明太宗实录》卷一九八，永乐十六年三月辛亥朔、甲寅，台湾"中研院"历史语言研究所校印本，第2067、2069页。
③ 《明太宗实录》卷二三五，永乐十九年三月癸酉、丁丑，台湾"中研院"历史语言研究所校印本，第2259页。

同，景命维新，而是岁适当会试贡士之期，领乡荐而萃京师者三千人，礼部拔其尤者二百二人。三月望日，上临轩策试，越二日，以曾鹤龄为第一，刘矩次之，裴纶又次之，赐进士及第，余赐进士出身有差。揭黄榜于长安门外，公卿大夫及士庶人，咸谓都邑肇建，而人才汇进如此，夫岂偶然哉！[①]

朱棣特别强调学校科举对人才的培养。永乐二十二年，中军都督府，咨送习吏事监生七人于礼部。朱棣说："吏事，末也。诚穷经博古，逮于修己治人之道，于吏事何难？"令还监就学，由科举进[②]。

起始自隋朝的科举制度到明永乐以后日臻缜密、完善，成为后来数百年之圭臬。即明人对本朝的科举制也盛赞不已：

唐时举进士，自状头以下，皆以势力游扬得之。以摩诘之才，不难作梨园弟子以干公主；及其末也，裴思谦紫衣怀阉竖之刺，求状元及第而试官不敢违，奔兢之风于斯极矣。武陵之荐杜牧，黄裳之访尹枢，虽怜才之盛心，而终非公慎之懿矩也。至于宋而渐密矣，然犹有玉山之援故人，子瞻之私方叔也。至国朝而禁令益严，二百年来法度至公至慎者，独此一途耳。

唐时士子入试，皆遍谒公卿，投赞行卷，主司典试亦必广访名流，旁搜寒畯。如王起放榜，先问宰相所欲；沈绚主春闱，承其母命与宗人及第。牛庶锡赞卷，萧昕要令首拔；至于郑薰错认颜标，虽被冬烘之诮，亦不失为激劝之盛心也。宋初举人被黜者，犹得击登闻鼓声冤，上命重试必多见收，当时谓之还魂秀才。盖其法网犹宽，疑议亦少，至国朝而禁令之严极矣。[③]

---

① （明）杨荣：《杨文敏公集》卷九《进士题名记》，中国国家图书馆藏明正德七年（1515）刻本。

② （清）查继佐：《罪惟录》志卷之三十二《永乐逸记》，第1028页。

③ （明）谢肇淛：《五杂俎》卷十四《事部二》，上海书店，2009年，第287页。

科举制到了明朝号称法度严密至公，永乐朝实为科举制完善的重要时期。政治的转型推动了科举制的完善。科举制又成为支持向文治转型的基础和保障。

## 二、编书

明成祖朱棣热衷于编纂图书，这很像乃父明太祖朱元璋。洪武年间，朱元璋御制敕修、敕撰书无数。永乐年间，虽然修撰没有那么多，却也是极为出名的。《大明太祖高皇帝实录》是照例必修的，《永乐大典》《五经四书性理大全》，无不规模宏大，制作精严。

朱棣七月即位，十月就迫不及待地下令以侍读学士解缙为总裁重修《太祖实录》。从现存明代历朝《实录》看，《实录》之纂辑，不仅在于存史，还在于资治。《实录》在逐年记录史实外，还多有针砭，以史笔评点施政得失，也隐然表达新君的施政理念。朱棣以非常手段登上大位，他之所以修实录，自然有一番不同的用意。

所谓"重修"，是因为记载明朝洪武一代史事的《明太祖实录》已经在建文年间由礼部侍郎董伦（1323—1408）、王景彰为总裁主持修纂完成。沈德符（1578—1642）《万历野获编》记载说：

> 洪武三十一年八月，建文君即位，征江西处士杨士奇充实录纂修官，至建文元年正月始大开局。修《太祖实录》，总裁为礼部侍郎董伦、王景彰，副总裁为太常少卿廖升、侍讲学士高巽志，纂修官为国子博士王仲汉中府教授胡子昭、齐府副理审杨士奇、崇仁县训导罗恢、马龙他郎甸长官司吏目程本立。

然而，朱棣对这部《太祖实录》并不认可，即位不久就下令重修：

至洪武三十五年七月，实建文四年也……本年十二月始命重修。其时监修者为曹国公李景隆、忠诚伯茹瑺，虽文武各一人，皆勋臣也。永乐九年又以景隆、瑺等心术不正，编辑不精，改命姚广孝、夏原吉为监修，其纂修则属之胡广等。又命杨士奇、金幼孜佐之。而总裁则属祭酒胡俨，学士黄淮、杨荣。[1]

永乐九年至十六年，三修《太祖实录》成。朱棣"具皮弁服，御奉天殿受之。批阅良久，嘉奖再四"。且曰："庶几小副朕心。"[2]洪武三十五年即建文四年是为重修，永乐九年至十六年是为三修。为什么一部《太祖实录》如此反反复复？朱棣最在意的或者说他对一修再修《实录》最不满意的是什么？朱棣所在意的首先是《实录》对靖难之役的书写。靖难之役是一次武装篡位夺权，发动者大逆不道，与传统道德礼法大相违背。朱棣夺位成功后，绝不能容忍自己以篡贼之名载入青史。一些参与修纂《太宗实录》的史官就因为对靖难秉笔直书而惨遭杀戮。比如，按察佥事叶砥（1342—1421）建文年间参与修《实录》，而"书靖难事多微词"，朱棣下令将其下狱，并"籍其家"[3]。又如，知府叶惠仲等建文年间参与修《太祖实录》，"指斥靖难君臣为逆党，论死籍没"[4]。其次，朱棣有意在《实录》中塑造自己夺位继统的合法性。论证其夺位的合法性有两条路径，一是诋毁建文帝，宣称其德不称位，二是颂扬自己的德才更适于嗣位，特别是自己的血统纯正，按宗法当立。前者，永乐年间的各种载记

---

① （明）沈德符：《万历野获编》卷一《列朝·监修实录》，中华书局，1959年，第6页。

② 《明太宗实录》卷二〇〇，永乐十六年五月庚戌朔，台湾"中研院"历史语言研究所校印本，第8册，第2081页。按：江苏国学图书馆影印本作"庶几少副朕心"，亦通。见该本卷一一〇，叶十一上。

③ （明）郑晓：《逊国臣记·叶砥传》，见明万历己亥刻本《吾学编》。按：（明）朱鹭《建文书法儗》中，建文忠臣叶砥附于按察司。

④ 沈德符：《万历野获编》卷一《列朝·监修实录》，第6页。

抹黑建文帝不遗余力，官修的《奉天靖难记》污言秽语几令人不可卒读。其主要内容在收入三修的《太祖实录》时虽大大收敛，但还是随处可见。后者，在三修《太祖实录》时，朱棣屡屡自称是"皇考高皇帝，皇妣高皇后嫡子"，突出自己在当藩王时的业绩，多处暗示朱元璋曾属意于己。同时，《太祖实录》的书写不仅要受到朱棣好恶所左右，还要得到那些随朱棣起兵的从龙新贵们的认可。因此"当时开国功臣壮猷伟略，稍不为靖难归伏诸公所喜者，俱被划削。建文帝一朝四年，荡灭无遗。后人搜括捃拾，百千之一二耳"①。我们从《明太祖实录》纂修的过程，可以看到专制者对历史的肆意强暴，看到他们任凭自己的喜怒信口雌黄，看到成王败寇的历史逻辑，同时也看到专制权力对史官的迫害，看到史官在权力的淫威下，被迫篡改和扭曲历史的痛苦。明人感叹说："读累朝实录，可据者十六七。"②永乐朝三修之《太祖实录》实其尤者。关于《明实录》的价值、《明太祖实录》纂修的过程，前辈学者论之甚详③。本文拈出此题，仅就朱棣的文化专制政策而言，不作详细论述。

　　三修的《太祖实录》是明朝永乐时期对洪武、建文史事书写的官定的标准版本。其他一切与此不合的，都不准存在。因此，朱棣下令将有关建文的史籍一概禁毁，对于自己不利的记载，虽片纸不留④。再

---

① （明）沈德符：《万历野获编》卷二《列朝·实录唯据》，第61页。
② （明）王世贞：《弇州史料前集》李维桢序。中国人民大学图书馆藏明万历甲寅本。
③ 代表著述有吴晗的《记〈明实录〉》（载《吴晗史学论著选集》第二册，人民出版社1986年版）；王崇武的《明靖难史事考证稿》（"国立中央研究院历史语言研究所专刊"之二十五本，1948年印行）、《奉天靖难记注》（国立中央研究院历史语言研究所专刊之二十八本，1948年印行）。
④ 《明仁宗实录》卷十二"洪熙元年三月丁亥"记载"上谕刑部尚书金纯、都察院左都御史刘观、大理卿虞谦曰：'往者法司，无公平宽厚之意，尚罗织为功能。稍有片涉及国事，辄论诽谤，中外相师成风，奸民欲嫁祸良者，辄饬造屋罔，以诽谤为说。一挂名于此，身家破灭，莫能辨理。'"台湾"中研院"历史语言研究所校印本，第257页。

加上当时追杀建文忠臣的党禁严追，使得人人自危，"凡系诸臣手迹，即零星片札，悉投火中，惟恐告讦搜捕踵之，故其事十无一存"[1]，甚至民间有藏方孝孺文集者也坐死[2]。这给后世治史者造成了极大困难，治史者只能空叹"焦园蚕室，尽付劫灰，头白汗青，杳如昔梦"[3]。

从官方记载看，朱棣大概还是爱读书的，也许是出于标榜或美化的需要。永乐四年，朱棣下令礼部遣使购求遗书，《实录》写道：

> 上视朝之暇辄御便殿阅书史，或召翰林儒臣讲论，尝问文渊阁："经史子集皆备否？"学士解缙对曰："经史粗备，子集尚多阙。"上曰："士人家稍有余资，皆欲积书，况于朝廷可阙乎？"遂召礼部尚书郑赐，令择通知典籍者四出购求遗书，且曰："书籍不可较价值。惟其所欲与之，庶奇书可得。"又顾缙等曰："置书不难，须常览阅乃有益。凡人积金玉皆欲遗子孙，朕积书亦欲遗子孙。金玉之利有限，书籍之利岂有穷也？"[4]

大规模编纂图书，是朱棣标榜文治的重要活动之一。其中《永乐大典》的编纂堪称盛事。永乐元年七月初一，朱棣祭享太庙，对翰林侍读学士解缙（1369—1415）等说：

> 天下古今事务，散载诸事（书），篇秩浩穰，不易检阅。朕欲悉采各书所载事物，类聚之而统之以韵，庶几考察之便，如探囊取物……尔等其如朕意，凡书契以来经史子集百家之书，至于

① （明）朱鹭：《建文书法儗》附编下，叶二十二。
② （明）郑晓：《建文逊国臣记》卷七《按察金事叶砥》，中国国家图书馆藏明嘉靖四十五年（1566）刻本；《明史》卷一七一《列传五十九·杨善》，第4568页。
③ （清）赵士喆：《建文年谱》"钱谦益序"，中国国家图书馆藏清刻本。
④ 《明太宗实录》卷五三，永乐四年四月己卯，台湾"中研院"历史语言研究所校印本，第794—795页。

天文地志、阴阳医卜、僧道技艺之言，备辑为一书，毋厌浩繁。①

这就是《永乐大典》编纂之缘起。书成之后，朱棣赐名为《文献大成》，但朱棣仍以为其书尚多未备，再命太子少师姚广孝等重修：

> 上览所进书向多未备，遂命重修，而敕太子少保姚广孝、刑部侍郎刘季箎及缊总之。命翰林学士王景、侍读学士王达、国子祭酒胡俨、司经局洗马杨溥、儒士陈济为总裁，翰林院侍讲邹缉，修撰王褒、梁潜、吴溥、李贯、杨观、曹榮，编修朱纮、检讨王洪……为副总裁，命礼部简中外官及四方宿学老儒有文学者充纂修，国子监及在外郡县学能书生员缮写，开馆于文渊阁，命光禄寺给朝暮膳。②

书成于永乐五年十一月，凡二万二千二百一十一卷，一万一千九十五本，朱棣赐名为《永乐大典》③并亲为之序。其文有曰：

> 昔者圣王之治天下也，尽开物成物之道，极裁成辅相之宜。

---

① 《明太宗实录》卷二一，永乐元年七月丙子朔，台湾"中研院"历史语言研究所校印本，第393页。

② 《明太宗实录》卷三六，永乐二年十一月丁巳，台湾"中研院"历史语言研究所校印本，第627页。按：校印本"太子少师"误为"大子少保"。姚广孝实未有少保之名。今从江苏国学图书馆影印本改。见该本卷三六，第五叶。

③ 《明太宗实录》卷七三，永乐五年十一月乙丑，台湾"中研院"历史语言研究所校印本，第1016页。按：此处记《永乐大典》计"二万二千二百一十一卷"，而同卷朱棣《永乐大典》序言则称全书"总二万二千九百三十七卷"。自相抵牾如是。《万历野获编》则云二万二千九百余卷，见《补遗》卷一，第3册，第789页。而今人张忱石说《永乐大典》全书"二万二千八百七十七卷，目录六十卷，约三亿多字"，其说又不同。见《永乐大典正本之谜》（中华书局《书品》第二期，1986年6月版，第41页）及《永乐大典续印本印象记》（国务院古籍整理出版规划小组编《古籍整理出版情况简报》第156期，1986年4月20日出版，第2页）。又按：校印本误为"一万一千九百五本"，今据江苏国学图书馆影印本《明实录》及《明史纪事本末补编》卷一改。

修礼乐而明教化，阐理至而宣人文……迨秦有燔禁之祸，而斯道中绝。汉兴，六艺之教渐传，而典籍之存可考。由汉而唐，由唐而宋，其制作沿袭，盖有足征。然三代而后，声明文物所可称述者，无非曰汉唐宋而已。洪维我太祖高皇帝膺受天命混一舆图，以神圣之资，广述作之奥，兴造礼乐制度，文为博大悠远，同乎圣帝明王之道。朕嗣承鸿基，劬思缵述。尚惟有大混一之时，必有一统之制作，所以齐政治而同风俗。序百王之传，总历代之典，世达祀绵，简编繁夥，恒慨其难。一至于考一事之微，汎览莫周；求一物之实，穷力莫究。譬之淘金于沙采珠于海，戛戛乎其不可易得也。乃命文学之臣纂集四库之书，及购募天下遗籍，上自古初，迄于当世，旁搜博求，汇聚群分，著为典奥……始于元年之秋，而成于五年之冬……臣下请序其首。盖尝论之，未有圣人，道在天地，未有六经道在圣人。六经作，圣人之道著……朕深潜圣道，志在斯文，盖尝讨论其旨矣。然万机浩繁，实资观览。姑述其概，以冠诸篇，将以垂示无穷，庶几或有裨于万一云尔。①

从朱棣下令编纂《永乐大典》的敕谕中和为《永乐大典》写的序言中，可以看出，他首先是需要有一部在万机之暇方便阅览的书，凡事如探囊取物，唾手可得。而更深一层的意思是"志在斯文"，彰显圣人之道，"将以垂示于无穷"，说其自视为圣人或以圣人自居亦无不可。

《永乐大典》确是一部中国古代重要的文化典籍，搜罗之宏富，体例之缜密，制作之严谨精美，无与伦比。其卷数已如上所述。参

---

① 《明太祖实录》卷七三，永乐五年十一月乙丑，台湾"中研院"历史语言研究所校印本，第1017—1019页。

与其事而得到赐钞者达"二千六百一十九人"①。据朱棣序所言，全书"用韵以统字，用字以系事。揭其纲而目必张，振其始而末具举。包括宇宙之广大，统会古今之异同。巨细粲然明备，其余杂家之言亦皆得以附见。盖网罗无遗，以存考索。使观者因韵以求字，因字以考事，自源徂流，如射中鹄，开卷而无所隐"②。

《永乐大典》之编纂确为中国古代一大文化盛事，朱棣之功诚不可没。然而，朱棣下令编纂《永乐大典》，其目的另有深意。这一点，明人已经看出。孙承泽《春明梦余录》中有这样一段话：

> 陆文裕深曰：宋太宗平列国，所得裸将之士最多，无地以处之，于是设六馆，修三大部书，命宋白等总之。三大部者，《册府元龟》《太平御览》《文苑英华》也。《御览》外又修《广记》五百卷。永乐靖难后修《永乐大典》亦此意。余按，宋太宗诏诸儒编集故事一千卷，曰《太平总类》；文章一千卷，曰《文苑英华》，小说五百卷，曰《太平广记》，医方一千卷，曰《神药普救》，总赐名曰《太平御览》。若《册府元龟》一千卷，乃真宗编集也。文裕所考，或未确乎。至靖难之举，不平之气遍于海宇，文皇借文墨以销垒块，此实系当日本意也。③

① 《明太宗实录》永乐五年十一月乙丑，台湾"中研院"历史语言研究所校印本，第1019页。孙承泽所记又不同："凡二千一百八十人"，计"正总裁三人，副总裁二十五人，纂修三百四十七人。催纂五人，编写三百三十二人，看详五十七人，誊写一千三百八十一人，续送教授十人，办事官吏二十人"。见《春明梦余录》卷一二《文渊阁》。北京古籍出版社，1992年，上册，第155页。《万历野获编·补遗》卷一，拜赐者姚广孝以下，二千六百一十九人，盖效力编摩者较宋太平兴国中不啻十倍。中华书局，1959年，第789页。

② 《明太宗实录》卷七三，永乐五年十一月乙丑，台湾"中研院"历史语言研究所校印本，第1018—1019页。

③ （清）孙承泽：《春明梦余录》卷一二《文渊阁》，叶六。古香斋鉴赏袖珍本。陆文裕，名陆釴，成化太常少卿兼侍读，所著《病逸漫记》有云："国朝修《永乐大典》，亦宋朝修《册府元龟》之意。"见《国朝典故》卷之六十七。北京大学出版社，1993年，第1509页。孙氏依此发挥，或别有所本。

消磨人心，让大批读书人有所安置，当也是朱棣下令编纂《永乐大典》的目的之一，古人所见不差。

据《春明梦余录》所述，《永乐大典》贮于文渊阁，副本贮于皇室戊。而同书卷一三《皇史戊》称："皇史戊，在重华殿西，建于嘉靖十三年。门额以史为叓，以成为戊……皆上自制字而手书也。"[1]然则，所谓副本者，盖嘉靖后物也。《万历野获编》"总裁永乐大典"条："嘉靖间遇大内灾，世宗夜三四传旨移出。始得无恙。后命重录一部，以备不虞。"后经改朝换代后世天灾人祸，如今《永乐大典》尚存人间者，已寥寥无几，且散落于世界各地。而副本迄无踪影。《万历野获编》又说："此书藏之秘阁。未几，文皇迁都，往来无定，且犁庭四出，多修马上之业，未暇寻讨。即列圣亦不闻有所简阅展示者。惟世宗笃嗜焉。旸厦乙览，必有数十帙在案头。"[2]因此，有今人推测说，《永乐大典》副本很可能随嘉靖帝葬入永陵了。

朱棣下令编纂的另一部大书是《五经四书性理大全》[3]永乐十二年十一月甲寅，朱棣谕行在翰林院学士胡广、侍讲杨荣、金幼孜（1368—1432）："五经四书皆圣贤精义要道。其传注之外，诸儒议论有发明余蕴者，尔等采其切当之言，增附于下。其周程张朱诸君子性理之言，如《太极通书》《西铭正蒙》之类，皆六经之羽翼。然各自为书，未有统会，尔等以别类聚，成编二书。务极精备，庶几以垂后世。命广等总其事，仍命举朝臣及在外教官有文学

---

[1]（清）孙承泽著，王剑英点校：《春明梦余录》卷一二《文渊阁》；卷一三《皇史戊》，第156、161页。

[2]（明）沈德符：《万历野获编》则云二万二千九百余卷，见《补遗》卷一，第789页。

[3]（明）陈道潜：《淇园编》卷之一《纂修四书五经性理大全诸书告成复命表》："钦惟皇上文武圣神，聪明睿知，缵承大统，绍述鸿勋，成功盛德，虽三皇无以加，事业文章，与二仪而同其大。治已至而犹以为未至，功已成而犹以为未成，体道谦冲，游心高远。乃者聿承宸断，修辑六经，恢拓道统之源流，大振斯文之委靡。"民国二十年（1931）重印本。

者同纂修。"①永乐十三年九月,《五经四书性理大全》成书,共计二百二十九卷。

如果说《永乐大典》的编纂,在于汇集保存文献,以便检索阅览的话,《五经四书性理大全》的编纂,则旨在弘扬"圣贤精义要道"。这部书为士人提供了一部官方的标准读本。它不仅为科举考试提供了依据,也为国家治理规范了基本理论,它承上启下,对后世影响巨大。朱棣亲自撰序:

> 朕惟昔者圣王继天立极,以道治天下。自伏羲神农黄帝尧舜禹汤文武,相传授受,上以是命之,下以是承之,率能致雍熙悠久之盛者,不越乎道以为治也。下及秦汉以来,或治或否,或久或近,率不能如古昔之盛者,或忽之而不(能)行,或行之而不(能)纯。所以天下卒无善治。人不得以蒙治之泽,可胜叹哉!夫道之在天下,无古今之殊。人之秉受于天者,亦无古今之异,何后世治乱得失与古昔相距之辽绝欤?此无他,道之不明不行故也。道之不明不行,夫岂道之病哉?其为世道之责孰得而辞焉?夫知世道之责在己,则必能任斯道之重,而不敢忽。如此则道不明不行,而世岂有不治也哉!②

朱棣以无道指责建文帝③,那么,自己就要做一个有道之君。他

---

① 《明太宗实录》卷一五八,永乐十二年十一月甲寅,台湾"中研院"历史语言研究所校印本,第1803页。

② 《明太宗实录》卷一六八,永乐十三年九月己酉,台湾"中研院"历史语言研究所校印本,第1872—1873页。按:红格本收录此序讹舛甚多,今用江苏国学图书馆本校正。恕不一一注出。

③ 朱棣在起兵靖难时及即位初年,攻击建文帝无道,不遗余力。如《奉天靖难记注》说:"允炆日益骄纵,焚太祖高皇帝、孝慈高皇后御容,拆毁后宫,掘地五尺,大兴土木,怨嗟盈路,淫逸放恣靡所不为。"云云。见王崇武:《奉天靖难记注》卷一,《国立中央研究院历史语言研究所专刊》之二十八本,民国三十七年(1948),第20页。

要"知世道之责","任斯道之重"。编纂《五经四书性理大全》就是为了明道。他以禹汤文武自期，希望能够留名青史：

他把明道的途径归纳为"读六经"，认为六经就是圣人为治之迹，"圣人已往，道在六经"：

> 朕缵承皇考太祖高皇帝鸿，即位以来，孳孳图治，恒虑任君师治教之重，惟恐弗逮。功（切）思帝王之治一本于道。所谓道者，人伦日用知理，初非有待于外也。厥初，圣人未生，道在天地。圣人既生，道在圣人。圣人已往，道在六经。六经者，圣人为治之迹也。六经之道明，则天地圣人之心可见，而至治之功可成。六经之道不明，则人之心术不正，而邪说暴行侵寻蠹害，欲求善治，乌可得乎！朕为此惧，乃命儒臣编修"五经四书"，集诸家传注而为大全。

最重要的，什么是六经的真谛？由谁来解读六经？这就要对传世之文献有所取舍：

> 凡有发明经义者取之，悖于经旨者去之。又辑先儒成书及其论议格言，辅翼"五经四书"有裨于斯道者，类编为帙，名曰《性理大全》。[1]

由皇家钦定的《五经四书性理大全》成为当时的标准读本，既是治国之道，也是控制全社会思想的蓝本，上到治国，下到修身，概莫能外。

《五经四书》之编纂刊行，是对宋元以来儒学文献的一次大规模

---

[1] 《明太宗实录》卷一六八，永乐十三年九月己酉，台湾"中研院"历史语言研究所校印本。

的总结和整理，可收振兴儒学、弘扬教化之功，但这种由官府核准的上下一律的思想行为模式，最终将形成一种惰性，导致思想的僵化，遏制创新和思考。早在永乐二年，饶州府一位读书人朱季友向朱棣呈上自己的著作，据说其中"专斥濂洛关闽之说，肆其丑诋"。朱棣读罢大怒，说："此儒之贼也。"侍从之臣纷纷给朱棣出主意如何处置这位迂夫子。朱棣说："谤先贤，毁正道，非常之罪，治之可拘常例耶？"中国有笞辱示众抄家焚书的传统，于是，他下令将朱季友押回饶州，"会布政司府州县官及乡之士人，明论其罪，笞以示罚，而搜检其家，所著书会众焚之"，"仍不准称儒教学"①。著作被焚，不准教学，当时读书人不准独立思考至如此。

朱棣的文化专制政策影响深远。两百年后，行人高攀龙（1562—1626）说，太祖朱元璋令学者"非五经四书不读，非濂洛关闽之学不讲"，我成祖朱棣"益章而大之，命儒臣辑《五经四书大全》，传注一以濂洛关闽为主"。"迨今二百余年以来，庠序所教，制科所取，一禀于是。"②二百年间，思想一统，与蓬勃发展的社会进程正相反动。近人梁启超先生说：到明中叶，"《性理大全》一派变为迂腐迂阔，把人心弄得暮气沉沉的，大多数士大夫尽管读宋代五子的著作，然不过以为猎取声名利禄的工具，其实心口是不一致的"。直到"阳明起来，大刀阔斧地矫正他们，所能起衰救弊，风靡全国"③。这是从后世学术发展的事实反观朱棣敕修《五经四书性理大全》等书的功效和影响，实为卓见！

永乐时期敕修图书，还有《为善阴骘》《孝顺事实》等。《为善阴骘》成书于永乐十七年三月。此书是朱棣"视朝之暇，御便殿批

---

① （明）杨士奇：《三朝圣谕录》一；此事又见《明太宗实录》卷三三，永乐二年七月壬戌，第581页。

② （清）孙承泽著，王剑英点校：《春明梦余录》卷四〇《礼部二·正士习》，第747页。

③ 梁启超：《儒学六讲》上部，第五讲"两千五百年儒学变迁概略"（下），天津人民出版社，2018年，第61页。

阅载籍，遇有为善获报者，命近臣辑录"而成。朱棣对每事加以论断并系之以诗，共分为十卷。朱棣为之序，有言："《书》曰：'惟天阴骘下民'，盖谓天之默相保佑下民于冥冥之中，俾得以享其利益，有莫知其然而然者。此天之阴骘也。人之敷德，不求人知，而无责报之心者，亦曰阴骘。人之阴骘固无预于天，而天报之者，其应如响。尝观古人，身致显荣庆流后裔，芳声伟烈，传之千万世，与天地相为悠久者，未有不由阴骘所致。"他希望将这些为善而得到保佑的事例"显著于天下"，让观者"有所感发，勉于为善，乐于施德，而凡斯世斯民，皆得以享其荣名盛福于无穷"。他下令将此书赐诸王群臣及国子监天下学校，又命礼部"自今科举取士，准《大诰》例，于内出题"①。这类书籍的编纂，旨在训戒下民，推行教化，整顿风俗，与《五经四书性理大全》互为表里。朱棣将其颁赐学校，列入科举考试云云，则颇有乃父之风。

---

① 《明太宗实录》卷二一〇，永乐十七年三月丁巳，台湾"中研院"历史语言研究所校印本，第2128—2129页。

# 第六章　阁臣侍从论

明太祖朱元璋建立明朝，制定了一整套制度，可谓至周至善，是大明帝国的建国基础，其中许多重要原则、重要制度一直被尊奉至明末。但也有在明太祖时被视为最重要的制度，却在他身后立刻被改变。制度因时而异，随时而进，这在历代都是如此，胶着于旧制而不改，必将被时代淘汰；但一项看似完美的祖制，一转瞬就被抛弃，也是很不寻常的，说明它存在着根本的缺陷而不得不改。

数百年来，对朱元璋的批评见仁见智，不一而足，最集中的批评是指责他刻薄寡恩，杀戮功臣。然而，究竟如何评价开国君主诛杀权臣，还可以进行讨论。朱元璋在元末混战中扫除群雄夺得天下，然而，跟随他起兵的将帅皆为英雄豪杰，谁不想做君主？他们甘心匍匐于朱元璋脚下吗？潜在威胁是可想而知的。如何约束他们，让他们在新秩序中就范，是新建皇朝面临的重要问题。前辈学者孟森先生曾说到："以国家全体而论，当开创之后，而无检制元勋宿将之力，人人挟其马上之烈以自豪，权贵纵横，民生凋敝，其国亦不可久也。功臣遭戮，千古叹汉、明两祖之少恩，其实亦汉、明开国之功，所以能速就耳。"①大哉斯言！诚史家之笃论也。

我认为，如果不就个人执政风格进行评论的话，从制度设计着眼，朱元璋的最大失误在于亲王分封制度。如前所述，他实行的分

---

① 孟森：《明清史讲义》第二编第一章"开国"，中华书局，1981年，第63页。

封制度导致他甫一去世就发生为了争夺皇权而骨肉相残的惨剧，天下大乱持续四年之久。明初分封制度的弊端是显而易见的。

但长期以来，对朱元璋制度设计的批评却集中在他废丞相罢设中书省一事上。最具代表性的批评出自黄宗羲（1610—1695）。他在《明夷待访录》中说："有明之无善治，自高皇帝罢丞相始也。"[①]他把明朝之"无善治"，也就是明朝治理的全部问题，乃至明朝的灭亡都归结为罢丞相所导致。新史学诞生后，特别是近数十年来，批判君主专制十分激烈，朱元璋成为其中重要的批判对象，有的批判者甚至说他把中国历史上的君主专制推向顶峰，其中的批判的要点，也是废中书省、罢设丞相。然而，这样的批评符合明朝的历史事实吗？废除中书省、罢设丞相，确实是明代政治史上的一大关节，影响深远。然而，从洪武十三年（1381）罢相到洪武三十一年朱元璋去世，其间还有十八年。从洪武三十一年朱元璋去世，到弘光元年（1645）明朝最终灭亡，其间有二百四十余年，是不是这期间的所有无善治都是废除中书省造成的呢？事实上，明朝的无善治是多方面的，并不都与罢相、废中书省有关。如果仅就废除中书省罢设丞相而言，它的后续影响究竟是怎样的还需要深入探讨。毋宁说，正是因为废中书省、罢设丞相，才使明朝的政权中枢机构得以更新，要建立起一套没有丞相的架构来，延续千余年的丞相制度，于焉巨变。朱元璋进行了初步试探，永乐时期初具规模的内阁制度，就是因废除中书省罢设丞相而开启。其后内阁制度经历了发展完善成熟又被清朝承袭变化而用的过程，其中的长短得失，是难以一言而蔽之的。那么，把所谓"无善政"都归咎于罢相，毋乃失之于一偏了。这种观察历史的方法，似有刻舟求剑之嫌。笔者在这里不拟对内阁制度作全面论述，仅就洪武罢相后朱元璋如何安排行政运作以及建文帝

---

① （清）黄宗羲：《明夷待访录·置相》（增订版），浙江古籍出版社，2005年，第8页。

朱允炆、明成祖朱棣如何应对这一局面，做一点梳理。

洪武十三年（1380）正月戊戌（初六），丞相胡惟庸以谋反罪被杀。第二天，朱元璋就宣布了一个重大决定，撤销中书省，不再设丞相一职。《实录》记载：

> 上谕文武百官曰：……朕欲革去中书省，升六部，仿古六卿之制，俾之各司所事。更置五军都督府，以分领军卫。如此则权不专于一司，事不留于壅蔽，卿等以为何如？

百官对于朱元璋的决定当然不敢反对，监察御使许士廉等回答说："历朝制度皆取时宜，况创制立法，天子之事，既出圣裁，实为典要。"但是他接着提出：

> 但虑陛下日应万机，劳神太过，臣愚以为宜设三公府，以勋旧大臣为太师、太傅、太保，总率百僚庶务。其大政如封建、发兵、轮选、制礼作乐之类，则奏请裁决，其余常事循制奉行。庶几臣下绝奸权之患，主上无烦剧之劳。①

也就是说，罢中书省并不是事情的完结，必须为罢除中书省以后的制度做出安排。对此，许士廉等的建议是设三公府。"上然之"，暂无下文。

朱元璋把罢丞相的决定写进了《皇明祖训》，要求子孙世世遵守：

> 今我朝罢丞相，设五府、六部、都察院、通政司大理寺等衙门，分理天下庶务，彼此颉颃，不敢相压，事皆朝廷总之，所以稳当。以后子孙做皇帝时，并不许立丞相，臣下敢有奏请

---

① 《明太祖实录》卷一二九，洪武十三年春正月己亥，台湾"中研院"历史语言研究所校印本，第2048页。

设立者，文武群臣即时劾奏，将犯人凌迟，全家处死。[1]

朱元璋对于罢中书省、升六部官秩、改大都督府为中、左、右、前、后五军都督府的解释，对外说是"权不专于一司，事不留于壅蔽"；对内说是"分理天下庶务，彼此颉颃，不敢相压，事皆朝廷总之，所以稳当"。而朱元璋罢相、分割大都督府的核心原因是为统揽大权，稳定天下。

然而，事情的发展并不完全与朱元璋设想的一致，他没有料到的是此举给明朝制度的变更开辟了新的走向。要解决"主上烦剧之劳"的问题，朱元璋必须对权力结构做出新的设计。但是他没有按许士廉的建议设立三公府。大概他认为有着太师、太傅、太保头衔的所谓"勋旧之臣"还是分量太重，大概他不希望有一个地位过高的"三公府"遮挡他的光辉。朱元璋的做法是设置四辅官。同年九月初九（己亥），他征召儒士王本等人入京，十天后九月十九（丙午）任命他们分别担任春官、夏官。这是设立四辅官之始。他称自己"政有未周，化有未洽"，设四辅官"必欲德合天人，均调四时，以臻至治"[2]。而"人主以一身统御天下，不可无辅臣"，"若尧舜匡咨四岳，政事不免于壅蔽"[3]。

朱元璋给四辅官的地位很高，四辅官兼太子宾客，位列都督公侯之次。与名门仕宦之家相比，朱元璋更相信草野之士的"淳正"，这是他破格征召这些无名之辈的原因。但是，这些"昨为庶民，今辅朕以掌民命"的草野之士[4]，并不能对朱元璋寄予的厚望给以满意

---

① 《洪武御制全书》，《皇明祖训》首章，黄山书社，1995年，第389页。

② 《明太祖实录》卷一三三，洪武十三年九月己亥、丙午，台湾"中研院"历史语言研究所校印本，第2113—2114页。

③ 《明太祖实录》卷一三三，洪武十三年九月戊申，台湾"中研院"历史语言研究所校印本，第2115—2116页。

④ 《明太祖实录》卷一三三，洪武十三年九月戊申，台湾"中研院"历史语言研究所校印本，第2116页。

的回答。与丞相相比，他们的权力固然小了，地位固然低了，但他们既无治国经邦的谋略，也无建立事功的能力，朱元璋最后只能把他们打发回家。此时已是洪武十五年（1382）的七月，而这时所谓"四辅官"才只配备了春官、夏官，四辅官的设置从此也就不再提了。出身高、能力强的可能会威胁皇权，出身低、能力弱的又不能做事。朱元璋必须解决这个问题。

洪武十五年（1382）十一月，朱元璋又想出了一个新方案，仿照宋朝制度，设置殿阁大学士。其设置有华盖殿大学士、文渊阁大学士、武英殿大学士、东阁大学士、文华殿大学士。这些殿阁大学士的品级是正五品。《明史·职官志》说：当时殿阁大学士的职责是"辅导太子"，又说"以翰林春坊详看诸司奏启，大学士特侍左右，备顾问而已"①。《职官志·序》概括当时的格局说："自洪武十三年罢丞相不设，析中书省之政归六部，以尚书任天下事，侍郎贰之。而殿阁大学士只备顾问。帝方自操威柄，学士鲜所参决。"②这些殿阁大学士并无一个统一的机构或名头所统属，每个殿阁大学士是孤立的、分散的。有一点值得注意：既然政归六部，以尚书任天下事，尚书似应升至一品，但朱元璋只将尚书的品级从正三品升到正二品。在行政层面，正一品职务空缺。这是故意压低尚书的地位，还是有所等待？作为政治遗产，这是朱元璋留下的一大问题。对于这一问题，他的后世继承者，也必须予以解决。

没有丞相和中书省的中央政治机构怎样运作？也是建文帝面临的问题，建文帝及手下大臣热中于改制，而且像燕王起兵时批评的那样，不太顾及祖制，或者说往往"变乱祖制"。朱元璋已经清楚地意识到，不设丞相，必须在皇帝和六部之间建立一个新的中间环节。这一中间环节是什么，朱元璋也不清楚，先后设四辅官、设殿阁大

---

① （清）张廷玉等撰：《明史》卷七二《职官一·大学士》，第1733页。

② （清）张廷玉等撰：《明史》卷七二《职官一·序》，第1729页。

学士，都没能解决问题。朱元璋是个强势皇帝，不仅仅因为他权力抓得紧，也因为他的特殊经历，作为开国皇帝，他精力充沛，事必躬亲，很难有大臣能向他挑战。他的铲除权臣，与其说是铲除对手，不如说是为了子孙能有效地掌控权力。像四辅官一类的设置，在强势皇帝执政之下是无法发挥作用的。而在常才中主执政的情况下，四辅官也不足以辅助皇帝。殿阁大学士的设置只是一种尝试，它必须进一步完善才能真正填补撤销中书省留下的真空。问题在于，朱元璋的继承者建文帝朱允炆并没有按朱元璋勾画的路径进一步完善这一建制，相反，他下令尚书登一品，提高尚书的地位以填补真空，其结果是取消了中间环节，由皇帝直接掌管六部了。

　　提高六部地位是很自然的、容易操作之举，但显然缺乏深虑和精心设计。实际上由皇帝直接指挥六部也是不现实的。然而，提高六部尚书的地位，却被燕王朱棣抓住了把柄。因为朱元璋在《皇明祖训》中说："凡我子孙，无作聪明，乱我已成之法。一字不可改易。"[①]燕王朱棣指责建文帝违背祖训，"今虽不立丞相，反有六个丞相也"。[②]如果说在靖难之役中朱棣的指责只是宣传用语，有些强词夺理的话，那么，从政权运作的角度看，朱棣的指责则是打中了要害。建文帝没有沿着朱元璋思考过的"皇帝—四辅官、殿阁大学士—六部"的路径进行，而是把中枢行政格局推向了"皇帝—六部"这种模式。而且，在实际上，建文帝执政期间，由于应对燕王造反，六部尚书中兵部尚书地位突显，处在决策中心的还有太常寺卿、翰林侍讲等等[③]，都是随机的，没有章法的。我们无法预料如果建文帝不被推翻，长此下去他的中枢机构将如何运行。但显而易见的是，失

---

　　①　《洪武御制全书》，《皇明祖训》首章，第387页。
　　②　王崇武：《奉天靖难记注》卷二，第101页。
　　③　齐泰，洪武二十八年以兵部郎中擢左侍郎，惠帝即位，命与黄子澄同参国政，寻进尚书。黄子澄，由编修进修撰，累迁太常寺卿，惠帝即位，兼翰林学士。方孝孺，惠帝即位后，召为翰林侍讲，明年迁侍讲学士，更定官制，改文学博士。见（清）张廷玉等撰：《明史》卷一四一，各本传，第4013—4017页。

去了强势皇帝的控制，就是一个六部无所统属的局面，缺乏协调和缓冲，是行不通的。当然，建文帝执政的时间太短，如果给他机会，他的中朝制度也许会变得更为实际、更可操作。其时兵部尚书地位的提高、太常卿、翰林侍讲学士等参与核心决策，是否能引导出中枢机构职能的新变数，亦未可知。不过，由于建文帝执政的结束，其中枢机构发展和完善的一切可能都化为乌有了。

朱棣作为胜利者，强势控制大局，为所欲为。但是他在权力的运行上却颇为灵活而余裕自如。朱棣与太祖朱元璋一样，是位精力充沛、大权独揽的皇帝，具有开国君主的气概。朱棣又让六部尚书回到了洪武末年的品级。这表面上看是遵奉成法，恢复祖宗旧制，实际上是使六部与皇帝之间有了一点距离，也有了一点缓冲，使中枢行政更具有弹性。这时没有了丞相，不会出现另一个政治中心。但这时候却有一个人替他总揽了日常政务，这就是皇太子朱高炽（1378—1425），虽然这只是因为朱棣长时间离开京师而造成的特例，但也是政务运行的实际需要。

以往的研究者没有从中枢机构变革的角度注意朱高炽的地位，仅仅把他看成是一个被临时委任政务的皇储。而实际上，在没有丞相的朝廷上，朱高炽发挥了特殊的作用。

永乐二年（1404）四月，燕世子朱高炽被立为太子。按一般情况而言，朱棣一即位就应该立太子，但迟迟到永乐二年才立太子。不能不说朱高炽有点侥幸。朱棣做燕王的时候并不喜欢这位世子，他虽然书读得不错，但身体肥胖，拙于骑射。与在战场上勇猛拼杀，并在危难中救朱棣的次子朱高煦（1380—1426）相比，朱棣这位马上得天下的皇帝更喜欢后者。在经过一番曲折和斟酌后，朱高炽的地位才得以确定，而他真正发挥重大作用是在朱棣开始北巡之后。

朱棣甫一即位就宣布以北平（今北京）为北京。从他后来的表现看，一开始他就把经营重点放在了北京。当江南地区安定以后，永乐六年（1408）八月，朱棣开始巡幸北京，同时命太子留守监国。

当时南京是京师，北京称行在，中央行政机构都在南京。太子留守南京担任监国，相当于把国家日常政务都交给了太子。永乐七年正月，朱棣宣布："惟文武除拜、四裔朝贡、边境调发，上请行在，余常务不必启闻。"[①]皇太子朱高炽发落的事件，须每月由六科分类进北京奏报一次[②]。朱棣赋予太子很大的权力，自己放手率师亲征。把国家政务交给太子应该比交给丞相更令人放心，尽管他们父子间关系不怎么和谐，尽管朱棣也在暗中监视太子。朱棣安排了四个人辅导太子监国：吏部尚书兼詹事蹇义、兵部尚书兼詹事金忠、左春坊大学士兼翰林侍读黄淮（1367—1449）、左谕德兼翰林侍讲杨士奇[③]。朱棣敕太子："自古圣哲为政，未有不需贤而能成者。尔宜悉心以求益，虚己以纳言，庶几整肃弘纲，康理庶务。"[④]朱棣把这些辅导官员比作"唐太宗简辅监国必付房玄龄等"[⑤]。

朱棣自永乐六年巡幸北京起，就一直没有回过南京。当时是两京制度，但在迁都北京之前，日常政务都是由留守南京的太子朱高炽处理的，而朱高炽的权力显然要比丞相大得多。朱棣通过皇太子施政，大多数时间内不必直面六部。因而也就没有十分必要填补丞相缺失的空白。另一方面。朱棣在自己身边聚集了一批文士，渐渐

---

① （清）谷应泰：《明史纪事本末》卷二十六《太子监国》，第390页。

② （明）申时行等：《明会典》卷五十四《礼部十二·东宫监国》"十二年奏定，时驾北征"。中华书局1989年影印1936年万有文库本，第344页。《明史》卷六《成祖本纪》，第86页。

③ （清）谷应泰：《明史纪事本末》卷二十六《太子监国》，第390页。按：《明史·成祖本纪》"十一年二月甲子"："尚书蹇义、学士黄淮、谕德杨士奇、洗马杨溥辅皇太子监国。"第1册，第91页。《明太宗实录》卷一三七，永乐十一年二月甲子："命皇太子监国，其留守事悉准永乐七年之制。"第1668页。《明太宗实录》卷八八，永乐七年二月戊寅，列举太子监国留守事宜，而不及辅导人选。惟戊寅条记："上谕右春坊大学士黄淮、左谕德杨士奇曰：'朕命尔等辅东宫监国……尔等其尽心辅之。'"台湾"中研院"历史语言研究所校印本，第1168—1169页。

④ 《明太宗实录》卷八八，永乐七年二月甲戌朔，台湾"中研院"历史语言研究所校印本，第1161页。

⑤ （清）谷应泰：《明史纪事本末》卷二十六，第391页。

形成了一个秘书顾问群体。这批人在朱棣即位后，就以翰林学士等身份跟随朱棣左右，其中包括：解缙、胡广、胡俨（1360—1443）、杨士奇、金幼孜、黄淮、杨荣。在没有改变中枢机构格局的情况下，这些人进入了决策中心。朱棣曾说："六卿治政务，翰林职（论）思，典词命。皆朝夕左右者也。"①朱棣北巡时，简任了一些人作为扈从，其中有学士胡广、侍讲杨荣、金幼孜以及户部尚书夏原吉。当时行在先设北京行部及其所属六曹，后又分设行在六部。永乐十九年迁都北京，北京的六部就不再称行在了。这样，在迁都北京之前，中央官署就有两套人马，一套是皇帝、文学侍从、行部（后来是行在六部）；另一套是太子、辅导官员、六部。迁都北京后，保留南京六部，但主要政务已经移至北京②，形成了皇帝、太子（已经于十八年十二月来到北京）、文学侍从、六部的格局。

　　永乐时期的内阁，还不是后来完整意义上的内阁，也没有明确的有意的设计，它是从身边随从中随机选出来的。

　　朱棣即位后，标榜偃武修文，他尊重儒学，重视科举，注意人才的培养。在朱棣身边总是聚集着一批文士，文献中记载了一些朱棣爱惜、养育人才的事例。永乐二年，状元曾棨等人受命为翰林院庶吉士。庶吉士由进士文学优等者及善书者为之，③是仕途中的重要阶梯。朱棣又命侍读学士解缙选才资英敏者就读文渊阁，已经授官

---

　　① 《明太宗实录》卷六九，永乐五年秋七月乙卯，台湾"中研院"历史语言研究所校印本，第970页。按：影印红格本"职论思、典词命"，缺论字。据江苏国学图书馆影印本补。

　　② 《明太宗实录》卷二二九，永乐十八年九月丁亥，"自明年正月初一日，始正北京为师，不称'行在'。各衙门印有'行在'字者，悉送印绶监，令预遣人取南京衙门，皆加'南京'二字"。台湾"中研院"历史语言研究所校印本，第2227—2228页。《明史》卷七十五《职官四》："南京官，十八年官属悉移而北，南京六部所存惟礼刑工三部，各一侍郎。"中华书局，1974年，第1836页。《明会典》卷二《吏部一·官制一》："南京各衙门官职并置，繁简随宜。间或因事损益，然建置皆本祖宗之旧。"中华书局1989年影印1936年商务印书馆万有文库本，第3页。

　　③ （清）张廷玉等撰：《明史》卷七十三《职官二》，第1788页。

的庶吉士修撰曾棨（1372—1432）、编修周述（？—1430）、周孟简（1377—1430）和庶吉士杨相（1379—1412）等二十八人入选，以应二十八宿之数。庶吉士周忱（1381—1453）落选，他上言自谏少年愿学，朱棣喜而愈之，增周忱共为二十九名。司礼监月给笔墨纸张，光禄寺给朝暮馔，礼部月给膏烛钞每人三锭，工部择近第宅居之。朱棣常常至学馆面试之。就学者五日一休沐，必使内臣随行，并派给校尉驺从，可谓优礼之至了。这一年所选入文渊阁读书的王英（1376—1449）、王直（1379—1462）、段民（1376—1434）、周忱、陈敬宗（1377—1459）、李时勉（1374—1450）等十余人，都树有政绩，成为名臣[①]。永乐年间还开了举人入监读书之例。由于进士所取有限，不少举人落第。朱棣命翰林院录其优者，俾入学以俟后科，给予教谕之俸。[②]也成为养成人才之一途。

朱棣拣选七人直内阁随侍，这里有必要看看这七个人的情况[③]：

解缙，洪武二十一年进士，授中书庶吉士。建文中为翰林待诏。成祖入京师，擢侍读，与黄淮等并直文渊阁。才高，任事直前，表里洞达。好臧否无顾忌。

黄淮，洪武末进士，授中书舍人，成祖继位，召对称旨，命与解缙常立御榻左，备顾问。性明果，达于治体。

胡广，建文二年廷试，建文帝亲擢第一。赐名靖，授翰林修撰。成祖即位，广偕缙迎附。擢侍讲，改侍读。性缜密，颇能持大体。

金幼孜，建文二年进士，授户科给事中。成祖即位，改翰林检讨。与缙等同直文渊阁，迁侍讲。简易静默，宽裕有容。

① （清）张廷玉等撰：《明史》卷七十《选举二》，第1700页。陆釴《病逸漫记》记载，朱棣尝至学馆亲自试诵。一日令诸人背《捕蛇者说》，莫有全诵者。朱棣怒，诏戍边而贷之，令诸人拽大木。曾棨等书诉执政。执政袖其书见朱棣，极陈棨等辛苦状，棨等因得释归。见《胜朝遗事》二编，卷二八。

② （清）张廷玉等撰：《明史》卷六九《选举一》，第1679页。

③ （清）张廷玉等撰：《明史》卷一百四十七、一百四十八，各本传，第4115—4138页。

胡俨，少嗜学，于天文地理律历医卜无不究览。洪武中以举人授华亭教谕。

杨士奇，贫甚，力学，授徒自给。建文初，征入翰林，充《太祖实录》编纂官。授吴王府审理副。成祖即位改编修，简入内阁。奉职甚谨，在帝前举止恭慎，善应对，言事辄中。

杨荣，建文二年进士，授编修。成祖初入京，迎谒马首，建议先谒孝陵，遂受知。同直七人，荣最少，警敏。

这七人，多为进士出身，胡广还是状元，但也有"举乡科"的胡俨和"力学授徒"的杨士奇。他们都曾在建文朝中供事。可见，朱棣不以出身而划一取舍，也不忌其曾事于建文帝，更不计其品德个性。在传统礼教看来，他们从逆已是大德有亏了，甚者，前述杨士奇充三朝实录总裁，忝颜执笔，遭到后世诟病①，解缙"好臧否，无顾忌，廷臣多害其宠"，朱棣也不予计较。朱棣所重者才。他们不仅善文翰，而且各有治事之能力。朱棣曾五次亲征漠北，胡广、杨荣、金幼孜也都曾经先后扈从。史称，"诸臣从容密勿，随事纳忠，固非仅以文字翰墨为勋绩已也"②。明成祖朱棣选拔他们随侍并参与密勿且使之各尽其用，是有识人之明的③。

当然，明成祖十分看重臣下对他的忠诚。一开始，忠诚与否的最明确的标识就是他们对朱棣起兵靖难的态度。朱棣即位后，虽然已铲除了那些公然的反对者，但并不是对所有的在任官员都放心。有一事颇可证明朱棣对此十分在意。在他第一次率师北征蒙古时，就担心在北征期间关内的局面能不能保持稳定。为防万一，他下令

---

① 沈德符说，《太祖实录》初修再修，"杨文贞俱为纂修官，则前后三史，皆曾握管，是非何所取裁？真是厚颜"。见（明）沈德符撰《万历野获编》卷一《列朝·国初实录》，第6页。

② （清）张廷玉等撰：《明史》卷一四七，解缙等传赞。第4128页。

③ 朱鸿教授曾著文专论朱棣之用人，见氏著《明成祖与永乐政治》，台湾师范大学历史研究所专刊（17），1988年。

召还已经致仕的可靠的官员，安插到各府州县暂时任职，实际是当作监视耳目：

> （永乐七年二月丙子）礼部议奏皇太子留守事宜……命前长沙府知府致仕刘彦才等九十二人，分署各府州县。初，上命吏部臣曰："洪武中所用之人，有为建文摈弃者，朕即位以来皆复其职。惟衰老者不欲重烦，以至悉令致仕。今朕巡狩北京，思得老成列置郡县以副绥抚之寄。其自洪武三十五年七月以后致仕还乡，虽老而志未衰者，悉召之来暂任以职。待朕还京，仍旧遣归。"及是彦才等先至。吏部以闻。上命随其品秩高下，令署府州县，每府州县只一人，而令掌印。续至者悉准此例。①

起初，并内阁之名亦无。内阁只是在文渊阁中大学士们的入直之所。按一些文献的说法，内阁职掌是："入内阁，预机务，出纳帝命，率遵祖宪，奉陈规诲，献告谟猷，点简提奏，拟议批答，以备顾问，平庶政。不得专制九卿事，九卿奏事亦不得相关白。"②其实内阁的职掌本来是很松散的。布置官属，没有印信，甚至《大明会典》这样的官书，在记载诸司职掌时，竟无一字提及内阁或内阁的职能！内阁的职能和地位是在政治运行的实际操作中才逐渐明确和固定的。内阁机制的出现，说明永乐年间政治中枢运作在发生变化，这种变化既有现实的实际需要，又有国家大形势变化的背后推动。所谓国家大形势的变化，就是前面一再提到的从开国到建国的转型，从马上打天下到文臣治天下的转型。无疑，建文帝也在推动这一转型，厉行文治，但他失败了。朱棣起兵虽然不满文人治国，声称诛

---

① 《明太宗实录》卷八八，永乐七年二月丙子，台湾"中研院"历史语言研究所校印本，第1163—1167页。

② （清）孙承泽著，王剑英点校：《春明梦余录》卷之二十三《内阁一》，第326页。

讨左班文臣，但他上台后同样面临这一转型，他也有意推动这一转型，他成功了，最终完成了文治。

内阁的名称是经过仁宗、宣宗以后才被正式使用的。内阁越来越成为一个沟通皇帝、协调六部的不可或缺的相对的机制实体。《明史·职官志》说：仁、宣时，大学士"皆迁尚书职，虽居内阁，官必以尚书为尊。景泰中，王文始以左都御史进吏部尚书，入内阁。自后诰敕房制敕房俱设中书舍人，六部承奉意旨，靡所不领，而阁权益重"[1]。有直所，有官属，有首领（后为首辅），六部"承奉意旨"，这样才可以说内阁制完善成熟了。

内阁制度，乃至明朝政权中枢运作后来又发生的很多变化，溯其源头，都可以说是从明太祖洪武十三年罢丞相始。明朝中后期的诸位皇帝，已经没有了像朱元璋那样的绝对权力。内阁奉行皇帝谕旨，但内阁也是制衡皇权的重要机制。内阁的得失究竟如何，不是本文要讨论的问题。要言之，内阁制度的肇起实源于"太祖高皇帝废丞相"。内阁经明成祖的实践，后来发展出一套完整的制度，影响了以后数百年的国家政治。如果说中国的文官制度是那个时代相对完善和优秀的制度的话，那么内阁制度则是其中的关键。内阁制度是一项重要创造，也是中国文官制度走向成熟的一个标志。

文学侍从日随明成祖左右。成祖也常常故意表示出与他们的亲密关系，下面一段记载，可称佳话：

（永乐二年九月庚申）上御右顺门召翰林学士解缙，侍读黄淮、胡广、胡俨，侍讲杨荣、杨士奇、金幼孜，谕之："朕即位以来，尔七人朝夕相与共事，鲜离左右，朕嘉尔等恭慎不懈，故在宫中亦屡言之。然恒情保初易保终难，朕故常存于心。尔等亦宜谨终于始，庶几君臣保全之美。"缙等叩首言："陛下不以

---

① （清）张廷玉等撰：《明史》卷七二《职官志一》，第1734页。

臣等浅陋，过垂信任，敢不勉励图报！"上喜，皆赐五品公服。又曰："皇后数言欲召见尔七人命妇，其令即赴柔仪殿见。"是日缙等之妻入见。中宫训劳备至，皆赐五品冠服及钞币表里。①

君臣之间亲密无间，有如家人。

然而，这些所谓参赞机务的近臣，其地位也仅仅是五品官。朱棣也似乎觉得对他们有所亏欠，同年十二月甲午立春日，朱棣御奉天殿，文武群臣行贺礼，赐宴。朱棣赐给六部尚书侍郎金织文绮衣各一袭，同时也特赐翰林学士解缙，侍读黄淮、胡广，侍讲杨荣、杨士奇、金幼孜衣与尚书同。解缙等入谢。朱棣说："朕于卿等非偏厚，代言之司机密所寓，况卿六人旦夕在朕左右，勤劳勤益，不在尚书下。故于赐赉必求称其事功，何拘品级？"又说："皇考初制翰林长官品级，与尚书同。卿等但尽心职任。孔子曰'君使臣以礼，臣事君以忠。'君臣各尽其道耳。"②

问题是，这种"君使臣以礼，臣事君以忠"的关系能够保持至终吗？七人中，胡俨很快就被调离了。胡俨号称"学足达天人，智足资帷幄"，但是，在内阁"尝不欲先人"，也就是不抢先，凡事比别人慢半拍。因此被冠以"少憨"，多少有点愚钝吧？于是永乐二年九月，拜国子监祭酒，遂不预机务。解缙，天下大才，明敏敢言，号称明代三大才子之一。在洪武年间曾上书痛言分封势重，又代王国用起草上书，为李善长辨怨。朱棣也曾勉励他"进言无所惧"。但由于在建储一事上得罪了汉王朱高煦——实际上是得罪了朱棣，结果竟被下狱瘐死。黄淮，朱棣北征，命其与蹇义、金忠、

---

① 《明太宗实录》卷三四，永乐二年九月庚申，台湾"中研院"历史语言研究所校印本，第602—603页。原文"柔仪殿"误作"柔仪发"，据《明史》卷一四七《解缙传》改。

② 《明太宗实录》卷三七，永乐二年十二月甲午，台湾"中研院"历史语言研究所校印本，第636—637页。原文"胡广"，脱广字。径补。

杨士奇辅导皇太子监国。朱棣回还，太子迎接稍缓，朱棣不悦，所有东宫官属悉遭逮捕。黄淮、杨溥（1372—1446）等竟因此被关了十年。杨士奇也因辅导太子有缺也曾短暂下狱。七人中胡广早卒，能与朱棣共始终的，只有金幼孜、杨荣而已，在朱棣身边为官，亦岂易哉！

有些朱棣倚重的官员，朱棣待之亲密有如家人。比如户部尚书夏原吉，永乐年间事多费繁，都要靠户部尚书去筹划。夏原吉公忠体国，恪尽职守，总能把事情办好。永乐己丑（七年），有令自正月十一日为始，赐元宵节假十日。壬辰（十年）年正月，赐文武群臣宴，听臣民赴午门外观鳌山。岁以为常。户部尚书夏原吉侍母往观。朱棣听说了，遣中官赍钞二百锭，即其家赐之曰："聊为贤母欢。"①一时传为佳话。

然而，这些侍从密勿之臣，究竟能在多大程度上影响决策？朱棣标榜谦己纳谏，但其刚愎自用，很少听取别人的意见。军国大事多由一人独断。即如发五十万大军出塞亲征蒙古这样的大事，也难得令臣下赞一辞。永乐八年北征，车驾次凌霄峰，朱棣问侍臣胡广等曰："诸将此来，不闻进一言，何也？"胡广以奉承之语回答道："成算在上，星火之辉何能上裨日月？"②诸将不进一言，固然可能出于对北征的态度不积极，但也可以看出朱棣与群臣的关系，军国大策，君主决断，元戎宿将岂容置喙！永乐十九年冬，朱棣一意孤行，要再次带兵亲征漠北，遭到群臣反对。兵部尚书方宾（？—1421）力言军兴费乏。户部尚书夏原吉说："比年师出无功，军马储蓄十丧八九，灾眚迭作，内外俱疲。"朱棣震怒，方宾惧而自杀，夏原吉下狱，并籍其家。第二年亲征，以粮尽无功而返。之后又连年出塞，皆不见敌。永乐二十二年亲征，大军回师，行至榆

---

① （明）何良俊：《四友斋丛说》卷之九。中华书局，1959年，第76页。
② 《明太宗实录》卷一〇二，永乐八年三月丙子，第1327页。

木川，朱棣大病不起，方叹"夏原吉爱我"①，岂不晚矣！史家谈迁（1594—1658）评论从征诸将说："诸元侯锐士，徒知凛畏，谋议畜脑"②，他们害怕朱棣，有什么谋议也不敢说出来。宁远侯何福从征，仅以"数违节度"，畏罪自杀；"功冠交南"的英国公张辅（1375—1449），亟调从征，既不令抗锋，也不令逐北，仅以之俾督运。"天子自将，不欲诸臣分其功也"③。诸臣不敢谏言，即使大胆进言，也难以被采纳。

经常在朱棣身边的，除文学侍从外，还有一些有特殊技艺的文士，比如善画的王绂（1362—1416）、善书的沈度（1357—1434）沈粲（1379—1453）兄弟等。王绂，博学，工诗歌，能书，写山水竹石妙绝一时。洪武时坐累戍朔州。永乐初，以善书画供事文渊阁，久之除中书舍人。沈度在洪武中举文学，不就。坐累谪云南。朱棣即位，诏简能书者入翰林，给廪禄，度与吴县滕用亨、长乐陈登同与选。当时"解缙、胡广、梁潜、王琏皆工书，度最为帝所赏，名出朝士右。日侍便殿，凡金版玉册，用之朝廷，藏秘府，颁属国，必命之书"。朱棣称沈度为"我朝王羲之"。沈度"由翰林典籍擢检讨，历修撰，迁侍讲学士。粲自翰林待诏迁中书舍人，擢侍读，进阶大理少卿。兄弟并赐织金衣，镂姓名于象简，泥之以金。赠父母如其官"④，兄弟并称大小学士。《明史》称"度以婉丽胜，粲以遒逸胜"。夏昺，永乐十三年进士改庶吉士，历官太常寺卿，兄夏昺以善书画官中书舍人，与其弟并称大小中书。陈登选入翰林，授中书舍人。滕用亨授翰林待诏，预修《永乐大典》。滕用亨善于

---

① （清）张廷玉等撰：《明史》卷一四九《夏原吉传》，第4153页。

② （明）谈迁：《国榷》卷一五，永乐八年七月壬午，第1册，第1049页。

③ （明）谈迁：《国榷》卷一五，永乐八年八月乙卯，第1册，第1050—1051页。

④ （清）张廷玉等撰：《明史》卷二八六《文苑二·沈度传》，第7339页。另见（明）李绍文：《皇明世说新语》卷之六《巧艺》："太宗征善书者，试而官之，最喜云间二沈学士，尤重度书，每称曰：'我朝王羲之。'"中国国家图书馆藏明万历刻本。

鉴古，曾经陪侍朱棣观画卷。未竟，"众目为赵伯驹，用亨曰：'此王诜笔也。'至卷尾果然"①。明人评价沈度兄弟书法说："本朝列圣，极重书画。文皇特眷云间二沈度粲兄弟，至直拜学士。然其书不过元巙、子山、周伯琦余绪耳，尚不能敌宋景濂也。"②但是，由于朱棣的喜好，使得台阁体书法大行其道。明初台阁体书法尚不失雍容之象，发展到末流，弊病尽出，呆板拘束，乌黑光洁，布如算子，完全失去精神个性。

朱元璋十分重视皇子的教育，聘请天下名儒为诸王师。诸王不仅熟读诗书，字也写得不错。朝鲜《李朝实录》记载，恭靖王一次御经筵，校书少监裴仲伦曾经谈道："臣昔在京师，见诸王子书字可爱。"③朱棣也是能书的。我们难得地看到了他练习写字的一条记录：

> （永乐四年春正月丙申十三日），上谓侍臣曰："朕昨闲暇，援笔肆书，爱其制作精妙，甚称人意。固叹匠艺如此，岂是生而能之，亦由积学所致。今之学者，不及古人，政由自怠之过。前代大儒君子皆是积勤以造其极，今人卤莽厌烦，用力未至，便谓求道之难。譬之耕而不勤，可望有获乎？"④

从语气看，"爱其制作精妙、甚称人意"云云，显然在临习他人的书法。临习何人作品，不得而知。如今已经难得看到朱棣留下的墨迹了，习见的一件他抄写的佛经，其书法尚为可观。

---

① （清）张廷玉等撰：《明史》卷二八六《文苑二》夏㫤、夏昺等传，第24册，第7338—7340页。

② （明）沈德符：《万历野获编》补遗卷四《著述·书画学》，第907页

③ 《定宗恭靖王实录》，己卯元年（建文元年，1399）春正月，见吴晗辑：《朝鲜李朝实录中的中国史料》卷一第一册，中华书局，1980年，第150页。

④ 《明太宗实录》卷五〇，永乐四年春正月丙申，第747页。

　　勇武的朱棣颇为风雅地在身边聚集了一批文士，其中只有少数人"既荣极于其身暨其家之父子兄弟"亦皆"与被其荣"①。而且，即使那些随侍近臣，也很难说才能完全得到了施展。至于独具个性、恣纵放达的书家画家们，就更难以言说了。王绂曾作诗："孰知野鸟苦，只悦公子容"②，"纵有好奇者，相看为玩弄"③。大概能够代表一些人的心境，他们感到如鸟入樊笼，不过是供玩赏的笼鸟瓶花而已。

　　永乐二十二年七月庚寅（十七日），朱棣死在北征回途中的榆木川。这位马上来马上去的皇帝被谥为文皇帝。这一"文"字，无疑合于谥法，其而中深意也是颇可玩味的。而史家查继佐，直言文字一谥，实为欺世谎言。他以代庙（明景帝）因英宗复辟而退位谥"让"相比，指出："代庙初实不让，取讥后世，而确未尝争于先……及复辟后，有云'兄为之却好'。便作一谎曰让，犹之为太宗作谎称文皇。夫不争乃曰让，与尚武反曰文，犹彼上矣。"④

————————

　　① （明）杨士奇：《东里文集》卷之三，《送杨仲宜诗序》，中华书局，1998年，第36页。
　　② （明）王绂：《友石先生诗集》卷一《公子得野鸟》，中国国家图书馆藏明弘治元年（1488）荣华刻本。
　　③ （明）王绂：《友石先生诗集》卷一《杂诗》，中国国家图书馆藏明弘治元年（1488）荣华刻本。
　　④ （清）查继佐：《罪惟录》志卷之三十二《建文逸记》，第1024—1025页。

# 第七章 暴政论

大凡开国君主，总有点流氓无赖气。大概这正是他们能够蔑视礼法，无所顾忌地横冲直撞的一个原因吧？楚汉相争中，项羽（前232—前202）要烹杀刘邦（前256/前247—前195）的父亲，刘邦竟嬉皮笑脸地要"分我一杯羹"①。起初，刘邦轻视儒生，有儒生拜见他，他竟夺过儒生的帽子往里面小便②。同样，朱元璋在羽翼丰满后，便指使人将他拥戴借重已久的小明王沉入江水③。即位后则专杀立威，有人画一妇人赤脚怀西瓜，相猜以为戏，朱元璋竟以其所喻为"淮西妇人好大脚"，命军士大戮居民，空其室，"盖马后祖贯淮西故云"④。

朱棣身为藩王，带兵夺位，也需要有向神圣礼法挑战的精神。这个近乎开国之君的皇帝，也不免带点流氓无赖气。朱棣有一个近在身边的榜样，即其父朱元璋。胡适尝说："成祖生于明太祖起兵之后八

---

① （汉）司马迁：《史记》卷七《项羽本纪第七》，中华书局，1959年，第328页。

② （汉）司马迁：《史记》卷九七《郦生陆贾列传第三十七》，第2692页。

③ （清）钱谦益：《国初群雄事略》卷一《宋小明王》，中华书局，1982年，第39、40页。（清）夏燮：《明通鉴·前编》卷三前纪三，太祖元至正二十六年十二月乙卯，中华书局，1959年，第136页。

④ （明）徐祯卿《翦胜野闻》："太祖尝于上元夜观灯，京师人好为隐语，书于灯，使人相猜，画一妇怀瓜，深触忌犯。帝就视，因喻其旨，甚衔之。明日，令军士大僇居民，空其室，盖太后祖贯淮西，故云。"（明）邓士龙辑：《国朝典故》，北京大学出版社，1993年，第60页。

年，眼见太祖的流氓手段，故他的行为最像他老子。"①朱棣同他的老子一样，不仅有流氓手段，也是个残忍嗜杀的暴君。不论是政治上的反对派，还是宫中得罪他的柔弱女子，他都诛杀无疑。从带领"靖难"之师打入南京起，朱棣便开始了对政治反对派的残酷镇压和屠杀。永乐元年（1403），朱棣宣布："朕赖天地宗社之灵，父皇母后之佑以有天下。凡更改父皇之成宪，浊乱天下之奸恶，悉就诛戮。其余文武官仍用无疑。升赏斥罚，从至公而已……今敢有妄分彼此，怀疑怨谤，不安职事者，事发族灭。"②朱棣对政治反对派的镇压，不仅是残酷的，也是空前野蛮的、卑鄙的。起初，他所公布的"奸党"名单，不过"左班文臣"齐泰、黄子澄等29人③，而实际被迫害、遭杀戮的人数字难以统计。如前面的引文所显示的，他的杀戮是伴随着政治宣传的，无非是使自己做皇帝合法化，处处标榜自己是嫡出，标榜自己维护、遵守太祖朱元璋的成宪。

　　朱棣打入南京，朱允炆或死或遁，下落不明，朱棣打算借重号称"读书种子"的著名文士方孝孺起草即位诏书。他们之间进行了一场辩论。朱棣说："我法周公辅成王耳。"方孝孺质问道："成王安在？"朱棣说："伊自焚死。"方孝孺说："何不立成王之子？"朱棣回答："国赖长君。"方孝孺说："何不立成王之弟？"朱棣辞穷，说："此朕家事耳！先生毋过劳苦。"干脆说朱家的天下，朱家子孙坐，你管不着。当然，我们并不能以传统礼法定是非。不过，从这对话中不是可以看出朱棣的无赖相吗？朱棣命人强授方孝孺笔札，说："诏天

---

①　胡适：《胡适论学近著》第一集卷五《明成祖御制佛曲残本跋》，商务印书馆，民国三十四年（1945）。

②　（明）谈迁：《国榷》卷一三，永乐元年四月戊申，第899、900页。

③　《明太宗实录》卷一四，洪武三十五年十一月甲辰："上（朱棣）曰：'朕初举义，诛奸臣不过齐黄数辈耳。后来二十九人中如张紞、王钝、郑赐、黄福、尹昌隆，皆ा而用之。"实为朱棣野蛮杀戮的掩饰之词。台湾"中研院"历史语言研究所校印本，第263页。近读朱鸿先生惠赠之大作《明成祖与永乐政治》，有"成祖的用人与永乐政风"一节，颇可观。见台湾师范大学历史研究所专刊（一七），1988年，第141—183页。

下，非先生不可。"方孝孺说："死即死耳，诏不可草。"朱棣见方孝孺
不为所用，便以诛九族相威胁。方孝孺说："便十族奈何！"于是酿出
了一场杀十族的惨祸。朱棣令人"以刀抉其口两旁至两耳"，并将其
投入狱中，接着便大肆搜捕他的门生以成"十族"。"每收一人辄示孝
孺"，在精神上折磨他。朱棣所开创的亘古未有的杀十族的酷刑，使
"坐死者八百七十三人，谪戍绝徼者不可胜计"。其他，如对兵部尚书
铁铉（1366—1402），"割其耳鼻"，"爇其肉，纳铉口中，令啖之"，还
问他"甘否"，铁铉说："忠臣孝子肉有何不甘！""至死，犹喃喃骂不
绝。"户部侍郎卓敬不屈，临刑，神色自若，也被灭三族。礼部尚书陈
迪不屈，朱棣把他的儿子捉来杀掉，并割其鼻舌，强塞给陈迪吃。陈
迪"唾，益指斥"，终于被凌迟死，宗戚被戍者一百八十余人。刑部
尚书暴昭被执不屈，朱棣命人"先去其齿，次断手足"，暴昭"骂声
犹不绝，至断颈乃死"。左佥都御史景清，因刺杀朱棣不成，被"抉
其齿，且抉且骂，含血直噀御袍。乃命剥其皮，草楎之"，"碎磔其骨
肉"。右副都御史练子宁，被逮语不逊，朱棣"命断其舌……磔之。宗
族弃市者一百五十一人，又九族亲家之亲被抄没戍远方者又数百人"①。
其他不一而足。这些人赴死，不仅是出于礼法为建文帝殉节，更重
要的是，他们是出于拥护建文帝的宽仁之政，不满朱元璋式的暴政，
从而反对朱棣"恢复祖宗旧制"的政治立场。对此，前文已有论述。

　　最野蛮的，莫过于朱棣对这些殉难者家属的处置了。且不说他
下令在郡县穷治建文"奸党"，以致"疏族远亲莫不连染"的所谓
"瓜蔓"，即从一段朱棣口诏的实录，便足以看出他的流氓嘴脸。

　　　　永乐元年正月，校尉刘通等赍帖为奸恶事：一将刑科引犯
　　人张乌子等男妇六口，又引犯人杨文等男妇五百五十一名。奉
　　钦依："连日解到的都是练家的亲。前日那一起还有不识气的，

---

① （清）谷应泰：《明史纪事本末》卷一八《壬午殉难》，第291—294页。

在城外不肯进来，嗔怪催他，又打那长解。锦衣卫把这厮都拿去，同刑科审。亲近的拣出来便凌迟了，远亲的尽发去四散充军。若远亲不肯把亲近的说出来，也都凌迟了。"

二月，解到邹公瑾等男妇四百四十八名口。

同二年十二月十二日教坊司题："有奸恶卓敬女杨奴，牛景先次妻刘氏，合无照依前例；谢昇父旺年七十四，男唆儿年二十。"俱奉钦依："发金齿卫充军，妻韩氏送淇国公处转营奸宿。茅大芳并男顺童、道寿，幼男文生，俱典刑"。妻张氏发教坊司病故。右韶舞安政等官奏，奉钦依："着锦衣卫分付上元县，抬去门外，着狗吃了。"

十一年正月十一日，教坊司等官于右顺门口奏："有奸恶齐泰等姊并外甥媳妇，又有黄子澄妹四个妇人，每一日一夜二十余条汉子看守，着年小的都怀身孕。除生子令做小龟子，又有三岁女儿。"奉钦依："由他不的，长到大便是个淫贱材儿。"

又奏："当初黄子澄妻生一个小厮，如今十岁也。"奉钦依："都由他。"①

永乐九年四月廿一日，本司奉鉴史勉等于奉天门口奏："浣衣局副使张琳，有奸恶妇一名黄氏，着教坊司领去，臣等请旨。"奉钦依："快领来便刺了。"②

这仅仅是大量事实中的一小部分。我之所以不惮其烦地录了数百字，是因为它们实在太生动了，无须再加解释，只见他迫令所谓奸臣妻

---

① （明）王世贞：《弇州史料后集》卷三一《壬午诸臣家属敕旨》，叶十六下至叶十七下，中国国家图书馆藏明万历四十二年（1614）刻本。又载（明）袁褧《奉天刑赏录》，叶十八下至叶十九下，字句略异，哈佛燕京图书馆藏明嘉靖袁氏嘉趣堂刻本。见黄云眉：《明史考证》卷一四一《茅大芳传考证》，中华书局，1984年，第4册，第1208页。

② （明）袁褧：《奉天刑赏录》"右功赏等第见都太仆功赏别录"。又，朱鹭：《建文书法儗》正编下《张琳》，叶五十三下，中国国家图书馆藏明万历刻本。原注曰："右出《钦录簿》，九年尚有此事，二十一年乃悉弛耳。"

女"转营奸宿","纵教坊子弟群乱其妻",人死后"着狗吃了",其丑恶嘴脸便暴露无遗。朱棣分明是一个顶着皇冠、披着黄袍的流氓头子!

近人鲁迅对朱元璋、朱棣父子的残暴深恶痛绝。他说:"自有历史以来,中国人是一向被同族和异族屠戮,奴隶,敲掠,刑辱,压迫下来的,非人类所能忍受的楚毒,也都身受过,每一考查,真教人觉得不像活在人间。"[1]

朱棣为什么要进行这样残暴的屠杀,一言以蔽之,即为满足自己的权力欲望,坐稳皇帝的宝座,为此,一切武的反抗、文的抵制都在扫荡之列,为此,一旦得胜,便必欲用一切手段处置反对派以泄愤。姚广孝不愧为朱棣的重要谋士。他们二人的心是相通的。他的一段话无异于朱棣夫子自道。在处理建文忠臣卓敬(1348—1402)的问题上,姚广孝说:"陛下虽天下已定,然兵革方殷。若欲返驾燕都,不杀敬始可。方今楚王尚强,蜀王富盛,敬虽一介书生,实英雄才略也。今若生之,则彼得行其志,移檄诸王,声扬大义,据东南之饶,限长江之险,鼓舞豪杰,起兵北来,陛下未可安枕也。岂非养虎自遗患耶?"[2]朱棣与姚广孝要做的,就是将反对派在肉体上斩尽杀绝,在精神上摧辱践踏,彻底泯灭其反抗之心。

在这种公开的屠杀和污辱外,朱棣还使用各种阴谋手段杀人。为什么一个大权在握的皇帝还要使用阴谋手段杀人?为了把自己打扮成不计前嫌的宽仁大度者,对那些不便公开下手的便只能以阴谋手段杀害。对于得罪自己的人,在朱棣心中绝无容忍的余地。现试举两例。

一例是解缙。前已略述,解缙尝于洪武中以才见称于太祖。建文中一度谪为河州卫吏,后被荐为翰林待诏。朱棣即位,解缙被擢为侍

---

[1] 鲁迅:《病后杂谈之余》,《且介亭杂文》,见《鲁迅全集》第6卷,人民文学出版社,1981年,第180—182页。

[2] (明)卓敬:《卓忠贞公遗稿》卷首,刘球《卓敬原传》(宣德庚戌四月朔旦),清康熙四年(1665)刻本。沈乃文主编:《明别集丛刊》第1辑第24册,黄山书社,2013年。

读，与黄淮等并直文渊阁，参预机务，寻进侍读学士。朱棣标榜偃武修文，优礼文学之士，集人编纂各种大型图书，重修《太祖实录》、编纂《永乐大典》等均以解缙为总裁。但解缙在修《太祖实录》、定储之议及谏止出兵安南等事情上均引起朱棣的不满。关于修《太祖实录》，前已论及。关于立储，解缙主张立长子朱高炽，深为靖难有功的朱高煦所恨。时高煦受宠益隆，"礼秩踰嫡"。解缙又进谏"不可启争"，触怒朱棣，被斥为"离间骨肉"。永乐四年赐黄淮等五人二品纱罗衣，竟不及缙。但朱棣并不以此坐缙罪，却以廷试读卷不公而谪解缙为广西布政司参议。既行，解缙又被劾"怨望"，改任交阯，督饷化州。更严重的是，永乐八年，在朱棣率师北征期间，解缙入京奏事，谒见了太子朱高炽，结果被高煦说成是"私觐太子，径归，无人臣礼"。朱棣震怒，将解缙下诏狱，"拷掠备至"，一旦而为阶下囚。同时一批人被牵连逮捕甚至死在狱中。掌管诏狱的锦衣卫帅纪纲（？—1416），向以狠戾著称，但竟没有对解缙下手，不是因为解缙是闻名天下的才子，而是他知道这是一个冤狱，或者希望哪一天皇帝能放他出去。五年后，永乐十三年，朱棣查看锦衣卫囚籍，见到解缙的姓名，说："缙犹在耶？"意思是他怎么还活着？他当年关押解缙就是要将其置于死地。至此，纪纲知道拖不过了，"退而与缙对泣"。锦衣卫指挥使纪纲不忍下手，遂令缙饮酒至醉，埋积雪中，立死。[①]

　　另一例是梅殷（1360—1405）。梅殷是朱棣的妹妹宁国公主的丈夫，最为朱元璋所喜爱。朱元璋见诸王强盛，曾密托他辅佐朱允炆。"靖难"兵起，他以总兵官身份镇守淮安。朱棣的军队南下，假进香之名，要穿过梅殷的防地。梅殷说："进香，皇考有禁，不遵者为不孝。"朱棣大怒，写信给梅殷说："今兵兴诛君侧之恶，天命有

---

　　① （清）张廷玉等撰：《明史》卷一四七《解缙传》，第4122页。黄云眉《明史考证》："按此见王世贞《家乘考》引野史，后二语作'纲退而与缙对泣，沃以烧酒，埋雪中立死。'以纲之惨刻少恩，而致缙于死，犹先之以对泣，则狱之冤可知。"（第1245—1246页）

归，非人所能阻。"梅殷不予理睬，把使者的耳鼻割掉，放其回还，并说："留汝口为殿下言君臣大义。"朱棣绕道打入南京，梅殷尚拥兵淮上。朱棣强迫在南京的宁国公主"啮血为书"，召梅殷还京。对于这样的人，朱棣当然不能容，但碍于皇亲不便公然下手。永乐二年，都御史陈瑛报告说梅殷"蓄养亡命"，"诅咒"朱棣。朱棣不动声色，说"朕自处之"。他下令户部考定公、侯、驸马、伯的仪从人数，实际是要查查梅殷的仪从人数是不是违制，另外下令锦衣卫抓梅殷的家人送往辽东。第二年十月，梅殷入朝，前军都督佥事谭深、锦衣卫指挥赵曦，把梅殷挤到笪桥下淹死，向朱棣报告说梅殷投水自杀①。宁国公主早就担心梅殷的安全，她断定是朱棣杀了梅殷。她找朱棣要人，朱棣说："为主迹贼，无自苦。"表示要追查凶手，并以安排她的两个儿子做官作为安抚。民间的许多记载说，凶手被揭露后，朱棣要治其罪，而二人说："此上命也，奈何杀臣！"一下露了马脚。朱棣大怒，立命力士"持金瑵，落二人齿，斩之"②。此二人

---

① （清）张廷玉等撰：《明史》卷一二一《列传第九·宁国公主传》，第3663、3664页。按，《宁国公主传》言，指实杀人凶手的是跟随梅殷多年的瓦剌灰。他请准朱棣断二人手，剖其肠，祭殷，遂自经。《明太宗实录》卷一九七，永乐十六年二月戊戌，《许成传》记揭发杀人凶手的为许成，成因而被封为永新伯。谭、赵受何人指使则无载，台湾"中研院"历史语言研究所校印本，第2062页。按，许成仅以揭发凶手便被封伯，其赏何厚耶！朱棣如此看重此功，难道不是认为此举正好为他掩盖了劣迹吗？

② （明）谷应泰：《明史纪事本末》卷一八《壬午殉难》，第299页。按，《明史》卷六《成祖本纪》仅书"盗杀驸马都尉梅殷"（第82页）。黄云眉《明史考证》说："以成祖之严刻，假非授意深、曦，深、曦即与殷有重怨，亦岂敢私挤之以取不测！"所言极是。见该书第72页。王世贞则力辩深曦杀梅殷系奉上旨之误。见王世贞《弇州史料后集》卷六三，叶十七下至十八："枝山（祝允明）《野记》谓：'驸马梅殷受遗诏誓剑，勉强释兵，以直言取忌。忽密旨令驸马王云募能刺都尉者，官超三级。……上大悦，令其（指挥许至）夜俟其早朝，到小舟打竹桥，拥其登舟，待行渡脚板，即掀挤其下，水浅不能没，奋舟驾其背而死。大长公主朝，号恸语太宗。命即捕许至等，诘问曰：'汝于梅都尉何仇？'对曰：'有旨。'上怒，即命金瓜捶折其齿，并其从皆斩打竹桥，以报都尉。"王世贞说："谋杀梅殷者，都督佥事谭深、赵曦，而发其事者都督许成，亦无所谓许至与王驸马也。深、曦挟私恨及窥伺有之，奉旨则误矣。"按，笔者所见今存各种版本《野记》并无王世贞所引述之内容。《野记》卷二："文皇兵入城，驸马都尉梅公死于笪桥下。某国长公主曳文皇裾不释，问驸马何在？天皇遽命左右速取二甥来。比至，一金一玉，文皇与公言：'与二甥为世官'，以慰公主心。"引自清同治甲戌刻本。《国朝典故》本《野记》所记又略有不同。

亦惨矣。如果他们不供出背后的指使者朱棣，或许还可以活命吧？

《明实录》记梅殷之死，说他"颇骄侈，不慎行检。上即位廷臣多言其过者，特优容之"。对于当年带兵淮上，阻挡燕军，"诅咒"、"蓄养亡命"等等当然一字不提，反倒明确说梅殷之死是因为谭深、赵曦与梅殷"有隙"，明显为自己辩白洗清①。《明实录》还收录了一封朱棣在梅殷遇害后给宁国公主的信："驸马梅殷虽有过失，兄以至亲不问。比闻溺死，兄甚疑之，密访穷搜不得实。今都督许成来看（首），乃小人所害，讯鞫果得其情。首者已加爵赏，谋陷之人悉置重法，特报贤妹知之。"②《实录》不会说凶手背后的指使是谁。《明史》也没有明指杀梅殷出于朱棣授意。但是，无论如何，朱棣有杀梅殷的动机是无疑的。

从解缙、梅殷两个例子可以看出，朱棣对得罪他的人，往往是故做宽大，并不治罪，而是以后借他故杀之。

还有一例，永乐初，北京刑部尚书雒金向朱棣建言"朝廷用人，宜新旧兼任。今所信任者，率藩邸旧臣，非至公之道"云云，结果被指为"语涉怨诽"。朱棣把奏疏出示群臣，群臣揣摩朱棣的意图，皆言"宜正其罪"。朱棣反而故示开明宽大，说："朕为天下君，政欲日闻直言，以助益不及岂恶言者，且人臣言事，亦须考实，何至诬直为枉？且郑之待金不薄矣，而犹刑怨诽，岂正直认哉！今遽罪认不察，将谓朕不客言者，姑宽之。"实则朱棣记恨在心，并未赦免其罪。果然，永乐三年二月，朱棣以"居官贪婪暴虐"、"擅作威福"等罪名，将雒金处死③。

---

① 《明太宗实录》卷四七，永乐三年冬十月乙丑，谭深、赵曦"令人捽殷坠桥下死，而曦诬奏殷自赴水死"。"笪桥"作"竹桥"。台湾"中研院"历史语言研究所校印本，第718页。
② 《明太宗实录》卷四七，永乐三年冬十月戊寅，台湾"中研院"历史语言研究所校印本，第721页。
③ 《明太宗实录》卷三九，永乐三年春二月己巳。台湾"中研院"历史语言研究所校印本，第649、650页。按，红格本"至公之道"作"公至之道"，"姑宽之"作"姑真之"。今从江苏国学图书馆影印本改。

这种政治现实使许多人感到失望而为之悲叹。永乐初曾任翰林检讨，最为解缙所重，亦卒为解缙事牵连致死的诗人王偁（1370—1415）写道：

> 有泪莫泣鲛人珠，有足莫献荆山玉。
> 赤心徒使按剑猜，至宝翻令笑鱼目。①

更为恶劣的是，朱棣强化了明朝恐怖的特务统治。

锦衣卫狱，又称诏狱，是皇帝实行暴力统治的重要工具。诏狱并非明朝发明，但以明朝之诏狱最烈。明朝各军卫都设有镇抚司，理本卫刑名。锦衣卫是皇帝的亲军，其下也设镇抚司掌理刑狱。镇抚司所办理的皇帝交办的案件，称为诏狱。它超越法律之上，以皇帝的喜怒为是非。洪武时，"上（太祖朱元璋）时时有所诛杀，或下镇抚司杂治，取诏行，得毋经法曹"②。锦衣卫在皇帝的庇护下恣意而为，狱中刑具五花八门，常常滥施刑罚。《明史》说，"幽絷惨酷，害无甚于此者"③。后来，连朱元璋也不得不对锦衣卫狱加以限制，洪武二十年（1387），下令"悉火榜掠具"。又六年，"诏内外狱毋得上锦衣卫，诸大小咸径法曹。终高皇帝（太祖朱元璋）世，锦衣卫不复典诏狱"④。但是朱棣即位后又恢复了锦衣卫狱。虽然他对抵抗者进行了大肆屠杀，但仍觉得宝座不稳。在表面的太平之下，潜伏着巨大的不安。朱允炆的死活下落还没有弄清，如果他还活着，随时可能东山再起。政治反对派不与朱棣合作，甚至图谋刺杀他，弄得他心神不定，疑虑重

---

① （明）王偁：《虚舟集》卷三《长歌行》，中国国家图书馆藏明嘉靖刻本。

② （明）王世贞：《弇州史料前集》卷一七《锦衣志》，叶六上，中国国家图书馆藏明万历四十二年（1614）刻本。

③ （清）张廷玉等撰：《明史》卷九十五《志第七十一·刑法三》，第2335页。

④ （明）王世贞：《弇州史料前集》卷一七《锦衣志》，叶六上、下，中国国家图书馆藏明万历四十二年（1614）刻本。

重，甚至做梦也不得安生<sup>①</sup>。诚如王世贞所说："天子（朱棣）既由藩国起，以师胁僭大位，内不能毋自疑人人异心，有所寄耳目。"他任用了"率先报效"、"颇目法家言"的纪纲，"治锦衣兵，复典诏狱"。纪纲摸透了朱棣的心思，"益布其私距，日夜操切阴计。闻上，上（朱棣）以为大忠，昵之声咳之间。即淇成诸公号元勋，见则自匿引，不敢以衣比数"。纪纲为人狠鸷，更恃此"穷意为非"。他手下的一批爪牙则"曲侍奉纲，相缘借奸利数百千端"<sup>②</sup>。锦衣卫狱，直接对皇帝负责，"凡问刑，悉照旧例径自奏请，不经本卫。有事送问，问毕仍自具奏，俱不呈堂。凡鞫问奸恶重情得实，具奏请旨发落。内外官员有犯送问，亦如之"<sup>③</sup>。锦衣卫狱的刑罚花样翻新，朱棣早已将《祖训》不得滥施肉刑的戒谕抛到九霄云外了。他下令收缴天下兵器<sup>④</sup>，派户科都给事中胡濙（1375—1463）到各地刺探民隐<sup>⑤</sup>，奖励告密<sup>⑥</sup>，任用

---

①　（明）张芹：《备遗录·景清》（见明抄本朱当㴆编《国朝典故》）："文皇夜梦有红衣人图不轨者，遂警觉。明日视朝，令遍搜群臣，（景）清衣红而潜挟利刃，诘之，对曰：'欲为故主报仇耳。'乃用铁帚刷其肉至尽亲属连坐者尤众。"按，果景清之死与《明史纪事本末》所记不同，见《明史纪事本末》卷之一八《壬午殉难》，第294页。又同书："及（朱棣）继统，诛族其（北平布政使张昺）家。后上（朱棣）屡梦公（张昺）等披发为厉。命出其尸焚而弃之，面犹如生。"王鏊《震泽纪闻》等亦记其事。

②　（明）王世贞：《弇州史料前集》卷一七《锦衣志》，中国国家图书馆藏明万历四十二年（1614）刻本。

③　（明）王圻：《续文献通考》卷九五《职官考·锦衣卫》，现代出版社1986年影印明万历刻本，第1436页。

④　《明太宗实录》卷二七，永乐二年春正月辛亥，"诏近年漫散军士，亡失军器藏于民间者，悉送官"，台湾"中研院"历史语言研究所校印本，第494页。

⑤　（清）张廷玉等撰《明史》卷一六九《胡濙传》："五年，遣胡濙颁御制诸书，并访仙人张邋遢，遍行天下州郡乡邑，隐查建文帝安在。""所至，亦间以民隐闻。"（第4534—4535页）按，陆钎《病逸漫记》，叶盛《水东日记》等皆记胡濙侦察太子等事。

⑥　（明）王世贞：《弇州史料后集》卷三五，叶十下《省垣之玷》："永乐中，淮安山阳县民讼师丁珏，诬告里中富人妖言惑众，众死者十余人。法司荐其中直，特拜刑科给事中，日以奏评为事。"中国国家图书馆藏明万历四十二年（1614）刻本。

纪纲、陈瑛等"刻深之吏"为爪牙，镇压各种反抗势力。如此等等，不一而足。朱棣的暴政，给后世留下了极为恶劣的先例，成了那些施暴政者的榜样。比如，弘治十七年（1504），刑部主事朱鉴言："部囚送大理第当驳正，不当用刑。"而大理寺卿杨守随（1434—1518）言："刑具永乐间设，不可废。"帝是其言。①永乐时期的恶劣先例，成了后世不可动摇的新的祖制了。

明代的宦官之祸，在历史上也是极为突出的，其责任也应追究到朱棣。太祖朱元璋诚于历代宦官干政之失，对宦官的防范甚严。虽然，洪武中即已以宦官传令阅兵、监视大臣、察访官吏、核定课税、奉使外国②，但宦官毕竟不敢放肆。有一次，一服侍朱元璋多年的宦官，竟然因偶言及政事被遣还③。建文中，也注意约束宦官，曾两次下诏禁约奉差中官，因此"内官怨甚"。相反，朱棣则借这些宦官为耳目，安插于建文帝身边。史称，靖难兵起，三年所得惟北平、永平、保定三府。至是有内官"密言燕王直捣京师，约为内应"。于是，朱棣避开劲敌，直捣南京，轻易取胜。南京金川门开，建文宫中同时起火，这宫中的火起得蹊跷，如此内应又是谁呢？文献缺载。朱棣入宫，"杀宫人、嫔、内官略尽，惟得罪上（建文帝）者独留"④，朱棣即位后，次第擢为边藩镇守。由于非法篡位，朱棣心存疑虑，不能不有所私寄。其私寄者除纪纲等人外，最受倚重者便是宦官了。他用宦官设立了东厂，用以监视天下臣民。东厂与锦衣卫结成了一个严密的特

---

① （清）张廷玉等撰：《明史》卷九四《志第七十·刑法二》，第2306—2307页。

② 参阅栾成显：《洪武时期宦官考略》，见《明史研究论丛》第二辑，江苏人民出版社，1983年，第90—113页。

③ （明）王世贞《弇州史料前集》卷一二《中官考二》："十年有内侍以久侍内廷，从容言及政事，上即日斥遣还乡里，命终身不齿。"

④ （清）傅维鳞：《明书》卷四《本纪二·建文皇帝本纪》，《畿辅丛书》本，中国国家图书馆藏明万历四十二年（1614）刻本。

务网，施行恐怖的特务统治，连皇太子也在宦官的监视之中①。宦官的地位大大提高，他们担任监军、分镇、专征、采木、督役，奉使外国，成了官僚队伍中的重要成员。他们鲜衣怒马，傲视公卿，《明史》引《大政记》称："永乐以后，宦官在帝左右，必蟒服，制如曳撒，绣蟒于左右，系以鸾带，此燕闲之服也。次则飞鱼，惟入侍用之。贵而用事者赐蟒，文武一品官所不易得也。"②。是看后世，王振（？—1449）、刘瑾（1451—1510）、魏忠贤（1568—1627）之祸，隐然肇始。

建文新政施行开明政治，一度打断了朱元璋推动的极端专制日渐强化的进程。朱棣则反其道，完全抹煞建文新政。他所向往的，是做一个掌控一切权力的皇帝。人身的杀戮，政治的压制，思想的钳制，无所不用其极。朱棣认为这是理所当然的，因为他认为"帝王为生民之主"③。

但是，朱棣的淫威暴政，既不能完全压服民间的不满，也无法颠倒历史的曲直。明人王世贞说："以一时万乘之尊，挟不世之怒，而有不能尽快其意于意之外者！"他举了后世对方孝孺的态度加以说明："建文之役，天下之名臣能殉义者，无如天台方先生。其得祸之烈，则亦无如方先生。先生殁三十余年，天下乃敢举其名；又五十年，而天下乃敢诵其言；又百年，而天下乃有求其已绝之裔而为之记者。"④当然，王世贞是以一个史家的立场说这番话的，尽管他是从正统礼法的立场出发。历史证明，人心不能用暴力征服，历史不会因暴力而篡改，哪怕是朱棣这样残暴的皇帝！

---

① 《明太宗实录》卷二三三，永乐十九年春正月辛卯："礼部尚书吕震言于皇太子曰：'殿下前在南京，数遣中官进保保奏牍，每至，辄有殿下过失上闻。'"台湾"中研院"历史语言研究所校印本，第2255页。

② （清）张廷玉等撰：《明史》卷六七《志第四十三·舆服三》，第1647页。

③ 《明太宗实录》卷五二，永乐四年三月辛卯朔，台湾"中研院"历史语言研究所校印本，第771页。

④ （明）王世贞：《弇州史料后集》卷二八《题叶秀才为方氏遗裔复姓记后》。国家图书馆藏明万历四十二年（1614）刻本。

具有讽刺意味的是，如此残暴刻狠的朱棣，却希望人们把他看作是一心兴礼乐、施仁政的圣明君主。他甚至把自己打扮成连小虫子都不愿伤害的人。永乐五年五月十六，朱棣去灵谷寺，"跰踱中庭，有青虫着上衣，以手拂置地，徐命中官取置树间，曰：'此虽微物，皆有生理，毋轻伤之'"①。如此矫揉造作，太虚伪了。

朱棣的残暴，并非完全是由于政治上的迫不得已，更多的，则是由于他的残刻暴戾和极端自私之本性。盖所欲极强，为遂其欲便不顾一切，对于有碍于遂其欲者必毫不留情。

朱棣吃饭要有宫女伴唱②，晚年，连朝参也要有宫女陪伴③，这在明朝是很特殊的。即位不久，他便一再派人到朝鲜去选淑女，弄得朝鲜君臣民间不得安宁④。朱棣最宠爱的朝鲜妃子是权氏，因为其资质秾粹，又善吹箫。不料她享年不永，在跟随朱棣北征回还途中死于山东临城⑤。对于她的死，起初无人怀疑。后来宫人吵架，有人揭发是朝鲜妃子吕氏串通中官和银匠，用砒霜毒害了权妃。朱棣大怒，将中官、银匠处死，命令用烙铁烙一个月杀死吕氏，并杀死吕氏在宫中的从人，牵连至死者达数百人。其实，这是个冤狱。到朱棣晚年才暴露出来。永乐十九年，诬陷吕氏的宫人和另一位宫人鱼氏与

①《明太宗实录》卷六七，永乐五年五月己巳，台湾"中研院"历史语言研究所校印本，第938页。

② （明）祝允明：《野记》卷二"文皇尝召盛御医寅至便殿"条，中国国家图书馆藏明正德、嘉靖刻本。

③ （清）孙承泽著、王剑英点校《春明梦余录》卷六《内官监》附载："永乐末年，上有疾，用宫人随侍出朝，后无复有此事。"北京古籍出版社，1992年，上册，第98页。

④ 朱棣命中官黄俨等赴朝鲜选淑女，第一次在永乐六年（1408），这次选中处女五名：权、任、李、吕、崔，从者十二名。"所进之女。其父母亲戚哭声载路。"见吴晗辑《朝鲜李朝实录中的中国史料》上编卷三《太宗恭定大王实录二》，戊子八年四月、十月，中华书局，1980年，第233、235页。其后，永乐八年、十五年，都曾有中使赴朝鲜选淑女。甚至，永乐二十二年，朱棣北征途中，朝鲜使臣元闵生见朱棣于行在所，仍命选"侍婢"以进。见同书，第316页。

⑤ （清）张廷玉等撰：《明史》卷一一三《列传第一·后妃一·恭献贤妃权氏》，第3511页。

宦官的私情被揭发，二人惊惧自杀。朱棣将她们的侍婢鞫来审讯。侍婢们因受不了拷掠，诬服认罪，且云，欲行弑逆。这一来非同小可，朱棣暴怒，可怜宫中柔弱无助的女子竟遭惨祸。朱棣亲临刑场，看她们一个个遭受剐刑。① 正在这场屠杀闹得沸沸扬扬时，北京皇宫奉天、华盖、谨身三殿发生了大火，一时三殿焚烧俱尽。三殿遭灾，宫中皆喜，以为朱棣会因此天变而警醒，停止诛戮。然而朱棣"不以为戒，态行诛戮，无异平日"②。先后坐死者达2800人，"宫人屠戮殆尽"③。血雨腥风，天地同悲。有的宫人在临死时大骂朱棣："自家阳衰，故私少年寺人，何咎之有！"④ 为自己的私欲，为了泄愤，朱棣于前后两案共杀三千余人。其流氓本色不是又于此可见了吗？⑤

---

① 吴晗辑：《朝鲜李朝实录中的中国史料》上编卷四《世宗庄宪大王实录一》，甲辰六年十月戊午，中华书局，1980年，第319页。

② 同上书，第321页。

③ 吴晗辑：《朝鲜李朝实录中的中国史料》上编卷一《世宗庄宪大王实录一》，甲辰六年十月戊午，第310、320页。

④ 吴晗辑：《朝鲜李朝实录中的中国史料》上编卷四《世宗庄宪大王实录一》，甲辰六年十月戊午，第319、320页。

⑤ 按：《明史》卷一一三《列传第一·后妃一·昭献贵妃王氏传》称："帝（朱棣）晚年多急怒，妃曲为调护，自太子诸王公主以下皆倚赖焉。"见中华书局标点本，第12册，第3511页。吴晗辑《朝鲜李朝实录中的中国史料》上编卷四《世宗庄宪大王实录一》"辛丑三年五月戊子"："通事林密回自京师，言以三月二十八日至此京，帝以风痹不视事已久，太子受朝。"（第295页）又，同书甲辰六年十月丙午："初，帝宠王氏，欲立以为后。及王氏薨，帝甚痛悼，遂病风丧心，自后处事错谬，用刑惨酷。"（第321页）皆言朱棣有病，并言其暴戾行为乃疾病所致。近读朱鸿《明成祖与永乐政治》，则以现代病理学原理解释朱棣的政治人格，别开生面，颇多可观。然纵看朱棣一生所为，如壬午即位时的倒行逆施、任意杀戮，宫中鱼吕之乱不分良莠的恣意杀戮，以及朱棣北征回还对赴征时的逃军，及从征将士之妻妾奸他夫者之尽行处决，凡有杀戮，朱棣皆亲临刑场。（见《朝鲜李朝实录中的中国史料》上编卷三《太宗恭定大王实录二》，甲午十四年九月己丑，第261页）朱棣的暴虐狠戾更应从其极端的私欲与权利欲中去追究原因。

# 第八章　民生论

一个国家，必须有安定的秩序，否则，这个国家便无法维持。但安定的秩序并非仅凭武力高压就可以建立起来的，也不是只凭权术便可以实现的。从根本上说，社会的安定首先是民众生活的安定。没有一个政府或统治者不解决民生问题便可以得到长治久安的。民生问题解决得好，一定是个明君，民生问题解决得不好或是受到忽视，必然是个庸主。

朱棣对这个道理十分清楚，他以贤君圣主自期，他自称"闵念元元"，要求文武官员帮助他治理国家。靖难之役后，天下疮痍未复，民生艰难，永乐二年四月己丑，他曾敕谕文武群臣说：

> 今天下虽安民未苏息，而郡县豪猾，遇有征徭并缘为奸，细民不胜，盗贼滋起。尔等其悉心政务，祛除民蠹，毋横征一钱，毋妄兴一役，存恤军民，劝课农桑，慎固封守，辑宁邦国，臻于至理，以称朕闵念元元之意。①

永乐七年八月戊午，朱棣遣官祭祀历代帝王，他对群臣表述了他要做个贤君圣主的愿望，他说：

---

① 《明太宗实录》卷三〇，永乐二年夏四月己丑，台湾"中研院"历史语言研究所校印本，第550页。

122

三皇五帝纯乎道德，无为而治。自夏至元，其间贤君圣主亦躬行仁义，修举法度，足以天下和平，名垂后世。我皇考法古为治，故前代帝王有功德者，皆以时修祀，著为常典。朕今举此，亦惟体皇考之心为心，以求古帝王之治。卿等更夙夜尽心赞辅，庶几克臻其效。①

朱棣为政极其勤奋，很像乃父太祖朱元璋，在明代皇帝中是少见的。他每天的时间都安排得很满，几乎一刻没有闲暇。请看下面这段记载：

（永乐四年春正月丙辰）上御右顺门晚朝，百官奏事毕皆趋出。上召六部尚书及近臣谕曰："早朝四方所奏事多，君臣之间不得尽所言，午后事简，卿等有所欲言，可就从容陈论，毋以将晡朕倦于听纳，盖朕有所欲言者，亦欲及此时与卿等商榷。"又曰："朕每旦四鼓以兴，衣冠静坐，是时神清气爽，则思四方之事，缓急之宜，必得其当，然后出付所司行之。朝退未尝辄入宫中，间取四方奏牍一一省览。其有边报及水旱等事，即付所司施行。宫中事亦多，须俟外朝事毕方与处置。闲暇则取经史览阅，未尝敢自暇逸。诚虑天下之大，庶务之殷，岂可须臾怠惰？一怠惰即百废弛矣。卿等宜体朕此意，相与勤励，无厌斁也。自今凡有事当商略者，皆于晚朝来，庶得尽委屈。"②

一日之间，上午有早朝，下午有晚朝，外朝事处理完毕，还要处理四方奏报，处理宫中之事，即使闲下来，还要取经史阅览，他

---

① 《明太宗实录》卷九五，永乐七年秋八月戊午，台湾"中研院"历史语言研究所校印本，第1261—1262页。

② 《明太宗实录》卷五〇，永乐四年春正月丙辰，台湾"中研院"历史语言研究所校印本，第756—757页。

要求侍臣晚朝以后来，可以一尽委曲，他有话也想在此刻与大臣们说。为了周知政情，他令人将中外官员的姓名书写在武英殿南廊，以便随时观看①，可以说朱棣尽心政务，一刻也不得休闲。

下面这段记载，也足以看出他的勤政：

> （永乐四年，秋七月戊子朔）上出视朝奉天门，百官奏事退，复召侍臣与语久之，时已五鼓。侍臣请曰："圣躬勤劳，请少息。"上曰："朕常在宫中，周思庶事，或有一事未行，或行之未善，至不寐至旦，必行之乃心安，积习既久已忘其劳。盖常自念才德不逮，若又不专心忘勤思虑，所行何由尽善？生民何以得安？盖勤于思则理得，勤于行则事治。勤之为道，细民不敢废，况君乎！"②

他希望尽可能多地了解民情，不厌其劳。他与廷臣商讨政务，希望大臣们能言尽其情。侍臣担心谈得时间久了，劝他养气少息。他说："简默非不善，但天下之大，利害所关，言之不能不尽。且不如此，不足以尽群情。"③明朝各地奏章都要上交通政司汇总处理。各地章奏繁多，一些并非要务，通政司就直接分发给六科了。朱棣知道后，表示不满。他召来参事贺银等，责备说："设通政司，所以决壅蔽达下情，今四方言事，朕不得悉闻，则是无通政司矣！朕主天下，欲周知民情，虽细微事不敢忽。盖上下交则泰，不交则否。自古昏君，其不知民事者，多至亡国。尔欲朕致之乎？自今宜深慰前过，凡书奏关民休戚者，虽小事必闻，朕于听受不厌倦也。"④也许我

---

① 《明仁宗实录》卷五上，永乐二十二年十二月己酉，台湾"中研院"历史语言研究所校印本，第165页。

② 《明太宗实录》卷五六，永乐四年秋七月戊子朔，第821页。

③ （清）查继佐：《罪惟录》志卷之三十三《永乐逸记》，永乐五年，第1027页。

④ 《明太宗实录》卷五八，永乐四年八月丁酉，台湾"中研院"历史语言研究所校印本，第847—848页。

们会因此批评他事必躬亲，揽权不放，但于此也可以看出他兢兢业业不辞劳苦，想要做个明君。

朱棣自奉俭约，曾自我标榜说："人心诚不可有好乐，一有好乐泥而不返，则欲必胜理。若心能静虚，事来则应，事去则如明镜止水，自然纯是天理。朕每朝退默坐，未尝不思管束此心为切要。又思为人君，但于宫室车马服食玩好无所增加，则天下自然无事。"[①]他不尚浮华，不愿浪费资财，增加百姓负担。他曾说，"内库所贮，皆天财，待赏有功，虽朕不敢妄费"[②]。一次百官奏事毕，朱棣退朝坐在右顺门，"所服里衣袖敝垢，纳而复出"。有侍臣看在眼里，称赞他的贤德，没想到却引起了他的感叹，他说："朕虽日十易新衣未尝无，但自念当惜福，故每澣濯更进。昔皇妣躬补缉故衣，皇考见而喜曰：'皇后居富贵，恭俭如此，正可以为子孙法。'故朕长守先训不敢忘。言已怆然。"[③]这确是太祖朱元璋留下的家风。所以，明人称颂朱棣"爱惜下民，屡蠲租赋，犹嗜俭朴，不喜纷华"[④]。

朱棣即位之初，就把抚安军民的事提到了日程。其时，各地臣民对几年的征战和朱棣对政治反对派的镇压和屠杀惊魂未定，他命令兵部出榜晓谕军民各安生业。他说：

> 朕初举义旅，清君侧之恶，罪止奸臣数人而已。故将士入城之日，市不易肆，军民安堵。今为众所推戴，嗣承大统，罪人皆已伏诛，嘉与万方，同乐至治。比闻在京军民犹有未喻朕心者，谓有复行诛戮之意，转相扇惑，何其愚也！

---

① 《明太宗实录》卷三三，永乐二年八月己丑，台湾"中研院"历史语言研究所校印本，第588页。

② 《明太宗实录》卷六六，永乐五年夏四月乙未，台湾"中研院"历史语言研究所校印本，第928页。

③ 《明太宗实录》卷一四八，永乐十二年二月癸亥，台湾"中研院"历史语言研究所校印本，第1734页。

④ （明）张铨：《国史纪闻》卷五《成祖文皇帝》，中国国家图书馆藏明天启刻本。

吾为天下君，则天下之民皆吾赤子，岂有害之之心？且帝
王刑法岂当滥及无罪？尔兵部亟出榜晓谕，令各安心乐业，勿
怀疑惧。敢复有妄言惑众，许诸人首告，犯人处死，家产给赏
告人，知而不告与犯人同罪。①

朱棣欲令百姓"安生乐业"，却以告讦、死刑相威胁。其时战争
刚结束，一切尚未走上轨道，朱棣还脱不出军事高压的模式。他相
继向全国各地派出军事将领，担负"整肃兵备，安抚人民"的任务，
如派都指挥使何清前往浙江都司苏州卫，都督佥事赵清前往凤阳中
都留守司，前军左都督李增枝（1370—1448）前往荆州，江阴侯吴
高前往河南、陕西等等。但是，仅靠武力高压进行"抚安"是不够
的，朱棣也注意解决民生的实际问题。因而，他同时派前工部尚书
严震直（1344—1402）、户部致仕尚书王纯、应天府尹薛正书等分往
山西、山东、河北、陕西等布政司，巡视民瘼，令其将"何弊当革，
何利当建，速具奏来"②。第二年，永乐元年，他又派监察御史、给事
中这些"朝廷耳目，侍从之臣"，分别前往诸直隶府州县及浙江等布
政司安抚军民，宣传他的与民休息之意，并要求他们修葺城池，剿
捕草寇，同时约束他们，非奉朝廷明文者，"一夫不许擅差，一毫不
许擅科，有故违者具实奏闻，以法治之"③。这些措施，还带有为"靖
难之役"善后的色彩，对于安定民心、稳定社会秩序是十分必要的。
待社会秩序稍为安定之后，朱棣便采取了更多的民生措施。

朱棣一再要求臣下爱恤百姓，协助他达于至治。永乐十三年春

---

① 《明太宗实录》卷一〇下，洪武三十五年秋七月丙申，台湾"中研院"历史
语言研究所校印本，第163—164页。

② 《明太宗实录》卷一〇下，洪武三十五年秋七月甲辰，台湾"中研院"历史
语言研究所校印本，第154页。

③ 《明太宗实录》卷二一，永乐元年六月癸丑，台湾"中研院"历史语言研究
所校印本，第379页。

正月初二，天下大小衙门官员进京朝见，朱棣发布敕谕：

> 天下之道，君总于上，臣分职于下。上下相承，体统不紊。故事理民安天下和平。唐虞三代之盛，率由斯道。朕以眇躬，托于万姓之上，所赖文武群臣翼赞，以协于治。惟尽乃心，惟敬乃职，以熙庶政，永康兆民，尚慎之哉！惟善致福，惟恶致愆，天有显道，报施无爽，尚慎之哉！朕所畏者天，所保者民，所资为理者贤才。古之贤人君子，为德为民，功加于当时，名昭于后世，尔尚以为法，夙夜祗慎，用副朕保民致治之意，钦哉！[①]

接着，又在午门之外张榜普告："天下文武官，治兵者爱恤军士，理民者爱恤百姓，敢有剥削以厉军民者，必罪不赦。"[②]

朱棣把爱民恤民作为达于治道的基本国策。他都从哪些方面去推进他的治道呢？他交给礼部发往中外诸司的一道公文，宣示了他推行治道的各个方面：

> （永乐十五年十一月癸酉）命行在礼部移文中外诸司，一遵成宪爱恤军民，必崇实惠，且以农桑衣食之本，必及时劝课；学校育材之地，必加意劝勉：赋役必均平，科征必从实，祭祀必诚敬，刑狱必平恕，孝顺节义必旌表，鳏寡孤独必存恤，材德遗逸必荐举，边徼备御必严固，仓库出纳毋侵欺，有司官吏贪暴旷职者，监察御史按察司具实纠举。[③]

---

① 《明太宗实录》卷一六〇，永乐十三年春正月辛丑，台湾"中研院"历史语言研究所校印本，第1815页。

② 同上。

③ 《明太宗实录》卷一九四，永乐十五年十一月癸酉，台湾"中研院"历史语言研究所校印本，第2044页。

农桑为衣食之本，百姓的主要成分是农民，国家的主要收入来自农业，因此，首先必须爱抚农民，管理好农业，才能使社会安定，才能民有所养而财用不涸。土地、种子、农具、耕牛，以至于耕作技术、水旱蝗灾，都是执政者应该考虑的。《太宗实录》这方面的记载不少。朱棣的具体措施包括：

（1）移民垦荒屯田，耕种乏牛者，官市给之；乏农具者，宝源局铸造给之。这方面的具体事例，将在下文讲述朱棣开发北京时详细介绍。

（2）减少工作，与民休息。例如，停止一切不急之务：

（永乐元年三月乙巳）上（朱棣）谓兵部尚书刘儁曰："朕即位之初，首诏内外诸不急之务一切停止，毋妄劳人敛财，庶少息兵民。今闻诸司尚有不体朕意，横虐吾军民者，其申谕中外，自今军执常役，民安常业，官守常职，虽事之警急不可已者，亦须奏准然后行之，违者加罪。"①

为了耕种，王府工程暂停：

（永乐元年夏四月丁巳）山东兖州府通判江澄言："今率沂州等县民丁三千余人，修治鲁府，东作方殷，乞暂停工，令归耕种，俟农隙就役。"从之。②

甚至，皇宫毁坏也未敢兴造，王府毁坏同样不能兴造：

① 《明太宗实录》卷一八，永乐元年三月乙巳，台湾"中研院"历史语言研究所校印本，第333页。按：红格本"少息兵民"，脱"息"字，今据江苏国学图书馆影印本改，见该本卷一七，叶九下。
② 《明太宗实录》卷一九，永乐元年夏四月丁巳，台湾"中研院"历史语言研究所校印本，第341页。

（永乐元年夏四月乙丑）赐书楚王祯曰："别来恒用思念，世子至，知安好，良以为慰。所奏府中欲修造，兄于贤弟岂有吝惜意？但天下初定，众心未安，劳困未甦，兼旱蝗相仍，民苦寒馁。安养休息。方在此时。故即位之初，首诏天下不急之务悉停罢。今后宫为建文所焚，东宫亦皆折毁，而未敢兴造。贤弟幸体朕意，府中宫室损坏者，姑用护卫之人随时修葺。俟民安岁丰，然后量拨军民为之，如此公私两利矣。贤弟又云，欲令左护卫军屯种以赡岁用，正合成法，具见远虑之意，宜早图之。"①

（3）限制急征催征田赋，缓解民困。例如：

（永乐元年冬十月辛酉）户部尚书郁新等奏："湖广今年夏税过期，数月不足，其布政司府州县皆当罪之。"上（朱棣）曰："赋入有经制，人耕获或先后不齐，地理亦有远近之异，未可概论。任人长民，当使之察其难易而顺其情。虽取之亦必思有以利之，不当急责于民，急责必至乎病民。其勿问。第更与约限，令民输之。"②

又如：

（永乐元年十一月庚辰）松江府奏，所属华亭县征收秋粮，过期不完，请罪其县官。上（朱棣）曰："今年苏松间有旱涝，秋粮固难卒办，县官职在抚字，不得辄以此罪之，再与期限可也。"③

---

① 《明太宗实录》卷一九，永乐元年夏四月乙丑，台湾"中研院"历史语言研究所校印本，第344—345页。
② 《明太宗实录》卷二四，永乐元年冬十月辛酉，台湾"中研院"历史语言研究所校印本，第442页。按，红格本脱"于民，急责"四字，据江苏国学图书馆影印本卷二四补。
③ 《明太宗实录》卷二五，永乐元年十一月庚辰，台湾"中研院"历史语言研究所校印本，第452页。

（4）减免赋税，恤民之艰。例如：

（永乐元年十二月壬辰）免河南陈州今年租税，以淫雨伤稼故也。①

又如：

（永乐二年五月丙辰）山东临清县会通税课局言："比岁市镇经兵，民皆流移，兼连年蝗旱，商旅不至，所征课钞不及，请减旧额。"户部以闻。上（朱棣）曰："兵旱之余，尚可征税耶？其悉免之。俟丰岁，百姓复业，商旅通行，然后征之。"②

（5）发钞发粟，赈济灾民。例如：

（永乐元年三月戊子）户部言，河南开封等府蝗，民饥。命以见储麦豆赈之。③

又如：

（永乐元年三月甲午）北京、山东、河南，直隶徐州、凤阳、淮安民饥，命户部遣官赈济。本处无储粟者，于旁近军卫有司所储给赈之。④

---

① 《明太宗实录》卷二六，永乐元年十二月壬辰，台湾"中研院"历史语言研究所校印本，第484页。
② 《明大宗实录》卷三一，永乐二年五月丙辰，台湾"中研院"历史语言研究所校印本，第560页。
③ 《明太宗实录》卷一八，永乐元年三月戊子，台湾"中研院"历史语言研究所校印本，第327—328页。
④ 《明大宗实录》卷一八，永乐元年三月甲午，台湾"中研院"历史语言研究所校印本，第329页。

（6）兴修水利，除灾利农。例如，直隶苏州一带仰仗钱塘江、吴淞江、娄江之水利。后因沙土壅塞，江水失控，百姓无能为力，只能旱时坐视生长之禾苗枯槁，泄时坐视待收之果实淹没。朱棣即位不久即因民所请而治之。<sup>①</sup>永乐元年更命户部尚书夏原吉赴江浙诸郡治水。<sup>②</sup>厥为明初之一件大事。

（7）集中开中，征集军粮。例如，朱棣甫即位时，北平各卫乏粮，便命户部悉停天下中盐，专于北平开中<sup>③</sup>。

（8）创定赏罚条例，发展军屯。例如，永乐二年，朱棣颁屯田赏罚之法，第二年，将其法用红牌刊识。后又规定，官军种植样田，每岁终赴京，较其所收多寡而赏罚之<sup>④</sup>。

朱棣在很多事情上都表现出对民生的关心，他不事浮华，不务虚名，实实在在地做事。永乐二年十二月，山西介休百姓，向他奉献五色石，遭到他的拒绝。他说："此小人倖进也。数年民困未复，宁复以此！官府求一物，则百姓受一害。况此石饥不可食，寒不可衣，须之何为？"<sup>⑤</sup>身边的宦官有人做了危害百姓的事，他坚决予以惩处。永乐二年十二月戊寅（十一日），他听说宦官在应天府私自征调工匠役使，于是召来府尹向宝加以责备，他说："数年军旅供给，加以权豪横肆，百姓艰难，京师为甚。既命汝牧民，当体国家爱民

---

① 《明太宗实录》卷一五，洪武三十五年十二月丁丑，台湾"中研院"历史语言研究所校印本，第288—289页。

② 《明太宗实录》卷一九，永乐元年夏四月己酉，台湾"中研院"历史语言研究所校印本，第339页。（清）谷应泰：《明史纪事本末》卷二五《治水江南》，第383页。

③ 《明太宗实录》卷一一，永乐三十五年八月丁巳，第176—177页。开中，商人以粮食换取经营食盐的许可。集中开中，集中把粮食送到某地换取食盐经营许可。

④ 按，永乐初年，朱棣屡次申明屯田考校条例，见《明太宗实录》卷三六，永乐二年十一月壬寅，第621—622页；卷三八，永乐三年正月壬戌，第646—647页；卷四〇，永乐三年三月甲寅，第666—667页；卷五三，永乐四年四月壬戌，第789页。

⑤ （清）查继佐：《罪惟录》志卷之三二《永乐逸记》，永乐二年十二月，第1026页。

之意，正直不阿，矜恤保庇，庶几民可休息。宦者宫禁使令之人，非有重权，汝何用畏之，而辄听其役民，略不之拒，公家凡役一夫，必先告朕，宦者擅役之而不告，何耶？为京尹，朝夕在朕左右，尚畏人如此，若在远外任小官职，当如何畏之？……汝擅以朕百姓作人情，可逃罪乎！今姑宥之，若复蹈前非必诛！"对于那些宦官，朱棣下令锦衣卫"执而治之"①。北京皇宫用水，引自房山，经皇城，凡三十里，注入海子，即紫禁城西侧之西苑。为保证皇城用水，设有西湖巡视官，随时巡视，禁止百姓引水灌溉。到永乐十四年，朱棣下令撤销巡视官，不再巡视，引水开禁，让百姓共同享用。②这样一点一滴的事，都可以看出他对民事的尽心。

一般而言，朱棣如此爱民恤困，孜孜治理，国家应该大治，百姓应该丰足了。其实永乐年间的国计民生远远不尽如人意。朝廷的雨露沾被是极为有限的。况且，以明帝国版图之大，每年都有一些地方不同程度地发生灾害。仅就《明实录》的记载所做的统计，自洪武三十五年（建文四年）至永乐二十二年朱棣在位期间，水旱蝗瘟疫所引起的饥荒灾害就达276起之多。其中大多数灾荒为朝廷所了解，并给予了赈济或减免赋税。然而也有些灾情为地方官员所隐瞒。朱棣曾经对都御史陈瑛说：

> 国之本在民，民无食，是伤其本。朕自嗣位以来，夙夜以安养生民为心。每岁春初及农隙之时，敕郡县浚河渠，修筑圩岸陂池，捕蝗蝻，遇有饥荒，即加赈济。比者河南郡县荐罹旱涝，有司匿不以闻。又有言雨旸时若禾稼茂实者，及遣人视之，民所收有十不及四五者，有十不及一者，亦有掇草实为食者，

① 《明太宗实录》卷三七，永乐二年十二月戊寅，台湾"中研院"历史语言研究所校印本，第632—633页。
② （清）查继佐：《罪惟录》志卷之三十二《永乐逸记》，永乐十四年，第1027页。

闻之恻然。亟命发粟赈之，已有饿死者矣。此亦朕任用匪人之过，已悉寘于法。其榜谕天下有司，自今民间水旱灾伤不以闻者，必罪不宥。①

永乐十年六月甲戌，朱棣再次斥责地方官员瞒报灾情、谎报谷物丰收。他说："朕为天下主，所务安民而已。民者，国之本。一民不得其所，朕之责也。故每岁遣人巡行郡邑，凡岁之丰歉，民之休戚，欲周知也。近者，河南民饥，有司不以闻，而往往有言谷丰者。若此欺罔，获罪于天。此亦朕任非其人之过。其速令河南发粟赈民。凡郡县及朝廷所遣官，目击民难不言者，悉追下狱！"②永乐十一年正月，山西发生饥荒，饥民有食树皮草根者，但来朝官又是对饥民惨状只字不提，"率云五谷丰稔，闾阎乐业"。朱棣说："自今言民情者悉记之：如境内有灾伤饥馑，不自言致他人言之者，必正其欺隐之罪。"③十二年二月庚申，他敕谕行在户部臣重申：

> 水旱世恒有之。国家广储积，正以备民之急。朕数诏有司恤民，今乃坐视其饥寒不言！亟令监察御史发廪济之，并按问其坐视不言者罪。④

永乐十六年七月己巳，朱棣降敕切责陕西布政司、按察司，同样是因为他们隐瞒灾情："比闻陕西所属郡县岁屡不登，民食弗给，

---

① （明）余继登：《典故纪闻》卷七，中华书局，1981年，第123页。
② 《明太宗实录》卷一二九，永乐七年六月甲戌，台湾"中研院"历史语言研究所校印本，第1602页。按：红格本"郡邑"误为"群邑"，今据江苏国学图书馆影印本卷八三叶七改。
③ 《明太宗实录》卷一三六，永乐十一年正月壬午，台湾"中研院"历史语言研究所校印本，第1653页。
④ 《明太宗实录》卷一四八，永乐十二年二月庚申，台湾"中研院"历史语言研究所校印本，第1733页。

致其流莩。尔等受任方牧，坐视不恤，又不以闻，罪将何逃！速发所在仓储赈之，稽违者必诛不宥。"①不过，官员们一再隐瞒灾情，谎报政绩，无非是想渲染升平盛世，取悦皇上。只要这种虚荣的盛世心态存在，歌功颂德、欺瞒造假的现象就会不断出现。

永乐十八年十一月二十五，皇太子朱高炽自南京前往北京，路过山东邹县，他目睹了当地的一次饥荒："见民男女持筐盈路拾草实者，驻马问所用。民跪对曰：'岁荒以为食。'皇太子恻然，稍前下马，入民舍，视民男女皆衣百结，不掩体，灶釜倾仆不治，叹曰：'民隐不上闻若此乎？'"在皇太子的干预下，邹县、滕县的饥民得到了赈济②。然而，邹、滕的饥荒可能不是最严重的，因而地方官对此司空见惯，才敢于不上闻。它只不过是偶尔被路过其地的皇太子发现而引起重视罢了。与皇太子过邹县的同月，山东青、莱、平度等府州发生水灾，造成大量饥民，官府一次赈济便达十五万三千七百三十四户之多③。《实录》中所反映的民生之穷困仅是冰山一角。

前面说过，朱棣刚刚即位时，民生凋敝，他担心劳民，宣称"毋殚其财，毋疲其力"④，下令亲王不准修建王府，皇宫毁坏了也暂不修建。但是，朱棣又提出一种理论，说："民不失其养，虽劳之鲜怨；民失所养，虽休之不德。"⑤经过几年休养生息，遭受战争破坏的社会经济得到了恢复和发展，国家实力明显增强。于是，此时朱棣

---

① 《明太宗实录》卷二〇二，永乐十六年秋七月己巳，台湾"中研院"历史语言研究所校印本，第2094页。

② 《明太宗实录》卷二三一，永乐十八年十一月己丑，台湾"中研院"历史语言研究所校印本，第2239页。又，杨士奇：《东里文集》卷七一《送李永怀归东平序》。按：红格本"民隐不上闻"脱"不"字，今据江苏国学图书馆本卷一一八叶六补。

③ 《明太宗实录》卷二三一，永乐十八年十一月，台湾"中研院"历史语言研究所校印本，第2240页。

④ 《明太宗实录》卷三八，永乐三年春正月庚子，台湾"中研院"历史语言研究所校印本，第639页。

⑤ 《明太宗实录》卷二《重农》，永乐四年六月丙子，台湾"中研院"历史语言研究所校印本，第133页。

要放手大干了，然而，朱棣这一劳民的理论可以成立吗？

就在朱棣崩于榆木川的当年十二月，大理右少卿虞谦的一道上书便勾勒了一幅完全不同的民生图画。奏疏写道：

太宗文皇帝缵承大宝，恢弘治化，南拓交阯，以扩疆宇，北讨胡寇，以靖边陲，营建北京，以固中原，其志盖欲暂劳而永逸，事虽不同，其所以为安民之心则一。但牧民之吏不体朝廷仁民之意，指一科十，放富差贫，小人怙恃，愈肆贪毒，远近视效，海内成风，致民有不得所者。皇上（引者按：即仁宗朱高炽）宸衷恻悯，盖亦久矣。是以即位之初，即罢土木之役以息劬瘁之民，弃苑囿以兴耕种，放鹰犬以省膏粱，蠲逋负以招流离，赎卖（疑缺字）以全恩爱，进廉洁，退贪污，有功者赏，有罪者罚，四海闻命，靡不归心……陛下爱民之心虽勤，而官吏贪残之弊犹在，如洪武中笞杖之刑，各有等第，而今内外诸司，率用大棍掠人，盖欲使人畏惧，得以遂其奸贪。洪武中隶兵不得滥设，今都司卫所布政司按察司府州县官多选富实之民，每员少者三五十人，多者七八十人，名以军伴皂隶，月令办纳货财。洪武中官员之家不得于所部内买卖，今自都司卫所布政司按察司府州县官悉令弟侄子婿于所部内倚官挟势买卖借贷，十倍取民。诏蠲二十年十二月以前柴炭等物，令有司征敛自如；诏蠲逃民逋负粮税，有司乃指富为逃，欺公开豁；诏赐民年过八十者布帛，有司乃不出其在官者而责取于民。进贺表笺，臣下所以敬上者，所用纸笔墨函等物皆取于民，此其诚敬之心何在？又如送往迎来之费，有司出于百姓，军卫出于军粮，军民至有终岁不自给者。又如粮草有督办者，有点发者，有部运出纳者，诛求百途，费倍正数。未足公府，先满私家，其显而易见者有此数事，其秘而难知者，未易悉言。方今朝廷省事，虽无往日之巨弊，如臣所见闻，亦岂兵民之细害！苟不痛为惩戒，天下何由澄清？……曩因国用浩繁，文武官吏俸给什撙节其六七，所得不给其所费，今果所储不足以供，令于所在官司有布帛等物之积者，从实准予，俾其父母妻子不致冻馁，如是若复有不奉法守分而肆贪残于军民者，则必罪之如律也。夫忠言有益于国家大矣，古者人君设诽谤之木，下直言之诏，求之惟恐不尽。今陛下审见于此，故屡降求言之诏，惟恐群臣不言，然而犹有不言者。……①

虞谦所描绘的是一幅当时社会生活的全景式画面，可以说是弊病丛生，满目疮痍。这时，仁宗才即位五个月，虞谦所指的"今"所存在的问题，显然主要是太宗文皇帝留下的遗产，主要应该由朱棣来负责。其他暂且不论，只看文武官吏父母妻子犹有冻馁之虞，民间生活便可想而知了。

朱棣说"民不失其养，虽劳之鲜怨"，不过是为他的好大喜功所做的掩饰，为他的兴作不止所做的辩解。既然百姓不失其养，便可以毫不顾惜地任意驱使劳役了。朱棣急于要建立功业，急于要表现自己夺位的正当，因而二十余年间无一刻停息，大兴作一个接着一个，百姓疲惫不堪，国家为之耗竭。试看永乐年间南征交阯，战争持续近二十年，八十万大军疲于奔命；郑和六下西洋，"费所取无名宝物，不可胜计，而中国耗废亦不赀"②；"肇建北京，焦劳圣虑，几二十年。工大费繁，调度甚广，冗官蚕食，耗费国储"③；赴四川、云贵、湖广采木，工程历时十四五年，所费数以万计，役死军士百姓不计其数，而

① 《明仁宗实录》卷五下，永乐二十二年十二月癸丑朔，台湾"中研院"历史语言研究所校印本，第178—182页。按，红格本错字颇多，今据江苏本改。又杨士奇《三朝圣谕录》言："盖今朝臣月俸，止给米一石，薪炭马驺或资于皂。"《明宣宗实录》卷一一一洪熙元年十一月："今内而京官，外及方面，例增俸给，其余大小官折钞外，每月不过米二石。"可见明廷财政紧张之一斑。（第307—308页）
② （清）张廷玉等撰：《明史》卷三百四《郑和传》，第7768页。
③ （清）张廷玉等撰：《明史》卷一六四《邹缉传》，第4435页。

督办官员"能务公戒私，不贪赎厉民者，殆十之二二"①；朱棣五次亲征漠北，每次动员兵力三十万至五十万不等，搜尽天下府库以供军饷，数十万军民为之转输，造成国家"财力大窘"，民众亦如何"不失其养"？正如洪熙元年湖广布政司左参政黄泽上言时所说："向也，南征北讨，师出连年，辎重马牛，耗散钜万，又江北困于营造，江南疲于转输"，"土木屡作，劳者弗休"，其结果只能是"丁男疲于力役，妇女困于耕耘，富者怨征敛之繁，贫者罹冻馁之苦"②。再加上水旱蝗瘟疫所引起的饥荒、灾害，使人民本已深重的苦难更加深重。于是，"人民流离，饿殍盈路，税粮逋负，盐贼横生"③。

仅就明《太宗实录》的记载进行统计，永乐一朝所谓"民乱"、"强贼"就达四十起之多。永乐末年，山西、河北，甚至号称富庶的苏、常、嘉、湖等地，都出现了成伙的"强盗"和大批的"流民"。我们不妨将永乐后期的几起"民乱"于录如下，以见永乐民生之一斑：

> （永乐十四年正月辛酉）命行中军都督金玉为总兵官，蔡福为副，往山西广灵等县征剿山寇刘子进等。子进广灵县民，居乡无赖，尝自言往石梯岭遇道人，授以双刀剑，铁翎神箭，能驱役神鬼。造为妖言，纠集乡民刘兴、余贵、郝景瞻、樊敏等作耗，妄署职名，以皂白旗为号，夺太白王家庄驿马，杀大同等卫采木旗军，所过劫掠人畜，官军不能制。事闻，遂遣玉等剿捕。④

---

① （明）杨士奇：《东里文集》卷九《书伊篙子传后》，中华书局，1998年，第128页。

② 《明宣宗实录》卷一〇，洪熙元年冬十月辛巳，台湾"中研院"历史语言研究所校印本，第273—275页。

③ （明）龚翊：《龚安节先生遗文》"上巡抚周文襄公书"，清赵氏又满楼丛书本。

④ 《明太宗实录》卷一七二，永乐十四年正月辛酉，台湾"中研院"历史语言研究所校印本，第1911页。按：同年五月甲午，"总兵官都督金玉等擒获山西广灵等县山寇刘子进等百三十五人，械送京师，上谓行在刑部臣曰：'此徒本皆良民，或因饥窘为官府虐害，不得已相率为盗，可止罪其首恶，以示惩戒，余皆免死，发交阯南舟，奉议沙池，向武、五开、铜鼓各卫充军，敕玉等还京。'"《明太宗实录》卷一七六，永乐十四年朔甲午，第1923页。

（永乐十五年闰五月戊辰）福建汀州贼刘胜孙纠集无赖，自号太平将军，攻清流县，劫杀居民，守臣执其首数人，送京师斩之，余党散走。[①]

（永乐十五年八月己酉）福建沙县贼陈添保等伏诛。初，添保与县人杜孙、李乌觜及龙溪余马郎、龙岩樊添受、永春林九十、德化张五官等聚众作乱，烧劫龙溪银场，杀中官及土民三十余人，官军捕之，四散逃匿。既又僭称太平大人先锋等号，招集贼众，烧劫清流等县，杀县官军民三十余人。至是福建守臣执送京师诛之。[②]

嘉兴府贼倪弘三等伏诛。弘三纠集无赖作乱，劫掠乡村，三年众至数千，往来苏湖常镇诸郡，杀害官民、商贾不可胜计。发兵二千合浙江都司兵讨之，反为贼所败，官军多被杀伤，其势益横。浙江按察使周新一志讨贼，立赏格，躬督兵搜捕，列木栅于小江港，议断其走路。贼无所容，乃趋北河。新遣壮勇蹑至桃源县，生执其首数人送京师。至是皆磔于市。苏湖诸郡之民始安。[③]

（永乐十六年五月辛亥）顺天府昌平县民刘化以谋反伏诛。化初名僧保，畏避从军，逃匿保定府新城县民家，衣道人服，自称弥勒佛下世，当主天下，演说应劫五公诸经，鼓诱愚民

---

① 《明太宗实录》卷一八九，永乐十五年闰五月戊辰，台湾"中研院"历史语言研究所校印本，第2008页。

② 《明太宗实录》卷一九二，永乐十五年八月己酉，台湾"中研院"历史语言研究所校印本，第2024页。按，"土民"，江苏本作"士民"。见该本卷一〇七。

③ 《明太宗实录》卷一九二，永乐十五年八月己酉，台湾"中研院"历史语言研究所校印本，第2024—2025页。

百四十余人，皆信从之。已而，真定、容城、山西洪洞等县人皆受戒约，遂相聚为乱。事闻，悉捕诛之。[1]

（秋七月己巳）湖广靖州贼王忠，自称平定侯，率众攻劫武冈州，为守将所获，并其党诛之。[2]

（永乐十七年春正月丙寅）监察御史李伟奏，江西新淦县逃匠雷剑南等聚众拒捕，上命都指挥刘忠、都督马聚领兵捕之。未至，而布政司按察司奏剑南等自谒归罪。上览奏谓侍臣曰："民非甚不得已，孰肯以父母妻子罹死亡之祸？此有司失于抚绥。"命皆宥之。遣使驰召聚等还。[3]

（永乐十八年二月己酉）山东蒲台县妖妇唐赛儿作乱。[4]（详见下文）

（十一月壬辰）真定府曲阳县人杨得春、蔚满圈等以妖言惑众，伏诛。得春等素不事产业，不服役官府，有司将治其罪。得春变黄冠服，满圈削发披僧衣，俱逃入晋州，以妖术妖书符咒惑众。自称善治兵甲，能令人飞行十里。遂聚无赖号五百罗汉，谋作乱。事觉，有司捕获，械送京师，即日皆弃市，家口财产没官。[5]

---

① 《明太宗实录》卷二〇〇，永乐十六年五月辛亥，台湾"中研院"历史语言研究所校印本，第2082页。

② 《明太宗实录》卷二〇二，永乐十六年秋七月己巳，台湾"中研院"历史语言研究所校印本，第2094页。

③ 《明太宗实录》卷二〇八，台湾"中研院"历史语言研究所校印本，第2120—2121页。按：红格本"不得已"脱"得"字；"召"误作"名"。据江苏本改。

④ 《明太宗实录》卷二二二，台湾"中研院"历史语言研究所校印本，第2193页。

⑤ 《明太宗实录》卷二三一，台湾"中研院"历史语言研究所校印本，第2293—2240页。

（二十年润十二月甲子）镇守云南黔国公沐晟，奏请调兵剿捕维摩州曲部驿野罗罗并蒙自县作耗强贼，以除民患，从之。①

（二十一年春三月己亥）盗入南京大祀坛天库，盗苍璧二、黄琮一。命西宁侯宋琥督南京五城兵马司捕贼。②

（二十二年春二月丁未朔）浙江湖州府长兴县贼首吴贵归等就戮。初，贵归等聚众千余人劫杀乡民，知府邓忠率民兵捕之。贼聚众敌杀官吏。事闻，命阳武侯薛禄率兵三千讨之。上谕禄曰：寇首恶不过数人，必诛之。余胁从者宜与分别。盖百姓皆有父母妻子，岂好逆从乱？其间必有不已者，宜约束军士不可滥杀，杀一不辜将帅之罪，不有阳祸必有阴谴。至是禄悉捕首恶戮之。③

（二十二年夏五月乙未）巡按浙江御史王复奏，浙江丽水、福建政和二县贼首周升光、王均亮等，聚二千人往来两县劫掠，渐致滋蔓。请兵剿捕。上命兵部尚书李庆等议之。于是，庆等奏调缘河备倭都指挥张翯所领兵三千，浙江、福建二都司各调兵二千，俱听翯率领捕之。时文渊阁大学士杨荣、金幼孜共进言曰："此愚民无知或为有司所苦，或窘于衣食，不得已逃窜山林，苟求活朝暮耳。若宽而抚之，当各散矣。急之不惟未易获，且坚其为盗之心，况兵戈所加，不免枉及良善。愿更思处置之宜。"上曰："卿言良是。可令抚按御史及浙江、福建三司招抚。

---

① 《明太宗实录》卷二五四下，台湾"中研院"历史语言研究所校印本，第2362页。

② 《明太宗实录》卷二五七，台湾"中研院"历史语言研究所校印本，第2374—2375页。

③ 《明太宗实录》卷二六八，台湾"中研院"历史语言研究所校印本，第2429页。

若负固不服，调军剿之未迟。"①

　　这里所录的只是永乐年间"民乱"、"强贼"之部分。民乱在
当时几乎每年都发生。其中最著名的莫过于发生于永乐十八年的唐
赛儿（1399—？）之乱了。这一年，朱棣正在准备进行第三次北
征，郑和正在准备第六次下西洋，北京的宫殿刚刚落成，交阯的战
事正在打得火热，还有前面我们提到的皇太子亲眼所见的山东大灾
荒也发生在这一年。层层的重负压下来，都落在百姓的肩头，他们
实在不堪了，只有起来反抗。山东蒲台县民在女首领唐赛儿的号召
下，占领了益都，其后转战于诸城、安丘、莒州、即墨、寿光诸州
县。官军青州左卫指挥高凤剿捕败绩，朝廷又派安远侯柳升（？—
1427）充总兵官、都指挥刘忠（1452—1523）为副总兵，带兵征讨。
双方在益都发生激战，都指挥刘忠战死，而唐赛儿竟得逃脱。这
时，另一叛民首领宾鸿正集众万人攻安丘，官军山东都指挥佥事卫
青（？—1436）昼夜兼程从海上驰援，宾鸿不敌而败。还有一支叛
民队伍在诸城为鳌山卫指挥佥事王真（？—1380）所败②。反叛终于
被镇压下去，仅被解往北京的"妖党"就达三千余人③。而唐赛儿仍
然不见踪影。传说，唐赛儿也曾被官府捕获，"将伏法，恬然无惧
色，裸而缚之，临刑刀不能入。不得已，复下狱。三木被体，铁钮

————————

　　①《明太宗实录》卷二七一，台湾"中研院"历史语言研究所校印本，第
2454—2455页。按："政和"，影印红格本作"平和"，江苏本卷一二九作"政和"。
《明史》卷四五《地理六·福建》：政和在建宁府，平和在漳州府。原文既言周升光
等"往来两县"，则当以靠近浙江丽水县之"政和"为是。平和在闽南，靠近广东，
其去丽水几须跨越全闽，若云往来平和丽水两县则甚难。今从江苏本改。
　　②《明太宗实录》卷二二二，永乐十八年二月己酉；卷二二三，永乐十八年三
月丙戌、丁亥，台湾"中研院"历史语言研究所校印本，第2193—2200页。
　　③（明）夏原吉：《夏忠靖集》卷六，附录"遗事"。按：《实录》载官军于安
丘"杀贼二千余人，生擒四千余人，皆斩之，而收其孥。""败贼众于诸城，尽戮之。
各械首恶送京师。"见《实录》卷一一六。又，唐赛儿的余党并未马上肃清，其后地
方官始将刘信等人抓获。见李时勉《李文忠公集》卷之一〇《谢同知（庸）墓志铭》。

系两足。俄皆自脱遁去"。结果弄得"自三司以下及将校诸官皆以失寇死"①。唐赛儿久捕不获,朱棣怀疑赛儿可能削发为尼或混入女道士之中,遂命法司"凡北京山东境内尼及女道士一悉逮至京诘之"②,后来,搜捕范围扩大,朱棣竟命:"在外有司,凡军民妇女出家为尼及道姑者,悉送京师"③,"先后几万人"④。

朱棣的搜捕毫无结果,不得不在永乐十九年正月乘北京宫殿告成之际大赦天下,宣布"各处监收及取来到尼姑道姑,悉宥还俗"。⑤谷应泰在评论朱棣的大搜捕时,将之比为"石闵(?—352)之戮羯部,多髯高鼻者并诛。袁绍斩宦官,面不生须者亦杀"⑥。玉石俱焚,良莠并除,如此民生,岂得宁乎。唐赛儿之乱是对永乐盛世的断然否定,是对朱棣标榜"以爱民为本"⑦的统治的断然评价。

永乐年间,不仅民生方面,政治、经济、军事等其他方面也出现了不少问题。如官僚队伍中"贪风永乐之末已作","请托贿赂,公行无忌"⑧。官员任用"渐循资格"⑨,办事"循习"成弊⑩,经济上钞法败坏,"物价腾踊"⑪,军队中"自永乐以后,新官免试,旧官即比

---

① (清)毛奇龄:《后鉴录》,见《胜朝遗事》卷八。

② 《明太宗实录》卷二二三,台湾"中研院"历史语言研究所校印本,第2203页。按:红格本缺"之"字,据江苏本补。

③ 《明太宗实录》卷二二五,台湾"中研院"历史语言研究所校印本,第2211—2212页。

④ (清)谷应泰:《明史纪事本末》卷二三《平山东盗》,第372页。

⑤ 《明太宗实录》卷二三三,台湾"中研院"历史语言研究所校印本,第2252页。

⑥ (清)谷应泰:《明史纪事本末》卷二三《平山东盗》,第347页。

⑦ 《明太宗实录》卷三八,永乐三年正月庚子,台湾"中研院"历史语言研究所校印本,第639页。

⑧ (明)杨士奇:《三朝圣谕录》,叶三十三,见《胜朝遗事》二编。

⑨ (清)张廷玉等撰:《明史》卷七一《志第四七·选举三》,第1717页。

⑩ (明)杨士奇:《三朝圣谕录》,叶四十一,见《胜朝遗事》二编。

⑪ 《明太宗实录》卷二五一,永乐二十年九月己巳,台湾"中研院"历史语言研究所校印本,第2350页。

试，贿赂无不中"，造成"军职日滥"①，"而其间多贪暴怠惰，纪律不严，器械不利，城池不修，军士缺伍，攻战屯守之法渐废弛"②，由于"调度频繁，营造日久"，致使屯政败废，"虚有屯种之名而田多荒芜"，"兵之力疲而农之业废"③。总之，朱棣执意要建立大功，名垂后世，但举国上下已经千疮百孔。对于永乐时期的统治，我还要再借用《儒林外史》中的一段话，该书中邹吉甫说："我听见人说，本朝的天下要同孔夫子的周朝一样好，就为出了个永乐爷就弄坏了。"④

---

　　①　（清）张廷玉等撰：《明史》卷七一《志第四十七·选举三》，第1725页。
　　②　《明仁宗实录》卷六上，洪熙元年正月丙子，台湾"中研院"历史语言研究所校印本，第200页。
　　③　《明宣宗实录》卷六，洪熙元年闰七月癸丑，"范济上言"，台湾"中研院"历史语言研究所校印本，第156—157页。
　　④　（明）吴敬梓：《儒林外史》第九回"娄公子捐金赎朋友，刘守备冒姓打船家"。附志：1980年，我草毕《建文新政与永乐继统》一文，就教于先师曾宪楷教授，师阅后，提醒我《儒林外史》中有几处说到明朝永乐时期的情况。尔后，我便将这两句话引入拙文。每念及此，先师音容宛然目前，而师已仙逝多年矣。谨志。

# 边政篇

明代元而有中国。其初，"顺帝北出渔阳，旋舆大漠，整复故都，不失旧物，元亡而实末始亡"[1]。从此在相当长时期内出现了明朝与蒙古部族政权对峙的局面。洪武年间为解决蒙古问题花费了巨大的精力。朱元璋曾先后派徐达、李文忠、冯胜、蓝玉等名将以及秦、晋、燕诸亲王出塞北征，虽有挫折但多有胜利。在武力打击同时，朱元璋还采取了一整套的防守与怀柔政策。在北部边塞，从东到西安置了辽、宁、燕、谷、代、晋、秦、韩、安、庆、岷、肃诸王（有的亲王洪武时未就藩），节制诸军，镇守边防，并用优厚的待遇吸引故元势力归附。朱元璋的这些措施极为有效，再加上北元内部的分裂与纷争，明帝国在对蒙元的斗争中取得了主动。

朱棣即位后，同样把蒙古问题当作重要问题来解决。他继承了朱元璋的政策而又有所发展，同样取得了显著效果。但是朱元璋、朱棣的蒙古政策也有缺陷，这不仅使洪永朝未能从根本上解决蒙古问题，而且他们的政策模式留给后世，也酿成了一系列问题。所以，《明史·兵志》说"终明之世边防甚重"[2]，其中"北虏"一直是北方的重要威胁。

今就以蒙古为纲，分别叙述朱棣的民族政策，以追究其得失利弊。永乐年间开拓西南，设立贵州布政使司，推行改土归流则待来日另作论说。

---

① （清）谷应泰：《明史纪事本末》卷一〇《故元遗兵》，第149页。元顺帝退出漠北，其时尚称元，史称北元，其后有宣光（1371—1378，昭宗，爱猷识理达腊）、天元（1379—1388，脱古思帖木儿）两年号。

② （清）张廷玉等撰：《明史》卷九一《志第六十七·兵三》，第2235页。

# 第九章　怀柔论

## 一、但有贤才，用之不弃

如何对待蒙古各部的归附者，是怀柔抚绥政策的重要内容。

朱元璋在夺取全国政权的过程中，一方面称言："北逐群虏，拯生民于涂炭，复汉官之威仪"①，以民族革命相号召；另一方面，却又承认元朝正统，称蒙古人做皇帝是"帝命真人于沙漠，入中国为天下主"②。"元虽夷狄，然君主中国且将百年，朕与卿等父母皆赖其生养"③。并说："朕取天下于群雄之手，不在元氏之手"④。这显然是为了讨好元朝君臣，争取他们不战而降。他明确指出，如果元君能敬顺天道来归降的话，"朕当效古先王之礼，俾作宾我朝。其旧从元君仓卒逃避者，审识天命倾心来归，不分等类，验才委任。其宗伯王驸马部落臣民能率职来朝，朕当给换信印，还其旧职，仍居所部之地，

---

① 《明太祖实录》卷二六，吴元年十月丙寅，台湾"中研院"历史语言研究所校印本，第402页。（明）谈迁《国榷》卷二："廓逐胡虏，拯生民之涂炭，复汉官之威仪。"（第345页）

② 《明太祖实录》卷二八下，吴元年十二月甲子，台湾"中研院"历史语言研究所校印本，第439页。

③ 《明太祖实录》卷五三，洪武三年六月癸酉，台湾"中研院"历史语言研究所校印本，第1041页。

④ 《明太祖实录》卷五三，洪武三年六月丁丑，台湾"中研院"历史语言研究所校印本，第1046页。

民复旧业，羊马孳畜从便牧养"。"朕既为天下主，华夷无间。姓氏虽异，抚字如一"①。"残元领兵头目"，"有能率众来归，一体量材擢用"。"朔方百姓及蒙古色目诸人"，"自归附之后，各安生理，趁时耕作，所有羊马孳畜从便牧养，有司常加存恤"②。他还批评元朝的民族歧视政策，说："元朝出于沙漠，惟任一己之私，不明先王之道。所在官司辄以蒙古人色目人为之长，但欲私其族类，羁縻其民而已，非公天下爱民图治之心也……勿循其弊也。"③又言："州郡官吏不得其人，懦者不立，流于纵弛，强者急遽，发为暴横，又皆以胡为之长，不惟尸位而已，实为奸吏愚弄假威窃权，以生乱阶。"④在强大的和平攻势面前，北元官员将领纷纷归附明朝。朱元璋践守前约，量材录用，厚给官职爵禄。如洪武六年三月癸卯朔，"侍御史商暠招集王保保（？—1375）河南旧将士，得元参政副枢等五百八十余人，军士一千六百六十余人至京师，简其壮勇者为驾前先锋"⑤。洪武八年三月壬戌，"以故元国公卜颜帖木儿（？—1454）为察罕脑儿卫指挥佥事，其镇抚千户，百户五十七人，俱以元平章知院等官为之"⑥。

朱棣继承了朱元璋这一政策，标榜任人唯贤，"不分华夷"，对于降附者的优礼厚遇，视洪武时期往往有加。

---

① 《明太祖实录》卷五三，洪武三年六月丁丑，台湾"中研院"历史语言研究所校印本，第1048页。按："其宗伯王驸马……"红格本作"直北宗王驸马"，今从江苏国学图书馆影印本。

② 《明太祖实录》卷三五，洪武元年九月戊寅，台湾"中研院"历史语言研究所，第633页。

③ 《明太祖实录》卷二八下，吴元年十二月戊辰，台湾"中研院"历史语言研究所校印本，第471页。

④ 《明太祖实录》卷二八下，吴元年十二月，台湾"中研院"历史语言研究所校印本，第474页。

⑤ 《明太祖实录》卷八〇，洪武六年三月癸卯，台湾"中研院"历史语言研究所校印本，第1448页。

⑥ 《明太祖实录》卷九八，洪武八年三月壬戌，台湾"中研院"历史语言研究所校印本，第1670页。

永乐十年十一月癸卯，洮州卫所镇抚陈恭上言："侍卫防禁宜严，外夷异类之人，不宜置左右。玄宗几丧唐室，徽、钦几绝宋祚，夷狄之患，可为明鉴。"上览毕以示群臣曰："所言禁卫宜严甚是，但天生之才何地无之？为君用人但当明其贤否，何必分别彼此？其人果贤则任之，非贤，虽至亲亦不可用。汉武帝用金日磾，唐太宗用阿史那社尔（604—655），盖知其人之贤也。若玄宗宠任安禄山（703—757），致播迁之祸，政是不明知人。宋徽宗自是宠任小人，荒纵无度，以致夷狄之祸。岂因用夷狄之人致败？'春秋'之法，夷而入于中国则中国之。朕为天下主，覆载之内，但有贤才，用之不弃。近世胡元分别彼此，柄用蒙古鞑靼，而外汉人、南人，以至灭亡，岂非明鉴！"①

这一段话讲得十分透彻，全面地表述了朱棣对鞑靼、瓦剌归附者的政策。在这里不仅显示了朱棣的恢宏度量，而且表明这项政策的提出是总结了历史经验，经过深思熟虑的。他把元朝"柄用蒙古鞑靼，而外汉人、南人"视为其灭亡的直接原因，在这一点上超过了朱元璋，是很有见识的。

同洪武时期一样，朱棣对漠南北归附者，"官其长为都督、都指挥、指挥、千百户、镇抚等官，赐以敕书印记，设都司卫所"②。这就是所谓"羁縻卫所"。对于腹里的归附者以及归附后迁入内地者，或授以官职，或给以爵禄，或令充军伍，这就是所谓"鞑官"和"鞑军"。永乐时期，鞑官和鞑军的数字空前地扩大了。

朱棣与鞑靼人③的关系，渊源甚深。早在为燕王时，他的军队中就有很多"鞑卒"。建文帝曾指责朱棣私纳智谋壮勇之士，图谋不轨。朱棣辩解说："盖臣府中有鞑军百余人，悉是洪武间归附，朝廷

---

① 《明太宗实录》卷一三四，永乐十年十一月癸卯，台湾"中研院"历史语言研究所，第1641—1642页。

② （清）张廷玉等撰：《明史》卷九〇《志第六十六·兵二》，第2222页。

③ 《明实录》《明史》等书中的"鞑靼"一词常常指全蒙古而言，有时又专指东蒙古而言，本书同。

处于北平。皇考命于护卫岁给衣粮，以备御虏防边之用。"①其实，燕府中的鞑军当不止百人。"靖难之役"中，朱棣还与蒙古私相往还。建文二年二月，"鞑靼可汗坤帖木儿（1377—1402），瓦剌王猛哥帖木儿（1370—1433）款北平……鞑靼国公赵脱列干，司徒刘哈利帖木儿等自沙漠率众至北平助，燕王大加赏赉"②。建文三年十一月，"北虏通燕，寇铁岭卫，杀百户彭城"③。这些鞑靼将士英勇善战，在战斗中"胡骑军官最近左右"④，"每简其精锐使从征伐，得其死力"⑤。朱棣夺取皇权，得鞑靼将士之力甚多。

朱棣即位之后，出于政治需要，更加强了对鞑靼人的笼络。对归附者，除根据原有地位授予官爵，赐予布钞袭衣外，有时还给予牛羊孳畜。如永乐三年六月乙丑朔，朱棣命令甘肃总兵官左都督宋晟（？—1407）说："前归附鞑官阿卜都罕等八人，鞑民十九人，令尔给予畜产，官牛十，羊五十；民牛六，羊二十。"⑥在普遍给赏时，对鞑靼人的赐予要比汉人多。永乐九年十二月庚戌，礼部尚书吕震言："京卫官军俱锡棉花、棉布为冬衣，各卫寄居鞑靼官军宜准此例赐之。"朱棣说："待远人当厚，命赐都督、都指挥、指挥，皆织金纻丝衣，千百户卫所镇抚纻丝绫衣，舍人头目绢绸衣，旗军人等胖袄裤鞋。"⑦但是，大部分鞑官在平时没有实际工作，只是在战时让他们从征。比如永乐元年十月，朱棣对兵部尚书刘儁说："武臣中有

①　《明太宗实录》卷五，（建文）元年十一月乙亥，《燕王上惠帝书》，台湾"中研院"历史语言研究所校印本，第47页。

②　（明）屠叔方：《建文朝野汇编》卷四，叶八，叶十六。

③　（明）谈迁：《国榷》卷一一，第828页。

④　（明）屠叔方：《建文朝野汇编》卷四，叶八，叶十六。

⑤　（明）张萱：《西园闻见录》卷五二《兵部一·边防前上·三卫》，叶三十一下，民国排印本。

⑥　《明太宗实录》卷四三，永乐三年六月乙丑朔，台湾"中研院"历史语言研究所校印本，第681页。

⑦　《明太宗实录》卷二二，永乐九年十二月庚戌，台湾"中研院"历史语言研究所校印本，第1539页。

鞑靼人，多不识字，难委以政，故只令食禄，遇有警急，则用以征代。"① 又如永乐三年九月丁酉，升"陕西都指挥周知赵忠、脱列干为后军都督佥事，脱列干食禄不视事"。己亥，"升散骑舍人朱秃儿为锦衣卫指挥佥事，赐金带，食禄不视事"②。由于鞑官的待遇优厚，而又悠游无事，因而有的汉人反"冒鞑靼名以避政事"，致使皇帝不得不下令兵部"晓谕其改政，不改政者罪之"③。对于边外归附的鞑官，为了便于控制，明廷鼓励他们迁入内地居住，或居住京师。永乐七年九月壬申，"鞑靼虎力罕等率家属来归，奏愿居京师。赐钞币、衣服、布绢、鞍马、牛羊、米薪、居第，及日用什器皆给之。至是有来归愿居京师者，赐赉准此例。若元之故官，则第高下授之职，食其禄而不任事"④。永乐十年二月乙丑，朱棣命令甘肃总兵官宋琥："其诸虏及新附者，尔与丰城侯李彬熟计，悉送京师，须设法隄备，毋致逃窜。"⑤ 除归附的鞑军外，也有垛集鞑靼百姓为军的情况。永乐三年六月乙丑朔，宁夏总兵官左都督何福奏："灵州鞑靼，宜垛集为兵，以足边备。"朱棣命之"斟酌人情，可行则行"⑥。

吴允诚和金忠是鞑官中的突出例子。

吴允诚原名把都帖木儿，是鞑靼平章。其于永乐三年七月自

① 《明太宗实录》卷二四，永乐元年十月庚申，台湾"中研院"历史语言研究所校印本，第442页。

② 《明太宗实录》卷四六，永乐三年九月丁酉、己亥，台湾"中研院"历史语言研究所校印本，第710页。

③ 《明太宗实录》卷二四，永乐元年十月庚申，台湾"中研院"历史语言研究所校印本，第442页。

④ 《明太宗实录》卷九六，永乐七年九月壬申，台湾"中研院"历史语言研究所校印本，第1269页。

⑤ 《明太宗实录》卷一二五，永乐十年二月乙丑，台湾"中研院"历史语言研究所校印本，第1568—1569页。

⑥ 《明太宗实录》卷四三，永乐三年六月乙丑朔，台湾"中研院"历史语言研究所校印本，第681页。按：红格本"宜"作"宜"，江苏本"宜"作"官"，均误，当作"宜"，今径改。

塔滩率部属五千余人、驼马三万余匹，诣甘肃归附。总兵官左都督宋晟留其家属于甘肃，遣人送把都帖木儿到京师。为了表示对归附的边地民族人员的宠异，朱棣往往要赐以姓名①。朱棣赐把都帖木儿名吴允诚，授右军都督佥事，赐赉甚厚，令其仍率部属居凉州，谕兵部榜谕缘边将士毋有侵扰，并给牛羊孳牧，"都督牛二十，羊一百五十；都指挥牛十四，羊七十只；指挥牛十二，羊六十；千百户卫所镇抚牛十，羊五十；其随来军民每户牛六羊二十，家属给衣鞋布钞有差"。朱棣命宋晟加意抚绥，"候吴允诚等居处既定，选其中壮勇或二百三百五百，参以官军三倍，于塞外侦逻"。"非但耀威，亦以招徕未附者"②。朱棣厚待吴允诚的目的是非常明确的。吴允诚受朝廷厚恩，因而对明朝颇为忠诚。永乐六年二月，吴允诚领军队从征卜哈思之地，以"捕虏"功升右都督。永乐八年吴允诚从征沙漠，其时，凉州鞑官千户虎保等谋叛，并胁允诚所部同叛。允诚妻与其子管者及所部都指挥保住卜颜不花等不从，遂率众擒获叛者。朱棣赐敕褒奖说："以妇人而秉丈夫之节，忠以报国，智以脱患。"升其子管者为指挥佥事，并厚赏赉之③。九年四月升左都督，与中官王安追"叛虏"火脱赤至把力河，获"虏"人口马驼牛羊而回。十年正月封恭顺伯。十二年从征沙漠④。永乐十五年吴允诚卒。其子孙亦多

---

① 《明太宗实录》卷四七，永乐三年十月乙酉，一次就有山西都司金吾右卫指挥千户脱火赤等百九十人得到赐姓。台湾"中研院"历史语言研究所校印本，第726页。

② 《明太宗实录》卷四四，永乐三年七月己酉，台湾"中研院"历史语言研究所校印本，第694—695页。

③ 《明太宗实录》卷一一一，永乐八年十二月庚子，台湾"中研院"历史语言研究所校印本，第1417页。

④ 《明太宗实录》卷一八七，永乐十五年夏四月己卯，台湾"中研院"历史语言研究所校印本，第2000页。按：红格本"火脱赤"作"大脱赤"，"把力河"作"把刀河"。《明太宗实录》卷一二四，永乐十五年正月戊子，叶一上，第1555页。郑晓《皇明异姓诸侯传》卷下，叶十七、十八均作"阔脱赤"。今从江苏国学图书馆影印本卷一〇五，叶六、七。

有功，封侯伯，赐美谥①。吴允诚归附之后，"降附者益众"，"边境日安，由允诚始"②。

金忠，原名也先土干，因在漠北受忌于鞑靼首领阿鲁台（？—1434），于永乐二十一年朱棣北征途中归附。朱棣说："鸟兽穷则依人，黠虏亦然。但彼既来归，我须怀之以恩。""宜厚意抚绥其家及其部属，其资财孳畜一毫勿有侵损，庶不孤远人来归之心。"朱棣又对也先土干说："尔以诚心归朕，朕以诚心待尔。君臣相与，同享太平之福于悠久。"当然，也先土干的归附，也是有自己的打算的，不仅仅为"慕义"。也先土干在蒙古各部以黠杰自豪，为各部所忌。他来归附不过是想借用明朝的力量对阿鲁台进行报复。朱棣北征不见敌人踪迹，这时也先土干来归附，简直如获至宝，朱棣对之大加宠异，超乎常格。他对也先土干说："华夷本一家。朕奉天命为天子，天之所覆，地之所载，皆朕赤子，岂有彼此？"也先土干被赐名金忠，封忠勇王，予铁券金印，玉带绮衣金币，时时侍从。赐宴时，命金忠"坐侯之下，伯之上"，"御前珍羞悉掇以赐之"。行军时"上乘马，忠勇王金忠一骑随后"。金忠部下的官属，都被授为都指挥、指挥、千百户镇抚。在朱棣的感召下，也先土干等皆叩头呼"万岁"，也先土干说："大明皇帝真吾主也。"朱棣对此也颇以为得意，在左右的一片赞美声中，他说："昔唐突厥颉利入朝，太宗言'胡越一家'，有矜大自得之意，朕所不取。惟天下之人皆遂其生，边境无虞，甲兵不用，斯朕志也。"③

另外，永乐七年七月乙未，鞑靼丞相咎卜王亦儿忽秃典住哥

---

① （清）张廷玉等撰：《明史》卷一五六《列传第四十四·吴允诚传》，第4269页。（明）王世贞：《弇州史料后集》卷四三，叶十四、十五。

② 同上。

③ 《明太宗实录》卷二六四，永乐二十一年冬十月甲寅：冬十月己巳，第2407—2408页；冬十月乙亥，第2410页。郑晓：《皇明异姓诸侯传》卷下，叶四十六，见万历己亥刻本《吾学编》。《明史》卷一五六《列传四四·金忠》，第427页。

及平章都连脱儿赤及司徒、国公、同金等"各率所部来归"，其众"三万"，"牛羊驼马十余万"①，上述事例，都说明朱棣对鞑靼的抚绥政策很成功。

优待鞑官，甚至对已经归附而后又叛去的，也不甚罪之。永乐八年十一月，凉州鞑官千户虎保亦令真巴等叛，朱棣"以其惑于流言，非其本心，而挈家远遁"，遣指挥哈剌那海等"赍敕往宥其罪，使皆复业"。在朱棣的感召之下，虎保亦令真巴等率其妻子万二千余口来归罪，"上悉赦之"②。九年九月，甘肃"土鞑"官军叛而复归。朱棣说："土鞑官军比因人言鼓惑，惊惧逃叛，盖非得已。今既复回，罪亦可恕，亦善加抚绥。待之如前。"③可以说是来去自由，至为宽大了。

但是，由于鞑靼、瓦剌有相当的势力还在与明朝相对抗，并且对中原时有侵扰，因此，明廷对鞑靼、瓦剌也多次进行打击和征讨，同时对已经归附者也不得不有所戒备。

洪武时，故元一些省院官员归降后留在了明军中，太祖朱元璋担心会因此发生不测，所以下令将他们调离，安排到明朝的官员之中，他说："吾虑其杂处，或昼遇敌，或夜遇盗，将变生不测，非我之利。盖此辈初绌于势力，未必尽得其心，不如遣之使来，处我宦属之间，日相亲近，然后用之，方可无患。"④

永乐二年冬十月庚午，朱棣对镇守大同的江阴侯吴高说："鞑靼率多来归者，虑有诈谋。古云受降如受敌。其悉调山西都司、行都司，并太原三护卫骑士赴大同操备。"⑤永乐三年八月癸未，敕甘肃总

---

① 《明太宗实录》卷九四，永乐七年七月乙未，台湾"中研院"历史语言研究所校印本，第1250—1251页。

② 《明太宗实录》卷一一〇，永乐八年十一月壬辰，台湾"中研院"历史语言研究所校印本，第1422页。

③ 《明太宗实录》卷一一九，叶一下二上，永乐九年九月戊辰，台湾"中研院"历史语言研究所校印本，第1504—1505页。

④ （清）谷应泰：《明史纪事本末》卷八《北伐中原》，第105页。

⑤ 《明太宗实录》卷三五，永乐二年十月庚午，台湾"中研院"历史语言研究所校印本，第607页。

兵官左都督宋晟曰："比闻鞑官伯客帖木儿率众来归，可遣人慰抚，导之入境，然须密察其实意。若有诈谋，易为制驭。语云'受降如受敌'，不可不慎。"①永乐十年五月己丑，敕镇守兴和都指挥王唤等曰："今指挥岳山自虏中还言，鞑贼有为阿鲁台划计者，欲缘边剽掠，宜谨守城池。或有以进马以归附来者，须详查其实，勿遽纳之。"②

对于鞑官则不授以重权。丘濬（1421—1495）说："仰惟我祖宗朝，凡诸归正而建功者，往往锡之以封爵，膺之以显任。惟于五府诸卫之长、诸边总戎之任，则有此限制，而不得以专。盖有合于唐人不用番将为正将之意。夫于任用之中，而寓制驭之意。"③王世贞说："祖宗时番将有功，虽累封至侯伯，不得掌五府都司卫所印及总兵镇守，或入奉朝请，或于各镇住牧。惟有征行，则遴所部精骑以从，或别将则副大帅耳。"④朱棣对鞑靼、瓦剌归附者的优厚礼遇，是建立在他们承认明朝的宗主权、臣服于明皇朝这一基础之上的。这些人曾经是元朝的官员或将领，或迫于时势不得已而为之，或诱于利益权一时之得失而行事，其忠诚度往往令人生疑。所以明廷对他们并未有完全信任，所谓华夷一家，不分彼此，只是相对而言。

一些大臣担心在辇毂近甸安置大批的鞑靼人会带来不安定因素，要求朝廷给予限制。自洪武时期起，为了消除元朝的影响，促进蒙古、色母人和汉人的同化，在怀柔感化之外，明朝采取了一系列强制性措施，以使他们改变自己的传统，更好地融入明朝社会，做明

<hr />

① 《明太宗实录》卷四五，永乐三年八月癸未，台湾"中研院"历史语言研究所校印本，第705—706页。红格本作"道之入镜"，江苏国学图书馆影印本（《明实录》卷之三十七）作"导之入境"。

② 《明太宗实录》卷一二八，永乐七年五月己丑，台湾"中研院"历史语言研究所校印本，第1593页。

③ （明）丘濬：《内夏外夷之限》，见《明经世文编》卷七三《丘文庄公集三》，中华书局，1962年，第616页。

④ （明）王世贞：《弇州史料后集》卷五〇《番将握兵》，中国国家图书馆藏明刻本。

朝顺服的臣民。洪武元年明朝下令禁胡语胡姓[1]；洪武四年禁胡礼[2]；洪武五年再申民间妇女服饰之制[3]；同年，又令蒙古色目人不许与本类嫁娶，违者治罪[4]。朱棣即位后，继承了这一政策。这种强制性的同化措施，对蒙古等民族而言无疑是不平等的。这种政策和前述对鞑官的防范戒备，是不利于对他们的争取和感召的，以致很多年过去，一些鞑官鞑军与明朝貌合神离，"犷悍如故"[5]，甚至遇到变故"乃有为虏乡导者"[6]，"土木之变，鞑官鞑舍之编置京畿者，一是蠢动，肆掠村庄，至有凌迫汉人以从寇者"[7]。"有因事欲北徙者"[8]。

然而，总的来说，朱棣对鞑靼、瓦剌的怀柔政策是成功的，取得了很好的效果。不论是边外羁縻卫所的首领军士，还是身处腹地的鞑官鞑军，大都忠于明朝，并为之效力。他们对明朝授予的封号官爵十分重视，把它看作是极高的荣誉和统辖本部属的依据。他们将朝廷颁发的玺印诰命辗转相传，世世宝之。直到清乾隆三十六年（1771年）蒙古土尔扈特部挣脱俄国的羁绊重归祖国时，仍保有"伊祖所受明永乐八年汉篆敕封玉印一颗"，并将其献给清政府[9]。永乐时期北部边境大体安宁，这种怀柔政策显然发挥了重要作用。

① （明）郑晓：《皇明大政记》卷一，中国人民大学图书馆藏明万历二十七年（1599）郑心材重校刻本。

② 《明太祖实录》卷七〇，洪武四年十二月壬寅，台湾"中研院"历史语言研究所校印本，第1310页。

③ 《明太祖实录》卷七三，洪武五年五月，台湾"中研院"历史语言研究所校印本，第1353页。

④ 《古今图书集成·祥刑典》卷二七，中华书局，民国二十三年（1934）影印本，第767册，第十八叶。

⑤ （明）余继登：《典故纪闻》卷一四，中华书局，1981年，第245页。

⑥ （明）丘濬：《内夏外夷之限》，《皇明经世文编》卷七三《丘文庄公集三》，第615页。

⑦ （清）顾炎武：《日知录》卷二九《徙戎》，陈登原《国史旧闻》第三分册，卷四十三引。中华书局，1980年，第48页。

⑧ （明）高岱：《鸿猷录》卷一一《纪录汇编》卷七七。

⑨ （清）椿园：《西域闻见录》卷五，《西陲纪事本末上》，《土尔扈特投诚纪略》。

当然，大批的鞑靼人入居内地也带来一些新的问题。给鞑官的优厚待遇，造成了财政的巨大开支。而且这种政策一直延续下去，影响深远。到英宗正统年间，给鞑官俸禄高到供鞑官一人可赡京官十七员半[1]。李贤（1409—1467）上书说："切见京师达人不下万余，较之畿民三分之一。其月支俸米，较之在朝官员亦三分之一。而实支之数或全或半，又倍蓰矣。且以米俸言之，在京指挥使正三品，该俸三十五石，实支一石。而达官则实支十七石五斗，是赡京官十七员半矣……以有限之粮，而资无限之费，欲百姓富庶，而仓廪充实，未之有也……其达官坐享俸禄，施施自得……彼来降者非心悦而诚服也，实慕中国之利也。且达人在胡，未必不自种而食自致而衣。今在中国则不劳其力，而坐享其有，是故其来之不绝者，中国诱之也。诱之不衰，则来之愈广。"[2]优待鞑官鞑军的政策，吸引了大批蒙古人内附，当时在安定边境、稳定社会方面都发挥了重大作用，但一项制度不知随时调整更新，日久生弊，终成后患。正统年间的土木之变酿成的原因很多，无节制地优待鞑人、优待贡使是重要原因之一。

## 二、商贾贸易，一从所便

蒙古人退居塞外后，比成吉思汗（1162—1227）时期以前处于更孤立的状态，蒙古人与明朝以及其他国家地区的贸易几乎完全停顿了。由于游牧生活，从前工匠和农民的住地都成了草场[3]。但是，

[1]（明）李贽：《续藏书》卷一一，内阁辅臣，太师李文达公，标点大字本，第5册，第625—626页。

[2]（明）李贤：《达官支俸疏》，《皇明经世文编》卷三六《李文达文集》，中华书局，1962年，第277—278页。李贤时任验封司主事，文选司郎中，天顺年间入内阁。

[3] 参见〔苏联〕Б.Я.符拉基米尔佐夫：《蒙古社会制度史》第二编第一章"中期的蒙古人及其经济"，中国社会科学出版社，1980年，第195—196页。

他们对于粮食、纺织品和铁器等金属制品的需要是不可一日或缺的。尽管他们的生活方式大大倒退，但由于蒙古入主中原达百年之久，中原地方对他们的影响并不能马上消失，长期形成的生活习惯也不能马上改变。比如他们吃的是"食兼黍谷"，并非全是肉乳；他们穿的是"衣杂缣布"，"富者至被缇绣"[1]。"食最喜甘，衣最善锦"，其首酋愈以"衣锦服绣"为荣[2]。但这些物品皆非草原所产，为了生活，他们不得不向中原或其他地区求得。求得之手段不外乎"以掠或易得之"。甚至在与明朝处于交战状态时，蒙古人也悄悄与守边士卒进行交易，"以斧得裘，铁得羊肘，钿耳坠得马尾火石"[3]。这说明了双方商品交换的不可避免。

明朝廷当然了解这种情况，对同蒙古等民族的贸易一向控制甚严。它一方面利用贸易作为控制蒙古和其他民族的手段，同时也用贸易对其示以怀柔。另一方面，明朝为了边防，需要大量马匹，这使得与蒙古等地区的贸易势在必行。

洪武时期，对于边地的贸易有很细致的规定。马文升（1426—1510）说："我太祖高皇帝平定天下，抚治四夷，示之以威，怀之以德，彼皆顺服，岁时进贡。其所食茶、铁锅、铜器、罗缎等物，奏奉明文方才给与，及许令各该番人，四时前来各边交易买卖，委官管领，当时法度严明。"[4]一切未经朝廷许可的私人贸易都被严格禁止。《大明律例》中上述禁令的条文繁复重叠[5]，反映出明廷对这一问

---

① （明）岷峨山人：《译语》。（明）陈于廷编：《纪录汇编》卷一百六十一，中国国家图书馆藏明万历四十五年（1617）刻本。

② （明）萧大亨：《夷俗记·北虏风俗》"食用""帽衣"条，中国国家图书馆藏明万历二十二年（1594）自刻本。

③ （明）萧大亨：《夷俗记·北虏风俗》，中国国家图书馆藏明万历二十二年（1594）自刻本。

④ （明）马文升：《禁通番以绝边患疏》及其评语，《皇明经世文编》卷六二《马端肃公奏疏一》，中华书局影印本，第511页。

⑤ 参阅《古今图书集成·祥刑典》，第767册。

题重视的程度。明人认为，这些规定是为控制战略物资的出口，亦为了减少因贸易引起的纠纷，一切蒙古人所需之物均在朝廷掌握，则可以"操纵机宜"①。

朱棣即位之初，为显示宽仁大度，对北部边疆各族的贸易似乎稍有放宽。洪武三十五年（建文四年）十一月壬寅，朱棣遣使赍敕谕兀良哈、鞑靼、野人诸部曰："朕今继承天位，天下一家，薄海内外，俱效职贡。近边将言尔诸部酋长，咸有归向之诚，朕用嘉之。特令百户裴牙失里赍敕谕尔，其各居边境，永安生业。商贾贸易，一从所便。欲来朝贡者，与使臣偕至。"②同时，由于"靖难之役"，天下马匹损耗甚多，全国仅有马二万三千七百余匹。为巩固政权和边防，朱棣十分注意马政，一方面"严督所司，用心孳牧"③，同时开民间养马之禁④；另一方面就是加强与产马地区的贸易，大量买马。

一种交易是不定地点，价格由官方规定：

（洪武三十五年，建文四年九月壬辰）陕西行都司奏："回回可古思于宁夏市马，请官市之，以资边用。上从之。"命有司偿其直。上马每匹给绢四匹、布六匹，中马绢三匹、布五匹，下马绢二匹、布四匹；驹绢一匹、布三匹。军民私市者禁之⑤。

（永乐七年七月乙酉）敕镇守宁夏宁阳伯陈懋："官币有绮帛

① 参阅《古今图书集成·祥刑典》，第767册。

② 《明太宗实录》卷一四，洪武三十五年十一月壬寅，台湾"中研院"历史语言研究所校印本，第262页。按：红格本"朕今继承天位"作"朕命统承天位"。今从江苏本改。

③ 《明太宗实录》卷一五，洪武三十五年十二月丁卯，台湾"中研院"历史语言研究所，第281页。

④ 《明太宗实录》卷二一，永乐元年七月丙戌，台湾"中研院"历史语言研究所，第396—397页。

⑤ 《明太宗实录》卷一二下，洪武三十五年九月壬辰，台湾"中研院"历史语言研究所，第213页。

布钞，可与新附鞑靼易马。良马勿吝直，次者亦酌量增直易之。"①

大量的贸易以朝贡的形式出现。蒙古和其他民族的使节或商人，赴边境或进京贡马及方物，朝廷以赏赐的形式给予报酬，或直接给予货值。马和方物都有定价，赏赐有定额，如果赐赉不足额，进贡者则会不满。这种进贡，实际上是各族首领或商人与明廷之间在做买卖。在这种贸易当中，朱棣的方针是"怀柔远人，宁厚无薄"。不仅给货值，还要给予丰厚的赏赐。蒙古和其他各族来朝贡马及方物的记载，不绝于史书。比如：

（永乐元年十一月丙子）兀良哈头目哈儿兀歹遣其部属脱忽思等二百三十人来朝，贡马。命礼部赐钞币袭衣，并偿其马值。上马每匹钞五十锭，中马四十五锭，下马三十锭。每匹仍与彩币表里一。②

（二年四月己丑）指挥萧上都等自兀良哈还。鞑靼头目脱儿火察、哈儿兀歹等二百九十四人随上都等来朝，贡马。命脱儿火察为左军都督府都督佥事，哈儿兀歹为都指挥同知掌朵颜卫事……各授指挥千百户等官，赐诰印冠带及白金钞币袭衣。脱儿火察言，有马八百余匹留北京，愿易衣物。命北京行后军都督府及太仆寺第其马之高下，给价偿之。③

---

① 《明太宗实录》卷九四，永乐七年七月乙酉，台湾"中研院"历史语言研究所，第1247页。按：红格本"酌"误作"约"，今从江苏本。

② 《明太宗实录》卷二五，永乐元年十一月丙子，台湾"中研院"历史语言研究所校印本，第450页。按：红格本"哈儿兀歹"误作"哈儿兀反"，今从江苏本改。

③ 《明太宗实录》卷三〇，永乐二年四月己丑，台湾"中研院"历史语言研究所校印本，第550—551页。红格本"哈儿兀歹为都指挥同知"，脱"歹"字，今改。

（三年三月戊戌）哈剌温等处鞑靼也里麻等五十五人来归，贡马。命礼部如例赏之。[1]

（九月庚子）款多伦地面鞑靼纳哈剌等来朝，贡马，赐之银钞彩币。[2]

在东北和西域，明朝同样与当地民族建立了市易朝贡关系。这是明朝控制东西双方以箝制鞑靼和瓦剌的手段之一。"辽边四壁近虏，境外多物产，如貂皮人参材木鱼鲜之类。"[3]但洪武时期，对辽东的贸易管理甚严，以至"凡公差人员，不许背带松榛等物进口渡海，违者一二斤、三五两俱分尸，号令所过，官司纵容，一体治罪"[4]，女直、兀良哈头目经常赴内地贡马。永乐时期，在辽东的开原、广宁设立了三处固定的马市，定期开市贸易；又规定女直部落一年一贡、每贡1000人，兀良哈三卫一年二贡，每贡300人，计每年赴内地朝贡者1600人，而实际上不止此数。朝廷给予来贡"夷人"的赏赐也有定额。另外，朝廷还花费大量经费用以晏赏、迎驿。这些措施加强了同东北各民族间的联系。巩固了东北边疆，也削弱并牵制了鞑靼侵扰势力。

西北方面，永乐初明朝就与当地诸民族建立了通贡关系，抚之甚厚。

永乐四年八月壬子，朱棣敕甘肃总兵官宋晟曰："西北番国及诸部落之人，有来互市者，多则遣十余人，少则二三人入朝，朕亲抚

---

① 《明太宗实录》卷四〇，永乐三年三月戊戌，台湾"中研院"历史语言研究所校印本，第661页。

② 《明太宗实录》卷四六，永乐三年九月庚子，台湾"中研院"历史语言研究所校印本，第711页。

③ （明）毕恭等修，（明）任洛等重修：（嘉靖）《辽东志》卷三《兵食志·边略·外禁》，天津图书馆藏明嘉靖十六年（1537）刻本，又民国二十三年（1934）辽海书社铅印本。

④ （清）顾炎武：《天下郡国利病书》卷一二，叶三下，清光绪广雅书局刊本。

谕之，使其归国宣布恩命。"①以贸易关系为手段来争取少数民族的意图是很明显的。

与西番的茶马贸易是明朝与各民族贸易的重要部分。河州一带是西域门户，控制河州，才能使通往西域的道路畅通无阻。永乐时期的翰林学士解缙说：

> （河州）善马之出，布于天下。先是，民商夷虏利相售易，或相杀害。而中国之货马贵。中国之货以莽茗为上……先，太祖高皇帝因其利而利之也，置茶马司河州，岁运巴陕之茶于司。官茶而民得以马易之。夷人亦知有法禁忌畏，杀害之风帖息，而茶之缪恶亦少。数年之间，河州之马如鸡豚之畜，而夷人亦往来慕知效信义，有仕为臣者，不但茶马之供而已。②

朝廷茶马之禁甚严，由犯，"虽勋戚而不宥"。洪武三十年，驸马都尉欧阳伦（1359—1397）坐犯私茶，竟然赐死。布政使司官不言，并伦赐死，家人等皆坐诛，茶货没入官③。朱元璋说："巡禁私茶之出境者，朕岂为利哉！制驭夷狄不得不然也。"④永乐时期，仍与西番保持了茶马贸易关系。

永乐三年二月，朱棣谈到禁夹带私茶布帛青纸出关时曾说："边关立互市，所以资国用，来远人也，其听之。"⑤但看其永乐六年等

---

① 《明太宗实录》卷五，永乐四年八月壬子。台湾"中研院"历史语言研究所校印本，第853页。

② （明）解缙：《送习贤良赴河州序》，《皇明经世文编》卷一一《解学士文集》，中华书局，1962年，第86页。

③ 《明太祖实录》卷二五三，洪武三十年六月己酉，台湾"中研院"历史语言研究所校印本，第3659页。

④ 《明太祖实录》卷二五〇，洪武三十年三月丁酉，台湾"中研院"历史语言研究所校印本，第3619页。

⑤ 《明太宗实录》卷三九，永乐三年二月乙丑，台湾"中研院"历史语言研究所校印本，第658页。

令谕，其禁令之严或逾于洪武时期，大概也是"制驭夷狄不得不然"吧？

（永乐五年十月壬辰）敕甘肃总兵官左都督何福……余曰："旧禁军器出境，近闻有鬻与外夷者，此边将失于关防之过，目今须严禁约。"①

（六年二月戊子）甘肃总兵官都督何福奏，凉州诸卫土军多私出外境市马，请按其罪……从之。②

（六月丙申）又敕甘肃总兵官都督何福曰：旧彩纻丝绫罗与外夷交易。比闻军民裁制衣服与回回易马，贪利违法，尔更申明其令③。

（同年）令谕各关把关头目军士，务设法巡捕，不许透露缎匹布绢私茶青纸出境，若有仍前私贩，拿获到官，将犯人与把关头目各凌迟处死，家迁化外，货物入官。有能自首免罪④。

（永乐十五年再次申谕）国家兵器以御外侮，近有小人贪图货利，私鬻出境，反以资寇，宜严禁止，犯者虽勋戚不宥。⑤

---

① 《明太宗实录》卷七二，永乐五年十一月壬辰，台湾"中研院"历史语言研究所校印本，第1004页。
② 《明太宗实录》卷七六，永乐六年二月戊子，台湾"中研院"历史语言研究所校印本，第1035—1036页。
③ 《明太宗实录》卷八〇，永乐六年六月丙申，台湾"中研院"历史语言研究所校印本，第1072页。
④ 《古今图书集成·祥刑典》卷二八，第767册，第二三叶。
⑤ 《明太宗实录》卷一八八，永乐十五年五月丙午，台湾"中研院"历史语言研究所校印本，第2005页。原文脱"禁"字，据江苏本补。

可见，禁令十分严厉。所谓"商贾贸易，一从所便"云云，是在朝廷的严格控制下进行的。

明天顺中，曾以右副都御史巡抚陕西的马文升说："四夷来贡，慕化之诚；朝廷优待者，柔远之道。此前代所行者，亦我朝廷之故事也……太宗文皇帝神武雄略，威振沙漠，四夷八蛮，罔不来贡，赐以彩缎衣服，待以下程筵宴，十分丰厚，使之餍饫，所以畏威感恩，蛮夷悦服。"[①]朝贡和市易，在一定程度上满足了各民族的生活需要，也有利于加强各民族间的联系和边疆地区的稳定。朝廷也由此得到了大量的马匹。

但是，通贡也带来了许多新问题。以西域贡使言之：

> 西域使客，多是贾胡，假进贡之名，藉有司之力以营其私，其中又有贫无依者，往往投为从人，或货他人马来贡，既名贡使，得给驿传。所贡之物，劳人运至，自甘肃抵京师，每驿所给酒食刍豆之费不少。比至京师又给赏及予物直，其获利数倍。以此，胡人慕利，往来道路，贡无虚月。缘途军民递送，一里不下三四十人，俟候于官，累月经时，妨废农务，莫斯为甚。比其使回，悉以所得贸易货物以归。缘路有司，出车载运，多者至百余辆。男丁不足役及女。归所至之处，势如风火。叱辱驿官，鞭挞民夫。官民以为朝廷方招怀远人，无敢与较。其为骚扰，不可胜言。[②]

东北方面的贡使，也有类似的问题。

---

① （明）张萱：《西园闻见录》卷五九《兵部八·贡市》"前言"，北平哈佛燕京学社民国二十九年（1940）铅印本。

② 《明仁宗实录》卷五上，永乐二十二年十二月丁未，"礼科给事中黄骥上疏"，台湾"中研院"历史语言研究所校印本，第160—161页。按：原文"出车载运"，"车"误作"军"。"无敢与较"，脱"较"字，其他如"给酒食刍豆之费""妨废务农"，有字颠倒、错字，均据江苏本改补。

朝廷把"四夷来朝"看作归顺或向化，而"四夷"未始不把朝廷的赏赐看作是软弱纳款。永乐以后，政治腐败，国力日衰，兀良哈、鞑靼甚至借武力邀贡、添贡。贡市非惟不能抚怀边外，反成了肇祸之源。正统成化以后，纷扰不已。张萱（1553—1636）在《西园闻见录》中引用明人张涛（1554—1618）之语："今日缺贡，明日补贡，今日革赏，明日补赏。塞上血未口乾，胡马之嘶风踵至。"兵部员外郎杨继盛（1528—1555）甚至痛切地说："是我不能以羁縻乎彼，彼反得以愚弄乎我矣。"①

① （明）张萱：《西园闻见录》卷五九，《兵部八·贡市》，哈佛燕京学社铅印本，民国二十九年（1940）。

# 第十章　包围论

元朝建国"北逾阴山，西极流沙，东尽辽左，南越海表"[1]，其疆域非常辽阔。元顺帝退出塞外后，仍然在东西广大地区内有着相当的影响，并企图借其力量以图中原。明朝如据有东北和西域，不仅可以削弱故元的势力，而且可对其收包围钳制之效。反之，明朝则处于蒙古势力的包围之中，不仅难以制驭蒙古，而且会影响到明政权的巩固。因此，控制东北和西域，是明初对付故元蒙古势力的要务。

## 一、经营东北

洪武初，元将纳哈出（1320—1388）拥兵辽东，东北地区的女真族、高丽族等仍然处于其控制之下。朝鲜，时称高丽，还保持着与北元的宗主关系。北元君臣曾多次企图借助朝鲜的力量恢复中原[2]。因此，明朝必须控制东北地区，切断北元与朝鲜的联系。嘉靖时的兵部右侍郎王之诰（1521—1590）说："辽北拒诸胡，南扼朝鲜，东控夫馀真番之境，负山阻海，地险而要。中国得之则足以制胡，胡得之亦足以抗中国。故其离合，实关乎中国之盛衰焉。"[3]此言

---

① （明）宋濂等撰：《元史》卷五八《志第十·地理一》"序"，中华书局，1976年，第1345页。

② 事具朝鲜《李朝实录》中。

③ （明）李辅、陈绛等纂修：《全辽志》，王之诰：《重修全辽志叙》，中国国家图书馆藏明嘉靖刻本。

准确表述了明朝与北元争夺东北的重要性。

洪武元年十二月，朱元璋派符宝郎契斯奉玺书赐高丽国王王颛，告以今年正月即皇帝位，"定有天下之号曰大明，建元洪武"①。第二年，再派契斯赴高丽封王颛为国王，"凡仪制服用，许从本俗"，"式遵典礼"、"作镇边陲"②。高丽于洪武二年五月辛丑停用元朝至正年号，洪武三年七月乙未始行洪武年号，奉明朝正朔，纳元所降金印。然此时高丽仍首鼠两端，与北元使节往来不断。

与此同时，朱元璋一方面不断遣使招谕东北地区官民归附，另一方面派兵从山东渡海，向辽东进军。洪武四年元月，辽阳行省平章刘益降。同年，明朝在辽东设立定辽都卫，八年改为辽东都指挥使司③，辖二十五卫，一百二十八所、二州一盟④。北元大批将领、女直头目相继归附明朝。朱元璋陆续将辽王、宁王、韩王封于广宁、大宁、开原等地，以扼制辽东⑤。洪武二十年，明军进攻金山，纳哈出降。二十二年，朱元璋在东北西部广大地区置朵颜、泰宁、福余等三卫，以处纳哈出降人，明朝在东北的势力范围大大扩展了。二十年十二月明廷咨高丽国王，以鸭绿江为界，"不得复有所侵越"⑥。洪武二十五年，明懿文太子薨，高丽遣使来慰问并请更改国

---

① 《明太祖实录》卷三七，洪武元年十二月壬辰，台湾"中研院"历史语言研究所校印本，第749—750页。

② 朝鲜《李朝实录》高丽锡王命在洪武三年五月甲寅，且契斯衔称"尚宝司丞"。见吴晗辑《朝鲜李朝实录中的中国史料》前编卷上，中华书局1980年版，第1册，第17页。《明太祖实录》在二年八月丙子，其诰有"命承前爵，仪从本俗，法守旧章，呜呼，尽夷夏之咸安"等语。见卷四十四，台湾"中研院"历史语言研究所校印本，第866—867页。

③ （清）张廷玉等撰：《明史》卷四一《志第十七·地理志二》，第952页。

④ （明）刘效祖撰：《四镇三关志》卷一《建置考·辽镇建置·治第》，全国图书馆文献缩微复制中心影印，明万历四年（1576）刻本，1991年。

⑤ （清）张廷玉等撰：《明史》卷一一七、一一八，列传第五、第六，诸王二、三，第12册。

⑥ 《明太祖实录》卷一八七，洪武二十年十二月壬申，台湾"中研院"历史语言研究所校印本，第2808页。

号，明太祖朱元璋命仍古号，曰朝鲜①。几经周折，明朝终于和朝鲜建立了友好关系，并将其列为"不征之国"以戒子孙②。朝鲜和北元的联系被切断了，北元借朝鲜之力恢复中原的希望也落了空。明朝进一步巩固了在东北的地盘，洪武时期，明朝势力已达松花江、牡丹江及牙兰河一带。

永乐时期，国力强盛，朱棣锐意征服鞑靼、瓦剌，又因为明朝政治中心北移，所以更加强了对东北地区的经营。曾以右副都御史巡抚辽东的李承勋（1472—1531）说："国朝建都于燕，亲以九鼎之重，扼胡人之吭，而拊其背。辽在侯甸间，与宣、大错峙为三雄镇，以藩屏京师。天下无事，则并力以抗胡；有事，精兵数十万指麾可集，而天下固以服其强矣。"③

辽东地近鞑靼，兀良哈三卫时与串通，造成边患，因而明朝在军事上仍以防备鞑靼的寇掠为重点。仅建文四年八月至永乐元年十二月，辽东都司就连续向朝廷报告军情："缘边胡寇窃发不时，骑士乏马操备"；"近虏寇盘山驿，虏掠人畜"，"虏寇懿德塞三昼夜，破寨栅，官军与战不利"。朱棣则不断下令："严固边备"，"谨守疆场"④。

其次是遣使招抚东北广大地区的汉人、女直人、鞑靼人：

（永乐元年五月乙巳）赐东宁卫千户王得名钞百七十六锭，彩币七表里，纱衣二袭。得名先往朝鲜招抚辽东散漫军士复业，男妇来归者万五百二十五口，故嘉之。⑤

---

① （清）张廷玉等撰：《明史》卷三百二十《外国一·朝鲜传》，第8283页。
② 《皇明祖训》首章，明礼部刻本，第六叶。
③ 陈仁锡：《皇明世法录》卷六〇《辽阳志原》，李承勋：《镇守辽东征虏前将军题名记》，中国人民大学图书馆藏明刻本。
④ 《明太宗实录》卷一一至二六，台湾"中研院"历史语言研究所校印本，第175—475页。
⑤ 《明太宗实录》卷二〇下，永乐元年五月乙巳，台湾"中研院"历史语言研究所校印本，第375页。

（二年八月庚辰）遣使赍敕谕潭州漫散人民曰：昔太祖皇帝设三万卫，所以安养军民……尔等不得已流寓潭州……特遣千户高塔海帖木儿等赍敕往谕。尔等即同父母妻子复回本处，仍旧居住，毋久栖栖在外，徒自苦也。①

朱棣十分关心女直的情况，曾亲自讯问女直地方的风土山川②。永乐元年，朱棣派行人邢枢偕知县张斌往谕奴儿干，"至吉烈迷诸部落招抚之"③。永乐二年又派辽东千户王可仁前往辽东安抚女直之地，拟设建州卫，"给与印信，自相统属，打围放牧，各安生业，经商买卖，从便往来"④。于是，"东北至奴儿干，涉海有吉列迷诸种部落，东邻建州、海西、野人女直……永乐初相率来归"。明朝"因其地分设卫所"⑤，"自开原东北至松花江以西置卫一百四十八（曰建州、曰必里、曰毛怜等名）所二十，为站为地面者各七，选其酋及族目授以指挥、千百户、镇抚等职，俾仍旧俗，各统其属，以时朝贡"⑥。

奴儿干都司的设立是朱棣巩固开发东北边疆、控制鞑靼的重大措施。"奴儿干都司先名远三万户府，前代无考，元为东征元帅

---

① 《明太宗实录》卷三三，永乐二年八月庚辰，台湾"中研院"历史语言研究所校印本，第586页。原"尔等即同父母妻子……"脱"尔"字，据江苏本补。

② （明）金幼孜《北征录》：永乐八年三月二十六日"发小甘泉，上（朱棣）召语虏中山川。上曰：'女直有山，其巅有水，色白，草木皆白，产虎豹亦白，所为长白山也。天下山川多有奇异，但人迹不至，不能知耳。此地去辽东可千余里，朕尝问女直人，故知之。'"上海涵芬楼影印明万历刻本《纪录汇编》卷之三二。

③ （明）严从简：《殊域周咨录》卷二四《女直》，民国十九年（1930）故宫博物院据明万历刻本排印铅印本。

④ 朝鲜《李朝实录》太宗恭定大王甲申四年四月，吴晗辑：《朝鲜李朝实录中的中国史料》上编卷二。第1册，第198页。

⑤ （明）毕恭等修，（明）任洛等重修：嘉靖《辽东志》，毕恭《辽东志书序》，天津图书馆藏明嘉靖十六年（1537）刻本，又民国二十三年（1934）辽海书社铅印本。

⑥ （明）严从简：《殊域周咨录》卷二十四《女直》。又见（明）张萱《西园闻见录》卷五五《兵部四·边防后下·女直》"前言"。文字小异。

府。"①洪武时期拟招抚远方女直，以路远未达奴儿干。永乐二年二月癸酉，"忽剌温等处女直野人头目把剌答嗒来朝，置奴儿干卫，以把剌答嗒、阿剌孙等四人为指挥同知，古驴等为千户所镇抚，赐诰印冠带袭衣及钞币有差"②。永乐七年闰四月，奴儿干卫头目忽剌冬奴等来朝，"复奏其地冲要，宜立元帅府，故置都司。以东宁卫指挥康旺为都指挥同知，千户王肇舟等为都指挥佥事，统属其众。岁贡海青等物，仍设狗站递运"③；永乐九年内官亦失哈率兵千余人，巨舰二十五艘至其地，正式开设奴儿干都司④。近人研究奴儿干问题成果甚多，笔者不再赘言，惟欲提出两点：

（一）从理论上说，奴儿干所统卫所东起库页岛上的囊哈儿卫，西至鄂嫩河的斡难河卫，南到浑河一带的建州卫，北达兴安岭的古里河卫⑤。但这些卫所，奴儿干都司并不能实际统属之。《大明一统志》："我文皇帝神谋睿算，销患于未萌，悉分而散之，使之力足以自立，势足以相抗，各授以官职而不相统属，各自通贡而不相纠合。是以百年以来无东北之患。"⑥考之《明实录》，各卫所入朝入贡，均直接、独立地与朝廷发生关系，朝廷有所宣谕也直达各该卫所，各

---

① （明）李辅、陈绛等纂修：《全辽志》卷六《外志·外夷属国卫史考·外夷卫所》，中国国家图书馆藏明嘉靖刻本。

② 《明太宗实录》卷二八，永乐二年二月癸酉，台湾"中研院"历史语言研究所校印本，第504页。按：红格本"阿剌孙"脱"阿"字，"把剌答嗒"作"把剌嗒哈"。今从江苏本卷二六。

③ 《明太宗实录》卷九一，永乐七年闰四月己酉，台湾"中研院"历史语言研究所校印本，第1194页。按：红格本"宜立元帅府"误为"宜令元帅府"，今据江苏本卷六二改。

④ 《敕修奴儿干永宁寺记》，引自杨阳等《明代奴儿干都司及其卫所研究》，中州书画社，1982年。

⑤ 卫所数字，历朝不一。顾祖禹《读史方舆纪要》卷九：初置卫百七十九，所二〇，又有地面五十八，站七，寨一。以后代有增设。万历中全三百八十余卫。清敷文阁刊本。

⑥ （明）张萱：《西园闻见录》卷五五《兵部四·边防后下·女直·前言》，引《大明一统志》，北平哈佛燕京学社铅印本，民国二十九年（1940）。

卫所不相统属，亦并不受都司统属。

（二）女直各卫所多属羁縻性质，以原有头目世袭指挥镇抚，朝廷给诰印，定期朝贡京师，而奴儿干都司却以流官长之。担任奴儿干都司都指挥同知的康旺，原为东宁卫指挥，东宁卫属辽东都司，距黑龙江数千里之遥，必非奴儿干土著[①]。另外，奴儿干都司是拥有军队的，至少是少量的军队，而且是朝廷控制的官军。永乐十二年闰九月壬子，朱棣"命辽东都司以兵三百往奴儿干都司护印。先尝与兵二百，至是都指挥同知康旺请益，故有是命，且敕旺逾二年遣还"[②]。依文意言之，逾二年所当遣还者，似应为后益之三百兵。至于除护印之外是否还有其他军队，不得而知。这一事实说明明朝对奴儿干都司控制的程度，超过了其他羁縻卫所。另外，朝廷命使不断到奴儿干都司，从永乐到宣德中，仅中官亦失哈就曾到奴儿干之地达七次之多[③]。这些都说明奴儿干曾长期处于明朝的有力控制之下。

东北各卫女直人，常常到内地朝贡或朝觐，为了表示优抚，朝廷要对其给予赏赐，封予官爵。朱棣称此曰："捐小惠以弭重患，亦不得不然。"[④]由于经济上的原因，女直需要与内地进行贸易，或以入贡形式进行，或于边境开市。永乐三年三月癸卯，朱棣命"就广宁、开原择水草便处立市"[⑤]。四年三月甲午，"设辽东开原、广宁马市二所。初外夷以马鬻于边，命有司善价易之。至是来者众，故设二市，

---

① 据《明宣宗实录》记载，康旺"本鞑靼人，洪武间，以父荫为三万卫千户。自永乐以来，频奉使奴儿干之地，累升至都指挥使"。见《明宣宗实录》卷八四，宣德六年冬十月乙未，台湾"中研院"历史语言研究所校印本，第1930页。

② 《明太宗实录》卷一五六，永乐十二年闰九月壬子，台湾"中研院"历史语言研究所校印本，第1795页。

③ "七次"，此处用丛佩远《亦失哈考略》说，见《中国史研究》1980年第4期。

④ 《明太宗实录》卷一一三，叶三上，永乐九年二月甲辰，台湾"中研院"历史语言研究所校印本，第1441页。

⑤ 《明太宗实录》卷四〇，永乐三年三月癸卯，台湾"中研院"历史语言研究所校印本，第663页。

命千户答纳失里等主之"①。这是开设马市之始。永乐时辽东马市共有三处，"其一在开原城南关，以待海西女直；其一在城东五里，其一在广宁城，皆以待朵颜三卫夷人"②。市马有官价③，贡物"悉厚直酬之"④。不论鞑靼或女直，"来朝及互市者，悉听其便，但禁戢士卒，勿扰之"⑤。谈到辽东马市，宣德皇帝曾说："朝廷非无马牛，而与之为市，盖以其服用之物皆赖中国，若绝之，彼必有怨心。皇祖许其互市，亦是怀远之仁。"⑥女直固然需要内地的服用之物，但他们也给中原送来了马匹、貂皮、人参、材木、鱼鲜等土产。中原输出的则有铧、铲、耕牛、种子以及米盐绢布段匹衣服等。开市的意义远远超乎经济之外。"开市有期，防市有禁，定市有价，抽市有则，立法至详且善矣"⑦，朝廷委专员进行管理。"抽分"是政府的一项收入，但它也标志着政府有效的管理权和边民对政府所尽之义务，显示了朝廷的影响力。

永乐时，大批的女直人纷纷归附明朝。要求靠近内地居住或到水草丰盛处放牧者，都需得到朝廷的批准。朝廷或为他们择地筑城，或以水草丰盛处许之。有愿居京师者，也受到鼓励，赐袭衣彩币及

---

① 《明太宗实录》卷五二，永乐四年三月甲午，台湾"中研院"历史语言研究所校印本，第776页。

② （明）陈仁锡撰：《皇明世法录》卷五六《奏议·蓟辽》"巡抚辽东都御史陈钺奏"，明刻本。

③ 《明太宗实录》卷四〇，永乐三年三月甲寅，台湾"中研院"历史语言研究所校印本，第667页。

④ 《明太宗实录》卷九四，永乐七年七月癸巳，台湾"中研院"历史语言研究所校印本，第1250页。

⑤ 《明大宗实录》卷六四，永乐五年二月己丑，台湾"中研院"历史语言研究所校印本，第910页。

⑥ （明）陈仁锡撰：《皇明世法录》卷五六《奏议》，"宣德六年十一月"，明刻本。

⑦ （明）张萱：《西园闻见录》卷五九《兵部八·贡市·前言》"刘效祖曰"，北平哈佛燕京学社铅印本，民国二十九年（1940）。

牛羊薪米居宅①。永乐六年四月，朱棣对兵部臣说：

> 朕即位以来，东北诸胡来朝，多愿留居京师。以南方炎热，特命于开原置快活、自在二城居之，俾部落自相统属，各安生聚。近闻有思乡土及欲省亲戚者，尔即以朕意榜示之，有欲去者，令明言于镇守官员，勿阻之。②

既与方便，又不强使居之，来去自由，政策很开明。后来，由于移居者日多，为了便于安抚，置自在、安乐州于二城，州置知州、吏目、同知、判官各一员以管理之③。其他如东宁卫、三万卫、开原、建州、喜乐温河卫等，也多有女直人等申请去居住，不仅得到批准，而且"赐钞币袭衣鞍马，其居室什器薪米牛羊，所在官司给之"④。为了便于当地居民的生活和经济开发，朱棣还主动派人筑城管理。永乐十二年九月，他听说弗提斤六城之地肥饶，便命指挥塔失往治弗提卫城池。"令居民咸居城中，畋猎挈牧从其便，各处商贾欲来居者亦听，仍命行在兵部榜谕之。"⑤辽东地区民族杂居，亦有不少鞑靼人居住。永乐十年四月庚午，"命筑辽东开原西门土城，以处鞑靼之归附者"⑥。

对于边地居民的贫寒者，朝廷则往往给予赈济。朱棣说："薄海

---

① 参见《明太宗实录》卷七八，永乐六年夏四月戊子，第1055页；卷一五八，永乐十二年十一月癸丑、丁巳，第1802—1803页；卷一五九，永乐十二年十二月壬申、辛丑，第1807—1809页。

② 《明太宗实录》卷七八，永乐六年夏四月乙酉，台湾"中研院"历史语言研究所校印本，第7册，第1053—1054页。按：红格本"勿阻之"脱"勿"字，又衍"镇守官"三字。今从江苏本卷五六。

③ 《明太宗实录》卷七九，永乐六年五月甲寅，第1062页；卷八〇，永乐六年六月乙酉，第1066页。

④ 《明太宗实录》卷七八，永乐六年夏四月戊子，第1055页。按：红格本衍"居室"二字。又多"之""令"等字。今从江苏本卷五六。

⑤ 《明太宗实录》卷一五五，永乐十二年九月戊子，台湾"中研院"历史语言研究所校印本，第1789页。

⑥ 《明太宗实录》卷一二七，永乐十年四月庚午，台湾"中研院"历史语言研究所校印本，第1586页。

内外，皆吾赤子。远人归化，尤宜存恤。其即遣人发粟赈之，毋令失所。"①当地居民及部落首领的生活用粮，朝廷还常常给予接济。"稍给盐米布，赡诸酋豪，使保塞不为边寇盗。"②永乐十二年秋七月，巫凯奏："开原、三万、辽海三卫岁收屯粮，仅给本卫官军及给安乐、自在二州之人。近奉命运给各卫调兵行粮，并接济毛怜、建州诸卫鞑靼，道路既远，供给不敷，宜将所给建州、毛怜者，就沈阳各卫与之。"③

　　通过以上各项措施，明朝不仅巩固了东北边疆，而且在政治和军事上使北元势力陷入空前孤立的地位，这对明朝是非常有利的。明人说：辽东"历代以来地皆郡县，我朝尽改置卫，而独于辽阳、开原设安乐、自在二州，以处内附夷人。其外附者，东北则建州、毛怜、女直等卫，西北则朵颜、福余、泰宁三卫。分地世官，互市通贡。事虽羁縻，势成藩蔽。是以疆场无逖北之患"④。不仅如此，许多女直、高丽、鞑靼头目与朝廷的关系甚好。比如永乐十六年正月己未，毛怜卫指挥猛哥不花（？—1427）奏："本卫千百户哈答等二十余人，每有调发，能效勤劳，今来朝，请量升之，以劝将来。遂各升职有差，仍赐敕奖谕赍之遣还。"⑤同年二月庚戌，建州卫都指挥李显忠（1109—1177）奏："其卫指挥千户镇抚头目哈剌忽等，擒捕叛亡，累著劳绩，请升职以示劝。遂升……俱赐敕褒谕且优赍之。"⑥甚至朱棣出塞亲征，也征用当地兵士随行，而且"有所征调闻

---

　　①　《明太宗实录》卷一二九，永乐十年六月辛酉，台湾"中研院"历史语言研究所校印本，第1598—1599页。

　　②　（明）郑晓：《皇明四夷考》卷上《女直》，见明万历己亥刻本《吾学编》。

　　③　《明太宗实录》卷一五三，永乐十二年秋七月丙子，台湾"中研院"历史语言研究所校印本，第1771页。

　　④　（明）张萱：《西园闻见录》卷五三《兵部二·边防前下·辽东镇·前言》"评论曰"，北平哈佛燕京学社铅印本，民国二十九年（1940）。

　　⑤　《明太宗实录》卷一九六，永乐十六年春正月己未，台湾"中研院"历史语言研究所校印本，第2054页。

　　⑥　《明太宗实录》卷一九七，永乐十六年二月庚戌，台湾"中研院"历史语言研究所校印本，第2064页。

命即从，无敢违期”[①]。永乐十九年六月，“敕辽东总兵官都督朱荣及辽东都指挥巫凯（？—1438）、刘青于所属卫分并鞑靼、女直、高丽寄住安乐、自在州官军内选精锐五千，以七月率至北京”[②]。永乐二十年北征，毛怜卫指挥猛哥不花等亦率子弟部属从征[③]。

朱棣熟知辽东地情，他曾说：“辽东肥沃之地，一年耕有收，足数年之用。数年有收，海运可省。”[④]因此他很关注辽东的屯田：“减戍卒而增屯夫，数至十有其八。力穑者众，岁有羡余。数千里内阡陌相连，屯堡相望。”[⑤]东北地区出现了繁荣发展的局面。

同时，永乐一朝，明朝与朝鲜关系甚好，北元无以乘其洵。鞑靼向东的扩展更失去了可能。在明朝制驭鞑靼、瓦剌的一盘棋上，对东北的经营，是一招胜算。

## 二、经营西域

“元太祖荡平西域，尽以诸王、驸马为之君长，易前代国名以蒙古语。”[⑥]元朝灭亡后，故元势力仍然对西域有广泛的影响力。为了最后消除故元在西域的势力，限制后来的鞑靼、瓦剌在这一地区的发展，朱元璋父子在努力经营东北的同时，对西域的经营也采取了非

---

① （明）严从简：《殊域周咨录》卷二十四《女直·东北夷》，中华书局，1993年，第734页。

② 《明太宗实录》卷二三八，永乐十九年六月庚申，台湾“中研院”历史语言研究所校印本，第2279页。

③ 《明太宗实录》卷二四八，永乐二十年四月庚寅，台湾“中研院”历史语言研究所校印本，第2317页。

④ 《明太宗实录》卷二六，永乐元年十二月甲申，台湾“中研院”历史语言研究所校印本，第481页。

⑤ （明）毕恭等修、（明）任洛等重修：嘉靖《辽东志》卷八《杂志·三辽长编》，天津图书馆藏明嘉靖十六年（1537）刻本，又民国二十三年（1934）辽海书社铅印本。

⑥ （清）张廷玉等撰：《明史》卷三三二《列传第二二〇·西域四·撒马儿罕》，第8597页。

常积极的态度。明人称此为"西控西域，南隔羌戎，北遮胡虏"，并将其比作汉武帝的"断匈奴右臂"①。

马文升说："我太祖高皇帝应天眷命，扫逐胡元，统一寰宇，凡四夷来贡者不拒，未来者不强。其于西域也亦然。真得古帝王驭夷狄之道矣。迨我太宗文皇帝。继承大统，开拓疆宇，始招来四夷，而西域入贡者尤盛。"②

从洪武年间起，明朝就不断派出使节往西域诸部，兵科给事中傅安、郭骥，北平按察使陈德文，太监王安，鸿胪寺丞刘帖木儿，吏部员外郎陈诚（1365—1458），中官把泰、李达、郭敬，都曾先后出使西域。陈诚于永乐十一年出使，于永乐十三年返回，所历哈烈、撒马儿罕、别失八里、俺都淮、八答黑商、迭里迷、沙鹿海牙、赛蓝、渴石、养夷、火州、柳城、土鲁番、盐泽、哈密、达失干、卜花儿凡十七地，著有《使西域记》，备言其山川风俗物产，使明朝对西域有了新的认识③。这在下文还会谈到。

朱棣对西域各部族采取了种种怀柔抚绥的政策，争取他们对明朝的归附，至少是保持和平的通使通贡、来去自由的关系。永乐元年朱棣曾对礼部臣说："自今诸番国人愿入中国者听。"④"远人慕义而来，当加厚抚纳，庶见朝廷怀柔之意。"⑤

西域的土官、头目，故元官属纷纷归附明朝，不断来内地通使通贡。朝廷给以王爵或令其为都指挥、指挥、千百户、镇抚，给诰

---

① （明）许论：《九边图论·甘肃》，中国国家图书馆藏明嘉靖十七年（1538）刻本。

② （明）张萱：《西园闻见录》卷五五《兵部四·边防后下·哈密》，北平哈佛燕京学社铅印本，民国二十九年（1940）。

③ 《明太宗实录》卷六六、七七、一六九。（清）张廷玉等撰：《明史》卷三三二《列传第二二〇·西域四》。

④ 《明太宗实录》卷二四，永乐元年十月辛亥，台湾"中研院"历史语言研究所校印本，第435页。

⑤ 《明太宗实录》卷一四一，永乐十一年七月丙午，台湾"中研院"历史语言研究所校印本，第1696页。

印冠带以为臣属。西域商人也纷来内地经商。西域所贡所市之物有玉璞、硼砂、碙砂、文豹、狮子、骆驼、名马，马匹是大量的。朝廷给来贡者以宴赏，赐以布匹、绵帛、衣服、瓷器、金银、钞币，所贡之马按等给直。

为了西域的经济发展，如同内地一样，朝廷还向当地居民提供种子、农具，帮助其兴修水利，使其安居乐业。

1. 哈密

哈密是明朝经营西域的重点。明初，故元肃王忽纳失里尚居哈密。洪武十三年，都督濮英（？—1387）练兵西凉，出师略地，"通商旅"①，忽纳失里惧，"遣使纳款"。洪武十四年哈密回回阿老丁来朝贡，朱元璋遣其往畏吾儿之地招谕诸番。洪武二十四年宋晟充总兵官与都督佥事刘真讨哈密，斩豳王别儿怯帖木儿、国公省阿桑儿只等一千四百人，擒其王子别列怯部属千七百三十人。"番戎慑服，兵威极于西域"②。

永乐初，朱棣遣使臣亦卜拉金等赍敕往哈密抚谕，且许以马入中国市易③。哈密安克帖木儿（？—1405）遣人贡马，朱棣命"分别等第"，"计直给赏"，以"厚往薄来"怀柔远人。"凡进贡回回有马欲卖者，听于陕西从便市易"，并"约束军民勿侵扰之"④。

永乐二年六月，封安克帖木儿为忠顺王。安克帖木儿乃元肃王

---

① 《明太祖实录》卷一三一，洪武十三年夏四月丁亥、甲申，台湾"中研院"历史语言研究所校印本，第2078页。（清）张廷玉等撰：《明史》卷三三〇《列传第二百十八·西域二·哈梅里传》，第8567页。

② （清）张廷玉等撰：《明史》卷一五五《列传第四十三·宋晟》，第4245页。按：《明太祖实录》中之"哈梅里"即《太宗实录》中之"哈密"。《明史》于《哈密卫传》之外别立《哈梅里传》，误。又《明史》言刘真时为都督，《实录》言其为都督佥事，当以《实录》为准。《鸿猷录》诸书曰"高皇帝定陕西、甘肃诸镇，嘉峪以西置不问"，各书相沿，误。哈密在嘉峪关以西。

③ （清）张廷玉等撰：《明史》卷一五五《宋晟传》，第4246页。

④ 《明太宗实录》卷二四，永乐元年十月甲子，台湾"中研院"历史语言研究所校印本，第443—444页。

忽纳失里之弟，忽纳失里卒，嗣为肃王。安克帖木儿遣使来朝请锡爵。朱棣说：“前代王爵不足再论，但今取其能归心朝廷而改封之。使守其地，绥抚其民可也。”①遂遣指挥使霍阿鲁秃等赍敕封为忠顺王。这样，哈密改变了故元藩王的名号，正式进入明朝版图。这是直接与北元争夺哈密的斗争。安克帖木儿被封不足一年，就被“迤北可汗鬼力赤（？—1408）毒死之”②。可见鞑靼势力仍在向西域渗透。朱棣命脱脱（1314—1356）嗣位。脱脱为安克帖木儿兄子，于洪武二十四年宋晟讨哈密时俘入中国③。朱棣即位“求得之”，“抚养甚至”，永乐元年送还故地。脱脱嗣立，使哈密与朝廷的关系更密切了。脱脱曾为其祖母所逐，朱棣以脱脱为“朝廷所立”，降敕切责其“不顾礼法”，“不知有朝廷”④。哈密显然受到朝廷的管辖。

永乐四年三月丁巳，设立哈密卫，以其头目为指挥、千百户、镇抚等官，给印章，并设王府官。忠顺王府设经历、长史、纪善等官，以汉人庶僚周安、刘行、辜思诚等充任。王府官之设在夷姓诸王中是很特殊的，其制几同于朱姓诸王。另外，给忠顺王以金印，为其筑王城，这些皆与其他羁縻卫所不同⑤。这既说明朝廷对哈密的重视，又说明其实际控制、管理的程度。哈密卫官员的设置也由朝廷掌握。永乐五年十二月甲午，朱棣敕何福曰：“得奏，哈密指挥法都剌欲设把总官一员，以理政务。尔须度其可否，及当委用何

---

① 《明太宗实录》卷三二，永乐二年六月甲午，台湾“中研院”历史语言研究所校印本，第573页。

② （清）张廷玉等撰：《明史》卷三二九《列传第二一七·西域一·哈密卫传》，第8511—8512页。

③ （明）何景明纂修：万历《雍大记》卷二十五，中国国家图书馆藏明嘉靖刻本。但《明太祖实录》卷二二一言，所擒幽王及王子列怯等，并未指明有脱脱。

④ 《明太宗实录》卷五〇，永乐四年春正月辛酉，台湾“中研院”历史语言研究所校印本，第759页。

⑤ 《明太宗实录》卷五二，台湾“中研院”历史语言研究所校印本，第787页。（明）郑晓：《皇明四夷考》卷下。

人……宜审思熟计，具可否以闻"①。哈密不得私自任命职官，凡任命皆须向朝廷请示批准。朝廷的法令、诏书也都要在哈密颁行②，所以哈密几同内地郡属。脱脱死后，永乐九年封免力帖木儿为忠义王。终永乐之世，哈密贡使频繁往来，与朝廷关系密切。

嘉靖时兵部尚书胡世宁（1469—1530）说："昔者太宗文皇帝之立哈密也，因胡元遗孽力能自立而遂立之。借之以虚名，而我享实利者也。"③虽非尽借"虚名"，而明实享其利。明人称哈密为"诸番领袖"④。其所处地理位置十分重要，"当西域咽喉"，"天方等三十八国入贡，必取道哈密"。明朝因而利用哈密"译上诸番贡表，侦察向背"⑤，"译文具闻乃发"⑥。另外，哈密东距肃州、西距土鲁番各千五百里，"瓦剌达子在其北百里"⑦，明朝控制哈密，"一以断北狄右臂，二以破西戎交党：外以联络戎夷，察其逆顺而抚驭之，内以藩屏甘肃，而卫我边郡"⑧，对经营西域，进而对遏制瓦剌都发挥着重要作用。

2.西番、罕东、毕里诸卫

洪武十年六月二十四日，朱元璋曾颁《谕西番、罕东、毕里等诏》：

奉天承运的皇帝，教说与西番地面里应有的土官每知道者，

---

① 《明太宗实录》卷七四，永乐五年十二月甲午，台湾"中研院"历史语言研究所校印本，第1025—1026页。按：红格本"法都剌"作"法都敕"；"审思熟计"，脱"思"字。今从江苏本卷五四改。

② 《明宣宗实录》卷一三，宣德元年正月庚戌，台湾"中研院"历史语言研究所校印本，第351—352页。

③ （明）胡世宁：《胡端敏公奏议》卷一〇，中国国家图书馆藏明嘉靖刻本。

④ （明）郑晓：《皇明地理述》卷下《甘肃》，中国国家图书馆藏明隆庆元年（1567）刻本。

⑤ （明）陈仁锡：《皇明世法录》卷八一，《哈密》，中国国家图书馆藏明崇祯刻本。

⑥ （明）王世贞：《弇州史料前集》卷一八，《哈密志》，中国国家图书馆藏明刻本。

⑦ （清）杨椿茂纂修：（顺治）《甘镇志》，《地理志》第一《沿革·哈密》，清顺治十四年（1657）刻本。

⑧ （明）胡世宁：《胡端敏公奏议》卷一〇，中国国家图书馆藏明嘉靖刻本。

俺将一切强歹的人都拿了，俺大位子里坐地，有为这般上头，诸处里人都来我行拜，见了俺，与了赏赐名分，教他依旧本地面里快活去了。似这般呵，已自十年了也。止有西番、罕东、毕里巴一撒他每这伙人，为什么不将差发来，又不与俺马匹牛羊？今便差人将俺的言语去，开与西番每知道，若将合纳的差发认了，送将来时，便不征他。若不差人将差发来呵，俺着人马往那里行也者……有俺如今掌管着眼前的祸福俚！①

作为国家君主，朱元璋柔武兼施，只要他们承认了明朝的统辖权，"将合纳的差认发了"，便"赏赐名分"，"依旧本地里快活"，否则便出兵征讨。

洪武年间逐渐在撒里维吾儿之地设立了安定（八年初立，十年叛废，二十九年复立）、阿端（八年置，后废）、曲先（后并入安定卫）、罕东（三十年立）诸卫。亦曾一度据有赤斤蒙古，并与沙洲通好。

永乐年间，明朝对该地区的控制大大加强了，恢复了曲先卫（三年）、阿端卫（四年），新立了沙州卫②、赤斤蒙古卫（二年置千户所，八年置卫）。③

3.别失八里、柳城、火州、土鲁番诸部

这些部族都与明朝保持了通使通贡的关系。洪武三十五年（建文四年）十二月甲寅，朱棣即位不久就"遣使赍诏谕别失八里王黑的儿火者，并赐之彩币。黑的儿火者（？—1399），元氏之苗裔

① （明）朱元璋：《高皇帝御制文集》卷一，中国国家图书馆藏明嘉靖十四年（1535）刻本。

② 《明太宗实录》卷四七，永乐三年冬十月癸酉，为三年。台湾"中研院"历史语言研究所校印本，第720页。《明史》卷三三〇《西域传二》为二年。

③ 此据《明实录》、《明史》说。王世贞《哈密志》载：永乐四年诏封忠顺王，即其地置哈密、曲先、罕东、罕东左四卫云云。按，罕东左卫乃成化十五年所立，《明史》言之甚详。王世贞言曲先、罕东所立年分亦不确。郑晓《皇明四夷考》亦言罕东左卫为永乐年间立，均误。

也"①。着眼于争取元氏苗裔，以固边陲。

明朝永乐时期对西域有着有效的管辖权和广泛的影响力。部族头目对朝廷很忠诚。永乐三年，哈密忠顺王为鞑靼可汗鬼力赤毒死，别失八里则讨鬼力赤之罪②。永乐八年五月丁亥，肃州卫寄居回回哈剌马牙叛，杀守御都指挥刘秉谦等，据城，遣人结赤斤沙州哈密为应援。赤斤蒙古塔力尼说："尔受大明皇帝厚恩，而忍为不义！我辈得安居，农具种子皆官给，又为之疏水道溉田，我食其利。恩德如此，我不能报，而从尔为逆耶！今伺尔出城，必邀杀尔以报国家。"③对于西域各部族之间的纠纷，朝廷也往往出面干涉调解。永乐五年，沙迷查干使节来言："撒马儿罕本其先世故地，请以兵复之。"朱棣劝他"宜审度而举事，慎勿轻动以取危辱"④。永乐十四年三月，别失八里与哈烈有隙，各蓄争斗之志，朱棣赐玺书谕纳黑失只罕（？—1418）并哈烈，"俾各释怨睦邻，保其民人，以享太平之福"⑤。因而，"西域惮天子威灵，咸修职贡，不敢擅相攻"⑥。

洪武时期，故元势力尚残留于西域，诸土酋每有叛掠。朱元璋往往施之以兵威。永乐时期故元在西域的残余势力不多了，朱棣主要使用劝说、安抚的办法平息西域的叛乱，不轻易用兵。永乐十一年，老的罕叛入赤斤蒙古，为卫指挥塔力尼所匿，且为边患。朱棣命杨荣赴陕西与丰城侯李彬议进兵方略。杨荣还言："出嘉峪关，千

---

① 《明太宗实录》卷一五，台湾"中研院"历史语言研究所校印本，第270页。

② 《明太宗实录》卷四一，永乐三年四月庚辰，台湾"中研院"历史语言研究所校印本，第670页。

③ 《明太宗实录》卷一〇四，永乐八年五月丁亥，台湾"中研院"历史语言研究所校印本，第1353页。

④ 《明太宗实录》卷六六，永乐五年四月丁酉，台湾"中研院"历史语言研究所校印本，第929页。按：红格本"以兵复之"作"以兵服之"，今从江苏本卷四九。

⑤ 《明太宗实录》卷一七四，永乐十四年三月壬寅，台湾"中研院"历史语言研究所校印本，第1916页。

⑥ （清）张廷玉等撰：《明史》卷三三二《传第二二〇·于阗传》，第8614页。

里险阨，乏水草，饷道弗能通，又沍寒，士马疲瘠，不可辄用兵罢中国。彼小丑当自来归。"朱棣从其言，敕李彬"止兵勿进"[①]。这个决定是明智的。

　　在与西域的和平往还中，朱棣也有较其父高明之处。朱元璋曾遣使谕别失八里曰："受天命为天下大君者，上奉天道，一视同仁，使巨细诸国，殊方异类之民，咸跻乎仁寿。而友邦远国，顺天事大，以保国安民……王其益坚事大之诚，通好往来，使命不绝，岂不保封国于悠久乎？。"[②]朱元璋认为："西方回回商人入中国互市，边吏未尝阻绝"，"由是尔诸国商人获厚利，疆场无忧。是我中国有大惠于尔诸国也"[③]。这种片面的傲慢的态度，远不如朱棣的"以不治治夷狄"、"但有来者，推诚待之"的方针。朱元璋听说西域产一马甚异，就派使者索取。其酋长靳惜，不得已，乃阴伤其足来献[④]。图小利以失人心，不足效法。朱棣则强调"怀柔远人，厚往薄来"，优给赏赐，隆礼遇之，虽然浪费不赀，但颇收拢络人心之效。永乐四年十月丁未，回回结牙思进玉碗。朱棣不受，命礼部赐钞遣回，谓尚书郑赐说："此物今府库有之，但朕自不用。""虏贪而谲，朕受之，必应厚赉之。将有奇异于此者，继踵而至矣，何益国事哉！"[⑤]朱棣并非轻视玉碗，也不是吝惜赏赐。他能从国家利益着眼，而不贪图小

---

　　①（明）郑晓：《皇明名臣记·太师杨文敏公传》，见明万历己亥刻本《吾学编》。按：《明太宗实录》，永乐十年十二月戊寅，荣奉命往甘肃商略进止，丰城侯李彬言，隆冬非用兵之时，且恐伤及无辜。"彬犹豫，荣请自归奏之"，遂罢兵。永乐十一年五月己丑，赤斤蒙古卫指挥塔力尼等，遣头目锁南吉剌等，送擒获叛虏老的罕等至京师。原文脱"罕"字。见《明太宗实录》卷一三五，第1650—1657页。

　　②《明太祖实录》卷二一二，洪武二十四年九月乙酉朔，台湾"中研院"历史语言研究所校印本，第3141页。

　　③《明太祖实录》卷二四九，洪武三十年春正月丁丑，台湾"中研院"历史语言研究所校印本，第3611—3612页。按：红格本错讹甚多，此从江苏本改。

　　④《明太祖实录》卷一一〇，洪武九年十一月庚寅，台湾"中研院"历史语言研究所校印本，第1828页。

　　⑤《明太宗实录》卷六〇，永乐四年十月丁未，台湾"中研院"历史语言研究所校印本，第879页。按：红格本"玉碗"作"玉枕"，今从江苏本卷四六改。

利，是值得赞许的。

然而，"自庄浪而南三百余里为西宁，古湟中也。自凉州西北二百余里为镇番，古姑臧也。夫以一线之路，孤悬几二千里，西控西域，南隔羌戎，北遮胡虏，经制长策，自古为难"①。为了保持明朝与西域的正常通道，必须把守好镇番、西宁这个门户。

西宁河州、洮州、岷州等地，众"番族""聚族"聚居，明人称其西番。洪武四年设河州卫，同年置洮州、岷州军民千户所，十一年立岷州卫，十二年立洮州卫。洪武六年立西宁卫。朱元璋说："洮州西番门户，筑城戍守，扼其咽喉。""西控番戎，东蔽湟、陇，汉唐以来备边要地"，"弃之不守"，"岂良策哉"。②

在政治招谕和军事征服之外，朱元璋父子还利用贸易和宗教作为手段进行笼络。贸易已详前文，此处谈宗教。明朝法律对僧道限制甚严，民间不准私行剃度为僧，僧人执业需进行通经考试。但对于番僧优礼隆厚，实欲借其力以稳定"番族"。洪武二十六年三月丙寅，立西宁僧纲司，以僧三剌为都纲。河州卫汉僧纲司，以故元国师魏失剌监藏为都纲。河州卫番僧纲司，以僧月监藏为都纲。"盖西番崇尚浮屠，故立之，俾主其教以绥来远人"，"阴助王化"③。

朱棣对番僧的优礼，无以复加。"诸卫僧戒行精勤者，多授喇嘛、禅师、灌顶国师之号。有加大国师、西天佛子者，悉给以印诰，许之世袭，且令岁一朝贡。由是诸僧及诸卫土官辐辏京师。"④朱棣甚至称昆泽思巴、哈立麻为"尚师"，即"上师"，给予极高的荣誉。

---

① （明）郑晓：《皇明地理述》卷下《甘肃》，明万历二十七年（1599）己亥刻本《吾学编》。

② （清）张廷玉等撰：《明史》卷三三〇《列传第二一八·西域二·西番诸卫传》，第8540页。

③ 《明太祖实录》卷二二六，洪武二十六年三月丙寅，台湾"中研院"历史语言研究所校印本，第3307、3308页。

④ （清）张廷玉等撰：《明史》卷三三〇《列传第二一八·西域二·西番诸卫传》，第8542页。

赐予甚厚，所费不惜。陆容说："盖西番之俗，一有叛乱仇杀，一时未能遥制，彼以其法戒谕之，则磨金铦剑，顶经说誓，守信惟谨。盖以驭夷之机在此，故供给虽云过侈，然不烦兵甲刍粮之费，而阴屈群丑，所得多矣。"①其策略是成功的，虽非创见，却开有明一代利用宗教笼络地方民族的先河。

同时，西番诸族不论大小皆许入贡，"西番之势益分，其力益弱，西陲之患亦益寡"②。

这样，朱元璋父子用军事征讨、入贡给赏、宗教笼络等各种手段控制了西宁地区，从而保护了河西走廊，并防止了蒙古势力南下西藏。明朝对整个西域的控制得到加强和巩固，不仅阻止了鞑靼、瓦剌向西域渗透的可能，明朝反得以西域之地扼制之。比如，帖木儿汗勾结元裔完者秃（本雅失里）图谋东进时，朝廷便得以及时了解，并有所准备。

经营东北、经营西域的活动贯穿了朱棣的后半生。如果从更宏观的角度，便可以看出朱棣对东北、西北地区的开发控制，不仅仅是以之形成对蒙古势力的包围，而且是为了明朝的势力在更大范围内得到巩固。其实，它是朱棣整个宏图大业的一部分。这一点我们将在下文进一步谈及。

---

① （明）陆容：《菽园杂记》卷四，中华书局，1985年，第42页。
② （清）张廷玉等撰：《明史》卷三三〇《列传第二一八·西番诸卫传》，第8542页。

# 第十一章　坚守论

北元政权以及后来的鞑靼、瓦剌经常对明朝进行侵扰。明朝在对其怀柔抚绥的同时，不能不加强防御，"选任名将，总率兵马，修饬边备以待之。自辽海至于两鄙，要害之处，皆有其人焉"①，所谓"列镇控制四夷"②。号称"九边"的北方重镇，在永乐时辽东、宣府、大同、宁夏、甘肃皆已驻有重兵。总兵官领兵戍守，营堡墩台，分其缓急量设兵马，平时走阵、哨探、守瞭、焚荒，皆其职。敌"即不欲犯我境土，非以贪戾而务广大也。卫边地而死民死"，"日戒修军政"③。其时"边政严明"，诸官军"无敢惰"，"稍违制辄按军法"④。

## 一、内徙边民，烧荒防秋

内迁边境蒙汉居民，是明初防止北元侵扰的重要措施。洪武初，明军北上，长城内外蒙汉居民大批降附。其时故元政权退居塞外，时窥中原，如何处置边境降民，关系到明政权的巩固。洪武四年，中书右丞相魏国公徐达奏："山后顺宁等州之民，密迩虏境，虽已招集来归，未见安土乐生。恐其久而离散，已令都指挥使潘敬、

①　（明）李时勉：《赠永宁伯谭公进爵序》，《李古廉先生文集》卷五。
②　（明）石茂华：《重修宁夏志序》，万历《朔方新志》。
③　（明）孙世芳、栾尚约：《宣府镇志》卷二二，明嘉靖刻本。
④　（清）张廷玉等撰：《明史》卷九一《志第六七·兵三》，第2243页。

左傅高显（？—1380）徙顺宁、宜兴州沿边之民，皆入北平州县屯戍，仍以其旧部将校抚绥安辑之。"①明人尹耕（1515—？）说："元主虽奔，遗孽数出没，且斥堠未立，保聚为难"，因而"部徙吏民于内郡"②。明军初定天下，无力控制边外之民，又要防止其为北元所乘，徙民亦是不得已之举。从洪武四年起，陆续将边地居民大量迁往内地。四年六月，"徙北平山后之民"，又徙沙漠移民；六年八月徙朔州之民；十月徙山西弘州、蔚州、定安、武、朔、天城、白登、东胜、丰州、云内等州县民；十一月徙绥德、庆阳之民③。

起初，朱元璋主张对归附的蒙汉等人民就地安置，他说："凡治胡虏当顺其性。胡人所居习于苦寒，今迁之内地，必驱而南，去寒凉而即炎热，失其本性反易为乱。不若顺而抚之，使其就归边地，择水草孳牧。彼得遂其生，自然安矣。"④然而，"遗胡残虏逼郊原，已去而复来，既离复合"，归附者与未附者错纵居住，朱元璋很快就改变了主意，多次下令"塞外夷民，皆令迁入内地"，对逆命者，用兵剿除，"勿容再聚"⑤，"地方人十分要打荡得干净"⑥。

朱棣承认了边民内徙的现状，有鞑靼归附者也往往迁之而南。比如永乐七年九月庚午朔，朱棣命令甘肃总兵官何福说："鞑靼伯克帖木儿等部属至甘肃，且勿给田土，俱令来北京扈从，渐渐移之南

---

① 《明太祖实录》卷六二，洪武四年三月乙巳，台湾"中研院"历史语言研究所校印本，第1199页。按：红格本"徙"误作"徒"，"安辑"，作"安集"。今从江苏本卷六三。

② （明）尹耕：《两镇三关通志》卷三，（洪武）三年"吏民内徙"，美国国会图书馆藏明刻本。

③ 《明太祖实录》卷六六，洪武四年六月戊申；卷八四，洪武六年八月庚寅；卷八五，洪武六年冬十月丙子；卷八六，洪武六年十一月庚戌，台湾"中研院"历史语言研究所校印本，第1246页、1502页、1516页、1525页。

④ 《明太祖实录》卷五九，洪武三年十二月戊午，台湾"中研院"历史语言研究所校印本，第1147页。

⑤ 《明太祖实录》卷八八，洪武七年四月辛酉，台湾"中研院"历史语言研究所校印本，第1577页。按：红格本"塞外"误作"寨外"，今据江苏本改。

⑥ （明）陈仁锡：《皇明世法录》卷一二下，《太祖高皇帝圣制·谕曹国公李文忠西平侯沐英等敕》。

行，散处于便宜畜牧之处。"①

元人北撤和边民内徙，在长城附近造成了大片的空旷地区，长城以北更甚。同时，由于当地居民稀少，宣府、辽东、甘肃等地不设郡县，而是"遣将择兵镇之"，"捍外卫内"②，统以卫所。所谓"旧郡邑守宰尽罢，其戍居兵卒，武吏驭之"③，以数百万军民付之武弁，无人"抚循其疾苦，保护其妻孥"④。这对于北方边境地区的开发和巩固是不利的。明人认为，边地诸镇不设宰守"亦一时权宜"，"文皇乘三驾余威，图复郡邑旧制，而鼎成之亟，渊虑未纾"⑤。从洪武末年，明廷就已考虑在边地充实民户了。洪武二十六年，置宣府前左右卫、万全右卫、怀安卫，"民户不足，调山西诸处余丁实之"。永乐十二年，礼部尚书赵羾来宣府辑迁民，"羾至，披荆斩棘，布约束，分田立市，甚劳悴云"⑥。永乐二年立保安州，十二年立隆庆（今延庆）州，"至是始迁民实之"⑦。但这种工作做得太少了，永乐时期新立者唯保安、隆庆二州，开平一卫而已。远不能弥补以前大规模迁徙造成的人员空白。以当时的国力而言，恢复边地郡邑建制并移民实之是完全可以办得到的，然而朱棣所重的是远方的武功，于此未甚用力。相反，由于大宁都司及各卫所的内徙，万全都司、山西行都司部分卫所的内徙，以及兴和的废弃⑧，反倒加重了长城以北地区的空旷荒凉的局面。终永乐之世以及后来这种局面并未改变甚至有所发展。曾任明兵部职方郎中的陆容（1436—1494）说："居庸关

① 《明太宗实录》卷九六，永乐七年九月庚午，台湾"中研院"历史语言研究所校印本，第1267页。
② （明）孙世芳、栾尚约撰：《宣府镇志》卷一一，明嘉靖刻本。
③ （明）孙世芳、栾尚约撰：《宣府镇志序》卷首，明嘉靖刻本。
④ （明）李若星：《请添设知府书》，顾炎武：《天下郡国利病书》卷六二引。
⑤ （明）孙世芳、栾尚约撰：《宣府镇志序》卷首，明嘉靖刻本。
⑥ （明）尹耕：《两镇三关通志》卷三，洪武四年秋八月"归所徙吏民"，"于是议复故州县"，与《实录》四年六月徐达"徙山后之民"相矛盾。疑误。
⑦ （明）孙世芳、栾尚约撰：《宣府镇志》卷二五，明嘉靖刻本。
⑧ （清）张廷玉等撰：《明史》卷四○《地理一》；卷四一《地理二》。

以外抵宣，驿递官皆百户为之，陕西环县以北抵宁夏亦然。盖其地无府州县故也。"①朱元璋的内徙是为了御外，朱棣的内徙是为了防内，尽管都满足了一时的形势需要，但却留下了长久的遗患，其不利于北方地区的开发和边疆的巩固是显然的。

为了防止为北元—鞑靼侵扰者所乘，明朝还限制军民到边界之外去耕牧。"故事，边界封界之外，军民不得擅出耕牧。"②这样，许多耕地草场，只好荒废。不仅如此，自永乐时期起，边外野草也不容其生长，每值秋冬，出塞烧荒，使鞑靼人不得近边放牧，以减少引发事端的机会。"太宗皇帝建都北京，镇压北房，乘冬遣将出塞烧荒哨瞭。"③

永乐五年十二月癸巳，敕镇守大同江阴侯吴高曰："尔奏沿边草盛，欲焚之，最当。第虑旁近未知，或生疑怪，且巡徼军马，仓卒难避，屯堡房舍，将有所损。须预报之使备。"④

这当是烧荒之始。后来则逐渐形成定制：

> 焚荒，每年冬十月初间，以草枯为始，本镇统领官军出境焚烧野草，使鞑贼不能南牧。⑤

> 每岁冬，镇守总兵会同赞理军务都御史，奉敕移文各路副总参游守备备御提调守堡等官，遵照会行日期，各统所部军马出境，量地广狭，或分三路五路，首尾相应而行，预定夜不收分投哨探，放火沿烧野草尽绝……近年兵马出境烧荒，俱至

---

① （明）陆容：《菽园杂记》卷一，第5页。
② （明）白圭：《复万翼安边疏》，《明经世文编》卷四二《白恭敏奏疏》，中华书局，1962年，第329页。
③ （明）徐有贞：《条议五事疏》，《明经世文编》卷三七《徐武功文集》，中华书局，1962年，第285页。按：原文"皇"误作"岂"。
④ 《明太宗实录》卷七四，永乐五年十二月癸己，台湾"中研院"历史语言研究所校印本，第1024页。
⑤ （明）孙世芳、栾尚约撰：《宣府镇志》卷二二。志载宣镇烧荒始于正统年间。

二百里外，顺风举火，草莽烧焚尽绝。贼闻兵马出境皆远遁，绝无踪迹。①

本来，蒙古族建立了大元帝国之后，经过近百年的经营，长城以外广大草原地区曾经一度出现了经济繁荣的局面，所谓"屯田连络，监牧相属，宫室相望"②。但是由于明朝与北元政权之间的长期战争，由于蒙古族居民的北撤，靠近长城地区居民的南徙，以及限制缘边耕牧，秋冬烧荒等等措施，使这些地区变得一片荒凉：

（永乐八年北征）车驾次凌霄峰，登绝顶，望漠北，（朱棣）顾学士胡广等曰："元盛时，此皆民居，今万里萧条，惟见风埃沙草耳！"③

曰开平。旧有元之斡耳朵，犹华言宫殿也。今则荒台断础，零落于凄风淡月之间。④

沙漠真旷荡，马力未穷，惟近塞则多山川林木及荒城废寺。如沿河十八郤者，其兵墟尚历历可数。极北则地平如掌，黄沙白草，弥望无垠⑤

出得胜口……过抚州，惟荒城然。北入昌州，居民仅百家。⑥

迁民、烧荒、限制耕牧，使蒙古人不得近边放牧，可能会减少一些事端。但大片的沃土草滩任其荒废，是对生产力的一种破坏，

---

① （明）张萱：《西园闻见录》卷五九《兵部八·贡市》"杨一清日"。
② 不著撰人：《大元马政记》。
③ 《明太宗实录》卷一〇二，永乐八年三月丙子，台湾"中研院"历史语言研究所校印本，第1327页。
④ （明）岷峨山人：《译语》，影印明刊本《纪录汇编》卷一六一，叶十上下。按："斡耳朵"原作"斡耳朵"，误。
⑤ （明）岷峨山人：《译语》，影印明刊本《纪录汇编》卷一六一，叶十二上。
⑥ （明）叶盛：《水东日记》卷三五《中堂事记纪行录》，中华书局，1980年，第342—343页。

不利于边境地区的经济开发。固然不能资敌，但也不能资己之军国之用。从长远来看，这种做法是失策的。另外，当明军出塞征讨时，既无耳目向导，也无居民协助。大军粮饷，徒靠内地人民驮负馈运，行动是很不方便的。洪武二十三年，燕王临塞，谕诸将曰："吾与诸将军受命提兵沙漠，扫清胡虏。今虏无城廓居止，其地空旷。千里行军，必有耳目，不得其所，难以成功。"①说的正是这种情况。朱棣即位后，数次北征，迄无成功，与此不无关系。

另外，由于蒙族人民与中原经济联系的切断，他们失掉了许多生活用品的生产手段和来源。又由于与明朝处于对立地位，贸易关系不能正常地发展。为了满足物质生活的需要，他们不得不南下抢掠。如果说永乐以前蒙古人尚有恢复中原的能力和企图的话，那么永乐以后，他们的南下主要是为了满足其经济需要，定期的抢掠成了他们经济生活的一部分。因而明朝的防守，也带上了季节性的规律。每当"首春气和，坚冰渐薄，塞草将萌，胡马瘦而弓弛"，蒙古族人多在草原经营牧畜，明军则得以喘息："解甲以候熏风，整雕鞍以待秋至"。秋天到来，百草结籽，马肥弓劲，正是蒙古入掠之时，此时明军则"控弦执矢，观衅而动"。这就是所谓"防秋"②。秋天正值内地收获，蒙古人多于此时南下因粮，但这时"农人收获，壁不可坚：禾稼栖亩，野不可清。虏或因粮于我遂深入，而秋高马肥，恒凭强以逞"。因而"防秋之兵，远地调集，主客相参，步军受陣，马军列营，视四时独加严焉"③。朱棣，以及后来的君臣，在北部边防问题上尽管处心积虑，但似乎没找到问题的根源。问题在于，只要上述经济形势不改变，明朝的所谓"边患"就不能解除。朱棣的频年征讨，更加剧了草原地区与中原的隔绝局面，想要制驭蒙古几乎完全不可能了。

---

① （明）陈仁锡：《皇明世法录》卷一五《圣武》。
② （明）陈仁锡：《皇明世法录》卷一二下《劳大同都卫指挥》。
③ （明）杨宗气修、周斯盛纂：《山西通志》卷二七《武备上》，明嘉靖刻本。

## 二、严关坚堡，且耕且战

朱元璋很注意北部地区的军事工事的建设，洪武时关隘烽堠遍布边境，"自辽以西，数千里声势联络"[1]，用以"限隔内外"，"詟服胡虏，抚辑边氓"[2]。

永乐以后，由于大宁都司的内迁，宣府等地成为冲要，后来迁都北京，靠近边境，朱棣更重视北部边防工事的建设。其主要设施有屯堡、壕堑、墩台。

据《山西通志》载：

> 土堡　相度地宜，依山据险而为之，各堡积矢石备器械，官有廨宇，士有营舍，而仓廒草场咸备焉。语曰，百人之堡，千人不能攻，其势便也。
>
> 堑窖　多凿于近垣，以阻侵轶，凿地横垣曰堑，间凿间否，形如品字，有隆有伏，互相倚伏曰窖。盖城堡所以能御患者，以有堑窖为恃也。
>
> 烽墩　多设于边境，以时侦望……相地形高耸足以眺远者，筑立墩台，设军戍守。一旦有警，昼则鸣炮，夜则烽火，庶警报易以飞传，兵马便于召集。[3]

永乐时期所修大体类此。

（永乐二年十二月庚午）宣府总兵官武安侯郑亨等奏，修筑

---

① （清）张廷玉等撰：《明史》卷九一《志第六七·兵三》，第2236页。
② 《明太祖实录》卷一四八，洪武十五年九月丁卯，台湾"中研院"历史语言研究所校印本，第2239页。
③ （明）杨宗气修、周斯盛纂：《山西通志》卷二七《武备上》，明嘉靖刻本。

宣府诸处屯堡成。先有敕谕亨等于宣府、万全、怀安诸处简军马，坚垒壁，谨烽堠，慎防御之务。每数堡择一堡为高城深壕，城多置门，其中开井积水，以聚数堡之人马辎重粮饷。昼夜瞭望，寇至夜则举火，昼则举炮为信。以军士坚守之，附近屯堡军亦皆移入其中。亨等经营规画，至是始备云。①

朱棣还屡次下令加以督促：

（永乐四年四月二十一日）敕谕屯堡务要壕堑坚深，日夜遣人望高哨瞭，不可顷刻少怠，钦此。

（永乐十九年六月二十七日）敕各处城池，务要十分整理得坚，屯堡务要修理得停当，摆布如法，便如一座城一般。朕将亲来巡视，钦此。

（永乐二十年十月初八）但是沿边及各难守屯堡，即将人口头匹，尽数收拾入坚固屯堡内居住，务在坚壁清野，使寇无所得，必然就擒。钦此。②

据《译语》："虏好野掠，不攻城（以攻城旷日费力也），间攻堡寨。人果死守，则亦弃去。""尝有畏死退缩者，贼入则无唯类。"③因此，屯堡的坚固，对保护沿边军民不遭侵扰有相当作用。

宣府以外，宁夏、甘肃、大同、辽东等沿边要地都有屯堡设置。永乐十二年朱棣曾命行在兵部、都察院遣官按视各处屯堡建设的情

① 《明太宗实录》卷三七，永乐二年十二月庚午，台湾"中研院"历史语言研究所校印本，第631页。

② （明）叶盛：《修复屯堡保障军民疏》引《宣府各卫纂修底册》，《明经世文编》卷六〇《叶文庄公奏疏二》，中华书局，1962年，第480页。

③ （明）岷峨山人：《译语》，《纪录汇编》本。

况<sup>①</sup>。朱棣还规定了屯堡的规制：

> 上命边将置屯堡为守备计。每小屯五七所或四五所，择近便地筑一大堡，环以土城，高七八尺或一二丈，城八门。周以壕堑，阔一丈或四五尺，深与阔等，聚各屯粮刍于内。其小屯，量存逐日所用粮食，有警即人畜尽入大堡，并力固守。<sup>②</sup>

沿边还修筑了许多城池、石垣、壕堑。永乐七年六月，朱棣对后军都督同知曹隆等说："国家置边军镇守，所恃城池为固……须高城深池，日夜警备，若城池坚完，巡逻不息，猝有缓急，可以战守随宜。"<sup>③</sup>永乐十年八月，又命边将在长安岭、野胡岭及兴和迤西至洗马林"凡关外险要之地，皆崇石垣，深壕堑，以防虏寇"<sup>④</sup>。永乐十三年三月，"大同镇守左都督朱荣言：大同右卫及定边卫城池，当边境冲要。其忙牛岭、兔毛河、赤山、榆杨口、东胜诸处，城垣低薄、无壕堑，宜急修筑。从之"<sup>⑤</sup>。永乐十一年二月，敕镇守辽东都督刘江曰："前尝令边将于诸屯择一屯多有水草处，深作壕堑，开井积水，凡邻近各屯行李刍粮孳畜皆置于内。有警则诸屯相与协力拒守，尔独不遵，尔别有良策否？即有缓急，不致误事否？宜深计之，毋贻后悔。"<sup>⑥</sup>

---

① 《明太宗实录》卷一五五，永乐十二年九月丁酉，台湾"中研院"历史语言研究所校印本，第1792页。

② 同上。

③ 《明太宗实录》卷九三，永乐七年六月戊午，台湾"中研院"历史语言研究所校印本，第1236页。

④ 《明太宗实录》卷一三一，永乐十年八月己未，台湾"中研院"历史语言研究所校印本，第1616页。

⑤ 《明太宗实录》卷一六二，永乐十三年三月己酉，台湾"中研院"历史语言研究所校印本，第1839页。

⑥ 《明太宗实录》卷一三七，永乐十一年二月己未，台湾"中研院"历史语言研究所校印本，第1665页。

朱棣曾多次下令各处建筑烟墩。烟墩之设有定制：

> 永乐十一年令筑烟墩，高五丈有奇，四围城高一丈五尺，外开壕堑，钓桥门道。上置水柜，暖月盛水，寒月盛冰，墩置官军守瞭，以绳梯上下。[1]

这样的城堡、墩台、壕堑，遍布北方边境，东起辽东，经宣府、大同、宁夏、甘肃，直至嘉峪关，各种军事设施连绵不绝。正德年间，礼部郎中都穆（1459—1525）出使宁夏，尚得见永乐初何福所筑城[2]，甚至河州、洮州、岷州诸卫，也有边墙隘门等设施[3]。

1980年，笔者曾实地考察从宣化到大同一带的烟墩城堡。从宣化往西，过柴沟堡，沿洋河西岸，冈峦起伏。冈脊之上，烟墩相望，延绵不绝。偶尔在河岸也可以见到城堡。如柴沟堡西有一废弃的古城堡，城墙大体完好，呈正方形，每边约一百米，夯土筑成。访于当地居民，有说是城，有说是堡，当为明朝边军屯驻所用。这种墩台城堡的布置，一直绵延至大同，仍然比比皆是。如大同往西的十里河两岸，往北的御河两岸，往东北方向的南洋河两岸，都是这样。盖河床平旷，沿河是蒙古人入口的天然通道，当然也是御边瞭敌的冲要之地。以御河两岸为例，从德胜口、宏赐堡往南，河东岸是一道土筑边墙，残存墙高一米或不足一米，阔三、四米，每相隔五六百米有一墩台，随山势而建。河西岸峰峦起伏，每峰峦的制高点都有墩台，弥望无际。

在大同市西十里河北岸观音台东侧，我们仔细查看了一座墩台。台为黄土夯筑，台基为正方形，每边约七米，台高残存约十米，顶部亦呈正方形，每边约五米。台东北角有土筑阶梯从地面通往台顶。

---

① （明）郑文彬：《筹边纂议》卷四，叶十三上，明万历刻本。
② （明）都穆：《使西日记》卷下，中国书店，1959年影印明嘉靖刻本。
③ 顾颉刚：《史林杂识》初编，"河、洮间之明边墙"，中华书局，1963年。

台外四周围以土墙，正方形，每边约二十米。当地居民说，台西在50年代初还有石砌房子的墙基，房子附近还有石磨，可能是守堡士卒居住生活之用，今皆荡然无存。

当然，这些烟墩城堡并不一定都建于明初，但我们还是可以从中看出明朝对北部边防的重视和经营的苦心。

对于通往鞑靼、瓦剌的关口道路则"补其缺，塞其罅"，驻以严兵，"以为外寇之防"①。比如，古北、喜峰二口，是鞑靼、瓦剌入寇的必经之路，军事要地。永乐八年正月丙子，塞古北口小关口及大关外门，仅通一人一马②。又如：

（永乐十二年十月丙戌）塞保安董家庄等十一处山口，深井、李家庄、大箭口三处设烟墩守之。③

（同年十二月辛卯）羽林前卫指挥同知朱腾等，往视山后道路……还言：苏林口二十六处，旧有官军守备，其黄石崖、庄窠涧二处，并新视山口九处，俱合置守备。又言：守口军旧止五六人，今宜增为十人。从之。④

（十三年正月丙午）塞居庸关以北潭峪……等处山口，每口戍卒十人守之。⑤

---

① （明）丘濬：《大学衍义补》卷一五一，《治国平天下之要》"驭夷狄·守边固圉之略下"，中国人民大学图书馆藏明崇祯壬申本。

② （清）顾炎武：《昌平山水记》卷下，北京古籍出版社，1980年，第30页。

③ 《明太宗实录》卷一五七，永乐十二年十月丙戌，台湾"中研院"历史语言研究所校印本，第1798页。按：红格本"大箭口"作"大战口"，误，参见同书十四年九月壬寅条及江苏本卷九四。

④ 《明太宗实录》卷一五九，永乐十二年十二月庚辰、丁酉，台湾"中研院"历史语言研究所校印本，第1809页、1812页。

⑤ 《明太宗实录》卷一六〇，永乐十三年春正月丙午，台湾"中研院"历史语言研究所校印本，第1816页。

（十月乙亥）塞关外宴磨峪……隘口一十六处，以军士十人守之。①

（十四年九月壬寅）保安卫指挥司奏，所辖境内诸隘口，可通车骑者三……皆已设烽堠，分兵守之，樵牧小径八……悉已塞之。其纸坊沟等处，又有可攀援而度者，亦宜分兵巡守。会议，可通车骑者，用百户一员领甲士二十人守备；樵牧小径，宜用甲士十人。从之。②

可见朱棣十分注意对关口的控制。

明朝对关口的管理，更是严格。出入关口者须凭勘合，检验无伪方许放行。永乐七年四月丙戌，命编置紫荆、居庸、古北、喜峰、董家、山海六关口出关勘合，以防诈伪。每关一百道，以礼乐射御书数六字为号。北京留守行后军都督府、行在兵部皆用印钤记，而各置底簿。以兵部底簿并勘合送内府，都督府底簿付各关口。公差出关者，必得内府勘合为验乃出。无者，从守关官执奏③。

为了防止诈伪，守边军队的调动也以勘合为凭。永乐七年五月辛卯，置边城调军勘合。"上以边戍调遣，止凭敕书，虑或有诈。乃以勇敢锋锐神奇精壮强毅克胜英雄威猛十六字编为勘合，共百号。底簿比号簿各一。底簿及勘合留内府，比号簿付边将掌之。遇有制敕调遣军马，须凭勘合比号相同，方许奏行。如有制敕，而无勘合，有勘合而比号不同者，皆为诈伪。于是给甘肃总兵官左都督何福、大同江阴侯吴高、宁夏宁阳伯陈懋、宣府武城侯王聪比对勘合簿各

---

① 《明太宗实录》卷一六九，永乐十三年十月乙亥，台湾"中研院"历史语言研究所校印本，第1882页。按：红格本脱"每处"二字，今以江苏本卷九八补之。

② 《明太宗实录》卷一八〇，永乐十四年九月壬寅，台湾"中研院"历史语言研究所校印本，第1957页。按：影印红格本此条错字颇多，今从江苏本卷一〇二。

③ 《明太宗实录》卷九〇，永乐七年四月丙戌，台湾"中研院"历史语言研究所校印本，第1188页。据江苏本卷六二改错字。

一。"<sup>①</sup>永乐十一年九月丙申，"敕镇守辽东都督刘江等曰，立边防以严内外，先王之制不可不谨。自今非有御宝文书不许出塞。虽传朕言，而无御宝文书者，皆不许。其境内商旅及公干有验者听"<sup>②</sup>。

明朝禁止军民官员与外人私相往来，所谓"人臣无外交"，虽宗室亲王封疆大吏也不例外。既为防止"人臣"造成内患，更防止其勾结敌人泄漏军务引起外患。永乐五年四月戊戌，"敕甘肃总兵官西宁侯宋晟曰：'朝廷禁约下人私通外夷，不为不严。比年回回来经商者，凉州诸处军士多潜送出境，又有留居别失八里、哈剌火州等处，泄漏边务者。此边将之不严也。已别遣监察御史覈治，自今宜严禁约'"<sup>③</sup>。同年八月庚戌，"敕陕西行都司都指挥陈敬及巡按监察御史曰：'人臣无外交，古有明戒。我太祖高皇帝申明此禁，最为严切。如胡惟庸私通日本，祸及身家天下后世，晓然知也。今边境犹有玩法嗜利之人，往往潜住卜笼吉儿、沙迷查干诸处，诡称朝使，索取宝物，或于道途窃盗外夷所贡善马，或为商贩图利，此皆边将不谨致然。都指挥为朝廷镇守边境，御史为国家耳目之臣，皆坐视不理，可乎？其悉心廉问防闲，不可纵弛'"<sup>④</sup>。

对于边将与"外夷"的交往，防禁更严。永乐四年八月庚子，"以辽东镇守保定侯孟善所为非法，降敕切责之曰：'将之御寇，犹犬之防盗，犬与盗狎，将何用焉，况复坏朝廷之法！姑贷尔罪。如不改过，悔将无及'"<sup>⑤</sup>。永乐八年十二月甲寅，"敕甘肃总兵官西宁

① 《明太宗实录》卷九二，永乐七年五月辛卯，台湾"中研院"历史语言研究所校印本，第1223页。据江苏本卷六三改错字。

② 《明大宗实录》卷一四三，永乐十一年九月丙申，台湾"中研院"历史语言研究所校印本，第1706页。按：红格本"自今"误作"自念"，今从江苏本卷八九改。

③ 《明太宗实录》卷六六，永乐五年四月戊戌，台湾"中研院"历史语言研究所校印本，第929页。

④ 《明太宗实录》卷七〇，永乐五年八月庚戌，台湾"中研院"历史语言研究所校印本，第984页。按：红格本此条错字甚多，今从江苏本卷五一改。

⑤ 《明太宗实录》卷五八，永乐八年十二月甲寅，台湾"中研院"历史语言研究所校印本，第848页。

侯宋琥（？—1430）曰：'尔前奏曲先卫头目有久居沙州令至甘肃者，既至，则当即送朝廷，乃留之不遣何也？《礼》臣子无外交。虽为边将，非有警急及受命权宜行事，宜谨守常法，不宜轻易遣人出境……昔中山王守北京十余年，未尝轻遣一人出塞外。当时边圉无事。中山王亦安享富贵令名无穷。尔能遵朕训，则边境可安，尔之富贵永远矣'"①。

朝廷常常命令边将派人出境巡逻侦察。比如永乐二年正月辛亥，"命宣府备御武城侯王聪、同安侯火真率骑兵五千人，马千五百匹巡逻迤北"②。永乐三年二月甲申，"敕武城侯王聪、同安侯火真率骑兵三千人哨瞭迤北"③。同年六月庚辰，"遣中官山寿等率骑兵由枪杆岭出云州北行，与武城侯王聪等会兵觇虏兵。各赍一月粮，每三十里置马五匹，以备驰报"④。永乐四年六月戊辰，"敕宁夏总兵官左都督何福曰：'漠北归人郭大都等至京言，虏俟冬欲南来圆山孳牧，尔宜严固边防。待九月尽，令郭大都为向导，遣精骑出塞觇之。'"⑤

沿边驻军，除保护边内人民正常耕作生活外，本身还负担着屯田的任务。足食足兵，是中国传统的军事思想。明朝尚未建国时，朱元璋就重视屯田。后来，朱元璋曾对冯胜、傅友德说："屯田守边，今之良法。与其养兵以困民，孰若使民力耕而自卫？"⑥永乐时期，屯田有了新的发展。永乐三年朱棣敕谕说：

① 《明太宗实录》卷一一，永乐八年十二月甲寅，台湾"中研院"历史语言研究所校印本，第1422—1423页。
② 《明太宗实录》卷二七，永乐二年正月辛亥，台湾"中研院"历史语言研究所校印本，第494页。
③ 《明太宗实录》卷三九，永乐三年二月甲申，台湾"中研院"历史语言研究所校印本，第657页。
④ 《明太宗实录》卷四三，永乐三年六月庚辰，台湾"中研院"历史语言研究所校印本，第685页。
⑤ 《明太宗实录》卷五五，永乐四年六月戊辰，台湾"中研院"历史语言研究所校印本，第815页。按：红格本"漠北归人"作"漠比脱归人"，今从江苏本卷三五改。
⑥ （明）尹耕：《两镇三关通志》卷九，美国国会图书馆藏明刻本。

朕即位之初，便思量安养的道理，只要使平民丰衣足食，共享太平，常想着太祖高皇帝时，都着他耕种自食，又积攒起余粮防备水旱。百姓免得转输，军士并无饥窘。这个办法甚是两便……因此上，着恁每官军，依着定的分数下屯，专委官管领，定立赏罚则例，年终赴京比较。每一都司拨旗军十一名种样田，只是教恁每勤耕力种，攒下粮食，官府起盖仓廪，替恁收藏起来①。

朱棣称此为"且耕且战"。永乐四年二月丁亥，"敕山西等都指挥司：'方春时和，边民皆务耕种，虏或乘时侵掠，民不得尽力畎亩，宜严兵以备。寇至则捕击，无事则归屯，慎守疆场，训练士卒，且耕且战，尔其慎之！'"②永乐九年三月乙酉，"镇守大同江阴侯吴高言：'山西行都司属卫军士，今或全卫，或什之七八屯种，故操练者少。请留其半操练，以备不虞。'上谕兵部臣曰：'守备固不可单弱。若兵食不足，亦难与守。宜视其地险夷、制多寡之数。阳和留什之四，天城、朔州留什之三，蔚州留什之二，余悉令屯种。且耕且守，以为定制'"③。屯田的发展，在一定程度上保证了军粮供给，减轻了军民馈运的负担。关于永乐时期的屯田，王毓铨先生在《明代的军屯》中有很深入的研究，本书就不赘言了。

杨荣诗句"关塞有兵严号令，屯营无事乐耕耘"④，"猛士防边严警柝，行人驻马听泉声"⑤，正是永乐时期边关情况的真实写照。

---

① （明）杨宗气修、周斯盛纂：《山西通志》卷二四，明嘉靖刻本。

② 《明太宗实录》卷五一，永乐四年二月丁亥，台湾"中研院"历史语言研究所校印本，第768页。错字据江苏本卷四〇改。

③ 《明太宗实录》卷一一四，永乐九年三月乙酉，第1459页。

④ （明）杨荣：《杨文敏公集》卷六《自宣府至德胜关》，中国国家图书馆藏明正德十年（1515）刻本。

⑤ （明）杨荣：《杨文敏公集》卷六《度居庸关》，中国国家图书馆藏明正德十年（1515）刻本。

# 第十二章 攻伐论

## 一、从"来者不拒，去则不追"到"逆命必歼"

虽然在朱元璋的怀柔政策下，有不少蒙古官民归顺了明朝，甚至在官僚队伍中有鞑官，军队中有鞑军；而且由于明军的打击，由于蒙古内部的纷争，蒙古势力有所削弱，但从整体上说，蒙古鞑靼、瓦剌、兀良哈三部并未正式置于明朝的统治之下。明人说："成祖以武定天下，欲威制万方。"[1]对于不肯归顺的蒙古势力是不会置之不问的。但是，朱棣即位之初，百废待举，而处于纷争中的蒙古各部，一时也还难以对明朝构成威胁，因而，在永乐初期对蒙古的政策是以怀柔为主，以防守为主，即所谓"来者不拒，去则不追"。凡来归附的，均以礼接纳，不愿归或归而复叛者，也不强求。

洪武三十五年（建文四年，1402）十二月，"有边地降虏叛去者，宁夏总兵官左都督何福请举兵追之"。朱棣说："但今朝廷大体，当以诚待之。春秋驭夷之道，来者不拒，去则不追。盖彼之来，既无益于我，则其去也亦何足置意！况其同类颇众，其间必有相与为亲戚者，今若以兵讨叛，其末叛者亦将置疑。不若姑听其去，但严兵

---

① （清）张廷玉等撰：《明史》卷三三二《西域四·坤城》，第8625页。

备、固疆圉，养威观衅，顺天行事。如造次轻举，后悔无及。"[①]

对于边外用兵，朱棣还举汉武帝以为戒。他说："汉武帝穷兵黩武以事夷狄，汉家全盛之力遂至凋耗。当时虽得善马，岂足偿中国万一之费？朕今休息天下，惟望时和岁丰，百姓安宁。至于外夷，但思有以备之，必不肯自我扰之以罢弊生民。"[②]

可见，这时朱棣对于边外用兵十分谨慎，他的这种决策，显然受到实力的制约。

既然一时还不能臣服鞑靼、瓦剌诸部，那么，只有先求与之通好。朱棣一即位便遣使赴和林敕谕诸部酋长。永乐元年（1403）蒙古诸部推奉鬼力赤为可汗。朱棣又遣使致意，谕之曰："比闻北地推奉可汗正位，特差指挥朵儿只恍惚等赍织金文绮四端，往致朕意。今天下大定，薄海内外皆来朝贡。可汗能遣使往来通好，同为一家，使边城万里烽堠无警，彼此熙然，共享太平之福，岂不美哉！"[③]

这位鬼力赤可汗对于已经分裂的蒙古并没有做到实际的控制，特别是无法控制西部蒙古的瓦剌部。朱棣承认鬼力赤在全蒙古的统治权，也是限于力量无法向北伸延。但朱棣并不是不想对蒙古进行控制，他在永乐二年便向瓦剌等地派出使节，争取不战而屈之。其谕瓦剌头目马哈木（？—1416）、太平（？—1424）、把秃孛罗（？—1438）和和林等处头目说："朕承天命，主宰生民，惟体天心为治，海内海外，一视同仁。今天下底定，四方万国无不来廷，皆已厚加抚绥，欢忻感戴。惟迤北诸部犹观望进退，出没边境，未有归诚。今遣指挥完者秃那海、百户亦剌思等往谕朕意。夫天下一统，

---

① 《明太宗实录》卷一五，洪武三十五年十二月辛酉，台湾"中研院"历史语言研究所校印本，第278页。

② 《明太宗实录》卷二四，永乐元年十一月戊辰，台湾"中研院"历史语言研究所校印本，第445—446页。

③ 《明太宗实录》卷一七，永乐元年二月己未，台湾"中研院"历史语言研究所校印本，第307页。

华夷一家，何有彼此之间？尔其遣人往来相好，朕即授以官赏，令还本地射猎畜牧，安生乐业，永享太平之福。"[1]

我们对比永乐元年和永乐二年的两通敕书，便会发现其中的矛盾。朱棣既然承认鬼力赤为蒙古可汗，要求通好，便不该再遣使瓦剌头目及和林等处头目，望其归诚；反之，要求瓦剌头目及和林等处头目归诚明廷，便是对其可汗的不友好。朱棣推行如此矛盾的政策，正反映了他的尴尬处境与矛盾心态。他希望统治全蒙古，做个主宰华夷的君主，但又没有这个实力。他遣使蒙古可汗鬼力赤要求通好，但不真诚，因为他有臣服蒙古之心。这种矛盾的政策使他无法处理好与鬼力赤的关系，鬼力赤等人对朱棣的心计看得一清二楚。另外，可以断定，朱棣一旦认为自己的力量强大到足以臣服蒙古，便会抛弃这种矛盾的政策。

朱棣一再遣使鬼力赤，鬼力赤非但无所表示，反而一再传言鬼力赤有寇边的意图。朱棣对此十分警觉。永乐三年五月庚辰，鞑靼头目察罕达鲁花遣人归附明朝，使人言，鬼力赤见在卜鲁屯之地。朱棣联想到不久前山西地方曾报告说云内及天城小尖山有火，因而料定"此必鬼力赤遣人觇我边也"。他敕谕迤北巡哨武城侯王聪、同安侯火真曰："尔等可遣精骑密侦其动静，若来寇开平，即设伏出奇击之。"[2]朱棣一再通过各种途径了解蒙古的动静，并令缘边兵马加紧备御。永乐四年二月丙子，朱棣以书谕赵王朱高燧（1383—1431）："小旗孙成自虏中逸归，见鬼力赤、阿鲁台、也孙台向东南行。其来寇掠边境，亦未可知。尔速遣人驰报武安侯郑亨等，令坚壁清野以待。自黑峪、车坊至鱼台领隘口，可塞者塞之，不可塞则凿深壕以断其路，仍督兵屯田，且守且耕，寇来则相机用事。尔居守北京，

---

① 《明太宗实录》卷三〇，永乐二年四月辛未，台湾"中研院"历史语言研究所校印本，第533—534页。

② 《明太宗实录》卷四二，永乐三年五月庚辰，台湾"中研院"历史语言研究所校印本，第676、677页。

一切边务皆当究心。"他同时还谕武城侯王聪、同安侯火真率将士往兴和，同武安侯郑亨备御，敕谕甘肃总兵官、西宁侯宋晟"训练士马，坚固城池以俟，无为虏所乘"。①

永乐四年三月辛丑，朱棣派遣指挥哈先、千户火儿忽答恍惚儿阿忽来赍书再谕鞑靼可汗鬼力赤，其口气已较前大为强硬。

> 朕嗣天位抚天下，体天心以为治，惟欲万方有生之众咸得其所。今海内海外万国之人悉已臣顺，安享太平。尝遣使致书可汗，谓宜通好往来，安为一家，而可汗不晤，拘我使臣掠我边境，自阻声教之外。夫天之所兴，孰能违之；天之所废，孰能举之？昔者天命宋主天下，历十余世，天厌其德，命元世祖皇帝代之，元数世之后，天又厌之，命我太祖皇帝君主天下。此皆天命，岂人力之所能也！不然，元之后世自爱猷识里达剌北徙以来至今，可汗更七主矣，土地人民曾有增益毫末者否？古称顺天者昌，逆天者亡，况尔之众，甲胄不离身，弓刀不释手，东迁西徙，老者不得终其年，少者不得安其居，今数十年矣。是皆何罪也哉！可汗聪明特达，宜敬天命，恤民穷，还前所遣使者及掠去边境之人，相与和好，且用宁息尔众，同享太平之福，顾不伟哉！若果负倔强之性，天命之穷有所不顾，必欲以兵一较胜负，朕亦不得独已。中国士马精强，长驱迅扫之势，恐非可汗能支也。可汗其审度而行之。文绮二表里，往致朕意。②

永乐五年十月壬辰，朱棣再次致书谕鬼力赤："前则遣使致书可汗，本朝通好，共享太平，乃拘留信臣不报，今再遣百户旱花等审求

---

① 《明太宗实录》卷五一，永乐四年二月丙子，台湾"中研院"历史语言研究所校印本，第764—765页。
② 《明太宗实录》卷五二，永乐四年三月辛丑，台湾"中研院"历史语言研究所校印本，第778—779页。

其故。祸福之机，天有显道，惟可汗省之。"[1]然此次致书仍不获报。

这时，蒙古鞑靼、瓦剌之间攻杀不已。有名无实的可汗鬼力赤实际在鞑靼头目阿鲁台的控制之下，被当作号召蒙古各部的工具。但因鬼力赤"非元种"，"其臣不肯下"[2]。

与此同时，元裔本雅失里的势力却在兴起。本雅失里又名完者秃，流亡于帖木儿帝国，居撒马儿罕之地。蒙古兀良哈部来朝者向明廷报告说，本雅失里欲率其卒合别失八里之众南掠。虽然别失八里远在西北，且据说本雅失里部属不过百人，但以其元裔的身份，必有相当的号召力，朱棣绝不能掉以轻心[3]；又有消息说，蒙古将遣人"迎立之"。于是，朱棣于永乐六年正月甲子派遣太监王安往别失八里，潜察其所向，同时勒令甘肃总兵官何福等，遣人往哈密以买马为名而"觇本雅失里动静"[4]。三月辛酉，朱棣又遣使赍书谕本雅失里，劝其勿做非份之想：

> 鸿胪寺丞刘帖木儿不花等回，知尔自撒马儿罕脱身居别
> 失八里，今鬼力赤等迎尔北行。以朕计之，鬼力赤与也孙台文
> 结肺腑之亲，相依为固，今未必能弃亲就疏矣，况乎握重兵！
> 虽或其下有附尔者，亦安敢与之异志？今尔与鬼力赤势不两立
> 矣！夫元运既讫，自顺帝之后传爱由识里达腊至坤帖木儿，凡
> 六辈相代瞬息之间，且未闻一人遂善终者。此亦可以验天道。
> 然则，尔之保身诚不易也。去就之道正宜详察善处。古之有天
> 下者，皆于前代帝王子孙封以爵土，俾承宗祀，如周封舜之后

① 《明太宗实录》卷七二，永乐五年冬十月壬辰，台湾"中研院"历史语言研究所校印本，第1004页。

② （清）谷应泰：《明史纪事本末》卷一二《亲征漠北》，第331页。

③ 《明太宗实录》卷七二，永乐五年冬十月壬辰，台湾"中研院"历史语言研究所校印本，第1003页。

④ 《明太宗实录》卷七五，永乐六年正月甲子，台湾"中研院"历史语言研究所校印本，第1030—1031页。

胡公满于陈，封夏之后东楼公于杞，封商之后箕子于朝鲜，微
子于宋。汉唐宋亦皆封前代之后。我皇考太祖高皇帝于元氏子
孙存恤保全尤所加厚，有来归者皆令北还，如遣妥古思帖木儿
还，后为可汗，统率其众，承其宗祀，此南北之人所共知也。
今朕之心即皇考与前古帝王之心，尔元氏宗嫡，当奉世祀，吉
凶二途，宜审思之。如能幡然来归，加以封爵，厚以赐赍。俾
于近塞择善地以居，惟尔所欲。若为下人所惑，图拥立之虚名，
虽祸机在前有不暇顾，亦惟尔所欲。朕爱人之诚同于皦日，今
再遣刘帖木儿不花等谕意，并赐织金文绮衣二袭，彩币四端，
尔其审之。①

朱棣的一纸诏书自然没能阻止本雅失里东来，权位的诱惑力是
至为强大的。但有一点则被朱棣说中了，鬼力赤必与本雅失里势不
两立，而首先受害的竟是鬼力赤。永乐六年十二月，传来蒙古迎立
本雅失里戕杀鬼力赤的消息。②鬼力赤的被戕杀，也许不完全因为他
"非元种"，有传说"鬼力赤欲归附而未决"③，是否与其被戕杀有关，
亦未可知。

本雅失里雄心勃勃，甚至要恢复大元帝国。朱棣被迫接受了本
雅失里被立为可汗这一现实。永乐七年三月，朱棣派都指挥金塔卜
歹和给事中郭骥出使鞑靼，郭骥曾出使帖木儿汗国，很可能与本雅
失里相识④。朱棣在信中说：

---

① 《明太宗实录》卷七七，永乐六年三月辛酉，台湾"中研院"历史语言研究
所校印本，第1043—1044页。

② 《明太宗实录》卷八六，永乐六年十月癸巳，台湾"中研院"历史语言研究
所校本，第1143页。

③ 《明太宗实录》卷六五，永乐五年三月甲戌，台湾"中研院"历史语言研究
所校本，第921页。

④ 〔日〕和田清：《明代蒙古史论集》下册，"永乐朝的经略"，商务印书馆，
1984年，第50—51页。

　　边将得尔部下完者帖木儿等二十二人来，其言众已推立尔为可汗，尔欲遣使南来通好，朕心甚喜。今遣都指挥金塔卜歹、给事中郭骥等赍书谕意。可汗诚能上顺天心，下察人事，使命往来，相与和好，朕主中国，可汗主沙漠，彼此永远相安于无事，岂不美哉！彩币六表里，用致朕意，完者帖木儿等朕念其有父母妻子，均给赏赐令使臣送归，可体朕至意。

　　朱棣在诏书中表示无意臣服本雅失里，愿意与其平起平坐。他送还了边将所得之二十二人，对其臣阿鲁台等也都有赐赍，真可以说是至为诚恳了①。

　　然而，事实并不像朱棣信中说的这样简单、美好。朱棣在争取通好本雅失里的同时，仍然在与蒙古瓦剌部频繁联络。永乐六年十月丙子，朱棣接待了瓦剌马哈木等的使节②，并于七年五月封瓦剌马哈木为特进金紫光禄大夫顺宁王，太平为贤义王，把秃孛罗为安乐王③，并给赐印诰。既然称本雅失里为可汗，又相约"可汗主沙漠"，为什么又封其臣马哈本等为王？且本雅失里既为元裔④，自以乃祖乃兄继承者自居，其志焉得囿于沙漠？本雅失里心中十分清楚朱棣的诚意有多大。他绝不会接受朱棣为他划定的范围。而且，迎立本雅失里的主要是鞑靼头目，瓦剌与之势不两立，朱棣封瓦剌头目为王，只能会给鞑靼头目带来反感。果然，本雅失里等拒绝了朱棣的要求。

---

　　①《明太宗实录》卷九〇，永乐七年三月丁丑，台湾"中研院"历史语言研究所校印本，第1186—1187页。

　　②《明太宗实录》卷八四，永乐六年十月丙子："瓦剌马哈木等遣暖答失等随亦剌思等来朝，贡马且致诚，恳请印信封爵。上嘉其意，命礼部宴劳暖答失等，赐之金织绮文袭衣。"台湾"中研院"历史语言研究所校印本，第1117页。

　　③《明太宗实录》卷九二，永乐七年五月乙未，台湾"中研院"历史语言研究所校印本，第1224页。

　　④　本雅失里是故元嫡裔坤帖木儿的亲弟弟。见〔日〕和田清：《明代蒙古史论集》上册，商务印书馆，1984年，第50页。

永乐七年六月辛亥，百户李咬住及鞑靼伯兰等从漠北带来了给事中郭骥被杀的消息。其时，本雅失里、阿鲁台为瓦剌所败，居于胪朐河，"欲驱败散之卒，掩袭兀良哈诸卫，遂袭边境"。朱棣无法忍受如此的侮辱，怒曰："朕以至诚待之，遣使还其部属，乃执杀使臣，欲肆剽掠，敢肆志如是耶？逆命者必歼除之耳！"①他决心用武力铲除逆命之寇。

朱棣对蒙古的政策从此发生一大变化，从"去则不追"变为"逆命必歼"。从此，他为歼"逆命"之寇耗尽了精力，一直到死于北征蒙古的归途。

从表面看来，朱棣是在一再忍让、求和不成的情况下才怒而决定用武的，实际上，朱棣对蒙古政策的变化还有更深刻的内在原因。首先，明朝国内的形势已远非朱棣即位时可比了，政治反抗已经大体平息，社会秩序已经稳定，另外对安南的战争从永乐四年开始至永乐五年告一段落，明廷在安南设置了郡县，篡弑逆命的黎季犛（1336—？）、黎苍等已献俘京师。朱棣已经可以腾出力量投向北方。朱棣"逆命者必歼除之"的话是在永乐七年六月说的，而在这一年的三月，朱棣已经从南京来到北京。难道朱棣此次北行只是为了巡幸他的龙飞之地吗？他是否对在北边用兵早有成算呢，日本学者和田清（1890—1963）说："在这期间，四月，所以派郭骥等出使蒙古，如果不是为了冀求万一侥幸诏抚收效，也只是为了获得出兵的藉口。"②和田氏是肯定朱棣早已有了出兵的考虑的，但这方面的证

① 《明太宗实录》卷九三，永乐七年六月辛亥，台湾"中研院"历史语言研究所校印本，第1234页。
② 〔日〕和田清：《明代蒙古史论集》上册，第51页。和田清引用《明史》本纪说："永乐七年三月壬戌（十九日）到北京，癸亥（二十日）大赍官吏军民，丙寅（二十三日）诏起兵。时，将士及北京效力人民，杂犯死罪咸宥之，充军者，官复职，军民还籍伍……"其断句显然错了。丙寅并非"诏起兵"，而是"诏起兵时将士及北京人民……"此"起兵"指"靖难"起兵。朱棣此举是为了安抚北京军民，报答他们在靖难之中对他的支持。

据还不足。然而，我们从朱棣的北巡、营山陵、封瓦剌马哈木等为王，以及赦免曾助其靖难的将士及北京人民之罪这些事来看，朱棣确已用更多的精力注意北边的工作，可以推断，朱棣打算用兵迫使蒙古臣服也是久有酝酿的。

军事行动很快就开始了。永乐七年七月，朱棣以淇国公丘福（1343—1409）为征虏大将军，率师十万征鞑靼。然而，就在八月，传来丘福败绩胪朐河、全军覆没的消息。《明实录》等书多以为丘福指挥失误，并说丘福辞行时，朱棣曾授以方略，丘福临阵违背朱棣所嘱云云。这显系为朱棣开脱之辞，明军失败的根本原因，就在于朱棣的轻敌。朱棣在郭骥被杀以后仅一个月，便命十万之师仓卒远征，其准备不足是显而易见的。当时海内大定，经济已经得到恢复，明军又在安南取得新胜，朱棣方在志得意满之时，又过于低估了鞑靼"残虏"的力量。他的这种情绪，很可能也传染了丘福。清初史学家谈迁说："本雅失里之初，众心未附，降胡接踵。谓垂败之虏，尺组可缚。故淇公挥剑无前，灭此朝食。迨警尘沸天，捐十万之甲以填胪朐，犹未塞也。嗟呼，蜂虿有毒，况冒顿之余腥乎！上（朱棣）在潜邸，数出塞北，自后阴山断牧者十余年。兵有时而变，不得以前事为准也。"①朱棣错误地估计了形势，对这次失败是要负责任的。此时朱棣方欲用"四夷来朝"、"天下一家"来夸耀于国人，遣使被杀，命将败绩，"逆命者"仍然逍遥漠北。高傲的大明皇帝无法忍受如此巨大的耻辱，绝不能让潜在的政治反对派在暗中窃笑。为了保住尊严，只有一种选择，亲征，而且必须取胜！

永乐八年二月，朱棣率五十万大军，深入漠北，破本雅失里于斡难河畔，本雅失里仅以七骑西逃。明军复东向击破鞑靼太师阿鲁台于兴安岭。阿鲁台部众溃散，其本人与家属远遁，明军大获全胜。

———

① （明）谈迁：《国榷》卷一四，永乐七年八月甲寅，中华书局，1958年，第1026页。

同年十二月癸巳，鞑靼太师阿鲁台遣平章脱忽歹等向明廷表示归诚，且贡马匹。朱棣并不以其曾经"逆命"便拒之。他命"宴劳之"，且赐彩币袭衣①。旋又向阿鲁台声称："朕奉天命，为天下君，惟欲万方之人咸得其所，凡有来者，皆厚抚之，初无远近彼此之间。"②只要不再"逆命"，朱棣仍然乐于接受。然而此次阿鲁台遣使"来朝"，另有他自己的目的。他向朱棣称，本雅失里西走瓦剌，带走了传国玉玺。本雅失里既然号称可汗，传国玉玺又是蒙元统治权力的象征，本雅失里西去，使得阿鲁台再难于"挟天子以令诸侯"了。相反，瓦剌的势力则会由于本雅失里和传国玉玺得到加强。鞑靼阿鲁台所争的，正是统治全蒙古的宗主权。阿鲁台企图借朱棣之手为他复仇。他甚至声称"元代子孙已绝"，否定本雅失里"元裔"的身份。其意蒙古已无合法的最高统治者了，无论本雅失里还是马哈木等，都无权号令蒙古各部。他又中伤瓦剌说："瓦剌之人非有诚心归附，彼如诚心归附，当遂献传国之宝矣。"③朱棣说："朕未尝重此宝也。"但对本雅失里和瓦剌的"逆命"必然不能置之不顾。同时，阿鲁台用各种方法向朱棣表示亲近。永乐九年六月，他又遣国公忽鲁秃来贡马，十二月，遣彻里帖木儿等来贡马。朱棣自然不会亏待，他不仅厚赐来使，给予马值，而且将洪武中俘入中原的阿鲁台的同产兄阿力台及妹送归。④

与此同时，瓦剌的首领也并没有坐视鞑靼与明朝的关系密切发展。他们同样希望借明廷之手打败自己的竞争对手。永乐八年，鞑靼被明军打败，瓦剌不禁有点幸灾乐祸。他们希望明军能将鞑靼势

---

① 《明太宗实录》卷一一一，永乐八年十二月癸巳，台湾"中研院"历史语言研究所校本，第1415页。

② 《明太宗实录》卷一一一，永乐八年十二月丁未，台湾"中研院"历史语言研究所校本，第1419、1420页。

③ 同上。

④ 《明太宗实录》卷一二二，永乐九年十二月己丑、丙申、戊戌，台湾"中研院"历史语言研究所校本，第1535、1537页。

力彻底消灭。永乐九年二月甲辰，瓦剌顺宁王马哈木等遣使马哈麻等向明廷贡方物，借机挑拨明廷与鞑靼的关系。马哈麻说："本雅失里、阿鲁台败走，此天亡之也。然此寇桀骜，使复得志，则为害边境。而西北诸国之使不敢南面，愿早图之。"①瓦剌必欲置本雅失里、阿鲁台于死地而后快。为了达到目的，瓦剌尽量向明廷表示恭顺，不断遣使入朝。朱棣自然是"来者不拒"，一律给予优礼厚赐。

但是，在鞑靼被明军打败后，瓦剌的势力却发展起来。永乐十年，马哈木攻杀了本雅失里，立其子答里巴（1395—1415）为可汗，从而夺得了"正统"的名号。不过，瓦剌要称霸蒙古还必须除掉鞑靼这一障碍。永乐十年五月，瓦剌马哈木等遣其知院答海儿等随指挥观保来到明廷。他们声称"既灭本雅失里，得其传国玉玺，欲遣使进献"，但是"虑为阿鲁所要，请天兵除之"。来使还恃强向明廷提出了一些要求："脱脱不花之子，今在中国，请还之。"还有，瓦剌部属伯颜阿吉失里等"多效劳力，请加赏赉"。甚至宣称"瓦剌士马整肃，请军器"等等②。瓦剌想用传国玉玺打动朱棣的心，诱使朱棣成为其复仇的工具。虽然朱棣说过"朕未尝重此宝"，但由于玉玺毕竟是故元皇室所系，是与明廷对抗的象征，朱棣也不能有所考虑。朱棣说："此虏骄矣，狐鼠辈不足与较"，但心中的不快是显而易见的。永乐十一年正月丙午，瓦剌顺宁王马哈木等又遣歹都孛罗台等来明廷贡马。这次更是"表词悖慢"，"多所请索"，向明廷提出"甘肃宁夏归附鞑靼多其所亲，请给部属"等许多要求。同时，明廷派赴瓦剌的敕使舍黑撒答等都在马哈木处留而不还。朱棣对瓦剌的骄狂大为不满，"遣其使者归"，并"命中官海童等赍敕，条责其罪"，

---

① 《明太宗实录》卷一一三，永乐九年二月甲辰，台湾"中研院"历史语言研究所校本，第1441—1442页。按：红格本"桀骜"作"杰骜"，"南向"作"南面"。今从江苏本。

② 《明太宗实录》卷一二八，永乐十年五月乙酉，台湾"中研院"历史语言研究所校本，第1591页。

且曰："能悔过谢罪，待尔如初，不然，必举兵讨罪"①。

与瓦剌形成对应的是，此时鞑靼竭力对明廷表示恭顺。他们指出瓦剌的骄横无理实欲与明廷抗衡。永乐十一年五月庚子，阿鲁台遣撒答失里等向明廷奏报："马哈木等弑其主，收传国玺，又擅立答里巴为主。请发兵讨之，愿率所部为前锋。"②六月己酉，漠北卜颜不花等来朝，又说："瓦剌马哈木自弑主之后，骄傲无礼，欲与中国抗衡，其遣人来朝，皆非实意，盖所利金帛财物耳。比屡率兵往来塞下，邀遏贡使，致使漠北道阻，宜以兵除之。"③据《实录》记载，明廷文武群臣听到卜颜不花等的奏报后，"皆言马哈木等背恩负德，当举兵诛"。朱棣则说："人言夷狄豺狼，信不虚矣。伐之固宜，但勤兵于远，非可易言，姑待之。如今秋不遣使谢罪，来春以兵讨之未晚。"④纵观上述瓦剌的表现与鞑靼来人的奏报，可知瓦剌马哈木等态度傲慢，多有索要，而且恃强弑主，但对明廷其实没有冒犯，完全看不出必须兴兵诛讨的理由。我怀疑《实录》对此大加渲染，实为以后朱棣的兴兵提供说辞。朱棣的"今秋若不遣使谢罪，来春以兵讨之"，颇带有制造口实的雕凿意味。退一步，即使不是为出兵制造口实，也是中了鞑靼挑拨的伎俩。

朱棣对于恭顺的臣服者是"来者不拒"的。此时，阿鲁台一再遣使贡马，而且还向明廷纳上元朝中书省所授的印信。朱棣表示接受阿鲁台的善意，于永乐十一年七月封阿鲁台为和宁王。诏书中说："朕恭膺天命，奄有寰区，日照月临之地，罔不顺服。尔阿鲁台，元

---

① 《明太宗实录》卷一三六，永乐十一年正月丙午，台湾"中研院"历史语言研究所校本，第1659页。按：舍黑撒答等滞留瓦剌，史未载其为自愿抑或被迫。无论如何，使臣在外不归是不正常的，因而会引起不满。

② 《明太宗实录》卷一四〇，永乐十一年五月庚子，台湾"中研院"历史语言研究所校本，第1684页。

③ 《明太宗实录》卷一四〇，永乐十一年六月己酉，台湾"中研院"历史语言研究所校本，第1687页。

④ 同上。

之遗臣，能顺天道，幡然来归，奉表纳印，愿同内属，爰加恩数，用锡褒扬。特封尔为特进光禄大夫太师和宁王，统为本处军民，世守厥土。其永钦承，用光宠命。"①不久，和宁王阿鲁台谢恩，又奏举所部头目二千九百六十二人，列其第，请授职事。朱棣分别授予都督、都指挥、指挥、千百户、镇抚之职。②鞑靼阿鲁台在与瓦剌马哈木等人的争斗中，急欲找到一个靠山，希望借助明廷之力打败对手。朱棣接待鞑靼的来朝，封其为王，则可满足他的虚荣心。鞑靼的最终目的是诱使明廷出兵攻打瓦剌。其目的终于达到了。永乐十一年十一月壬午，初六，开平备御成安侯郭亮（？—1423）等驰奏，从擒获的瓦剌谍者口中得知，马哈木等兵至饮马河，声言袭击阿鲁台，实际是要寇掠明边。甲申，初八，阿鲁台遣人奏："瓦剌将奥鲁已渡饮马河，至哈剌莽来，扬言袭己，因而欲窥开平、兴和、大同。"朱棣"决意伐之"③，随之，敕边将严兵守备，十二月庚午（二十五日），谕侯、伯、都督、各卫指挥曰："瓦剌残虏，既弑其主，又拘杀朝使，侵掠边境，违天虐人，义所当伐。尔等其秣马励（当作砺）兵，以俟大举。作尔志，奋尔勇，共成大功。毋或慢令以干军法。"④

## 二、"分则易制，合则难图"

关于朱棣对鞑靼、瓦剌的政策，论者多以为他采用了"以夷制夷"的妙策，说他认识到鞑靼、瓦剌"分则易制，合则难图"的道

---

① 《明太宗实录》卷一四一，永乐十一年七月戊寅，台湾"中研院"历史语言研究所校本，第1691页。

② 《明太宗实录》卷一四〇至一四五，永乐十一年六月庚午至十一月丁丑，台湾"中研院"历史语言研究所校本，第1689—1713页。

③ 《明太宗实录》卷一四五，永乐十一年十一月壬午、甲申，台湾"中研院"历史语言研究所校本，第1714—1722页。

④ 《明太宗实录》卷一四六，永乐十一年十二月庚午，台湾"中研院"历史语言研究所校本，第290页。

理。然而，在事实上，鞑靼与瓦剌都在争夺蒙古各部的宗主权，他们本来就是竞争对手，彼此就是对立的，不待明朝的分化，关键是明朝能不能利用他们的争斗在制御蒙古中发挥作用。从上述朱棣对鞑靼、瓦剌的关系处理上看，朱棣实无甚么"以夷制夷"的妙策。如果说他有什么成算的话，还是那句话："来者不拒，逆命必歼。"从三方形势上看，明廷既使置双方之纷争于不顾，任其仇杀，也可以坐收渔人之利。在明朝丘福大将军北征遭败之后，明廷曾经向瓦剌派出使者，对顺宁王马哈木戒谕说"或本雅失里得丘福军旗帜衣甲，诈以攻王，慎勿堕彼奸计。来春朕亲率兵征之。"①那仅仅是为了防止鞑靼军冒充明军去攻击瓦剌，防止瓦剌的误解，而没有有意联络瓦剌，共同对抗鞑靼。从后来的事实看，朱棣不仅没有很好地利用鞑靼、瓦剌的冲突，反而有被鞑靼、瓦剌所利用之嫌。明朝时而攻打鞑靼，时而攻打瓦剌，而其背后都有瓦剌、鞑靼的因素。

对于外夷"，朱棣一向是自称"恭膺天命，奄有寰区"的。于是他封瓦剌马哈木等为王，又封鞑靼阿鲁台为王。别失八里欲袭瓦剌，朱棣则谕令别失八里"敦睦四邻"；鞑靼声称将要受到瓦剌袭击时，朱棣也没有坐视，甚至要出兵帮助。如果说，朱棣出兵是为了明朝自身的利益，那么，他对形势的判断是不够准确的。我们仔细考察，《实录》所开列讨伐瓦剌的理由，是其"表辞悖慢"、"多所请索"。然而，瓦剌所争的，主要在于打败鞑靼，称霸蒙古，其一时还难于"与中国抗衡"。瓦剌很难同时对鞑靼、明朝两面作战。从地理上看，饮马河与开平、兴和、大同相去甚远。阿鲁台对明朝说，瓦剌"扬言袭己，因而欲窥开平、兴和、大同"，不过是要挑拨明朝与瓦剌的关系，诱使朱棣出兵，代己当敌。阿鲁台说"愿率所部为先锋"，也不过是虚晃一招。事实上，后来朱棣出兵瓦剌，阿鲁台按兵

①《明太宗实录》卷九六，永乐七年九月壬午，台湾"中研院"历史语言研究所校本，第1272页。

不动，并未助战，甚至当朱棣率军旋师，路过阿鲁台的家门口时，阿鲁台仍然称疾不朝。阿鲁台是傲慢与狡诈的，对明朝表现出极度的不信任。阿鲁台接受明朝的封号，也不过是表面忍隐，是借大明旗号增加自己的份量而已。在他看来，朱棣是一个可以利用的对象。阿鲁台不来朝见，朱棣无可奈何，为了给自己找台阶下，反倒向阿鲁台致以慰问。当然，朱棣也是聪明人，他岂不知阿鲁台阳顺阴逆，只是不便说破罢了。[1]在这场政治游戏中，鞑靼、瓦剌各有自己的小算盘。他们各从自己的利益出发，要和则和，要打则打，不为朱棣的政策所左右。反观朱棣，貌似宽厚洞察，却往往棋错一招。

清初史学家谈迁在评论这段历史时说：

> 夷狄相残，中国之利。本雅失里戕我使臣，至干王略。今瓦剌马哈木等乘其弱灭之，是代我泄忿也。鞑靼阿鲁台请复仇，仇不在我；马哈木等又请征阿鲁台，两置之，听其争长。败则重困，胜亦力疲，因势图功，此下庄子刺虎之奇也。乃封阿鲁台，贾怨瓦剌，轻万乘以先之！后阿鲁台之叵测，适足嗤于瓦剌也。[2]

朱棣未能做到"以夷制夷"，却使自己处于被动地位。明人也有分析说："瓦剌马哈木等闻朝廷封阿鲁台为王，皆怨，朝贡不至"[3]，

---

[1] 朱棣十分希望阿鲁台能来朝见。永乐十一年正月乙未，他曾遣使谕阿鲁台："把秃来贡马，礼意之勤可嘉。然察尔心，尚未释然，岂非有慊于邱福之事乎？人各为其主，朕於尔何责？尔所处去京师甚远。尔如能自来，遣子来，庶见朕诚意。昔呼韩邪入朝，漠与之高官，突厥阿史那社尔归，唐亦授显爵……朕待尔盖将有过于漠唐之君者。"见《明太宗实录》卷一三六，永乐十一年正月乙未，台湾"中研院"历史语言研究所校本，第1655页。难得一见朱棣能如此放下身段。

[2] （清）谈迁：《国榷》卷一六，永乐十二年三月庚寅，第1100页。

[3] 郑文彬：《筹边纂议》卷一，《中国公共图书馆古籍文献珍本汇刊》，中华全国图书馆文献缩微复制中心，1999年，第87页。

认为瓦剌的逆命是由朱棣措置失当造成的。这与前面分析朱棣封瓦刺马哈木等为王，引起本雅失里、阿鲁台的不满是意思相同。此时瓦剌立答里巴，也是以全蒙古可汗自居的，阿鲁台岂甘于在答里巴之下！

然而，朱棣决定征讨瓦剌，也是符合其根本利益的。朱棣不愿看到一个强大而逆命的瓦剌。朱棣躬擐甲矢，不避霜露，深入漠北，攻打瓦剌，其中不乏勇武逞强、树立威名的意图，但也是从安定明朝北边这一大局出发的。明成祖朱棣亲征蒙古，与对蒙古的怀柔羁縻互为表里，采取了积极进取、以攻为守的战略，这也是应该肯定的。

永乐十二年六月至八月，朱棣率领明军与瓦剌经过一番激战，取得了艰难的胜利。永乐十三年正月，瓦剌马哈木等遣人谢罪。自此后数年中，鞑靼、瓦剌与明朝之间的关系进入一个相对平静的时期。他们分别与明廷保持了通使、通贡、称臣的关系。而鞑靼、瓦剌之间的仇杀则依然如故。只要他们对朝廷不"逆命"，朱棣就一概置之不问。这时明廷在三者之间实处于居高临下的超然地位。瓦剌欲袭鞑靼，先通报于朝廷[1]。鞑靼战败瓦剌，也向朝廷献所俘人马，朝廷会给征战有功者以升赏[2]。鞑靼被瓦剌战败，朝廷又加意抚绥"鞑靼来归者"[3]。瓦剌为鞑靼所败，朝廷亦遣使慰问。鞑靼朝贡有横行于市者，朝廷则送阿鲁台自治。这期间，朱棣对待鞑靼、瓦剌的做法，真有"以不治治夷狄"之意，以逸待劳，坐收渔利，这种政策是较为成功的。

永乐十九年正月，阿鲁台遣都督脱木儿等来朝贡马。脱木儿

---

① 《明太宗实录》卷一七一，永乐十三年十二月戊辰，台湾"中研院"历史语言研究所校印本，第1903页。

② 《明太宗实录》卷一七四，永乐十四年三月壬寅，台湾"中研院"历史语言研究所校印本，第1915页。

③ 《明太宗实录》卷一九三，永乐十五年十月丁未，台湾"中研院"历史语言研究所校印本，第2037页。

等至边境"要劫商旅"，朱棣派使者"赍敕谕阿鲁台，戒戢之"，而"虏自是骄蹇，朝贡不至"①。鞑靼的不臣之心再次公开化。于是，又有朱棣于永乐二十年、二十一年、二十二年的亲征。如同前面的分析，明人郑文彬将鞑靼、瓦剌的反叛完全归咎于明廷的措置失当。他说，永乐十五年，瓦剌首领马哈木死，明朝封其子脱欢（？—1439）为顺宁王，因此，"阿鲁台恚，遂叛，入寇兴和"。又说，"封阿鲁台则瓦剌叛，封脱欢则阿鲁台叛，亦其势然也"②。

朱棣欲做一位超迈千古、君主华夷的雄主。他对边外臣民是"来者不拒"的，同时又是"逆命必歼"的。"来者不拒""逆命必歼"，可以概括朱棣对鞑靼、瓦剌的全部政策。朱棣并未成功分治蒙古，也没有什么"以夷治夷"的妙算，"来者不拒，逆命必歼"，如此而已。"逆命必歼除之"，成为朱棣坚持的信条。他执拗地要让一切"逆命"者就范，不考虑是否可能，也不问需要花多大代价。仅以阿鲁台的"骄蹇"、"携贰"、"所部侵略边境"，便一再劳师远征。永乐二十一年、二十二年连续两次亲征，均未遇敌，更可以看出朱棣的一意孤行。

对于朱棣的政策，谈迁评论说：

> 文皇始征虏，不寝处阿鲁台不置也。亡何，封阿鲁台则征瓦剌；又亡何，信瓦剌则征阿鲁台。十年之间乍臣乍叛，乍赏乍谴，在虎狼之虏不足责，而庙算互异，非所以昭威信于万里之外也。若曰阿鲁台侵掠，则瓦剌之侵掠亦见告矣。且逦在阿

---

① 《明太宗实录》卷二三三，永乐十九年正月己巳，台湾"中研院"历史语言研究所校印本，第2248页。

② 郑文彬：《筹边纂议》卷一，《中国公共图书馆古籍文献珍本汇刊》，中华全国图书馆文献缩微复制中心，1999年，第58页。按，朱鸿《明成祖与永乐政治》对朱棣晚年一再出塞亲征做出了新的解释："成祖久病居深宫，难免有龙困浅滩之感，于是强作奋起，连续三年此征，应是有移情作用的行为，藉以表示其仍为精力旺盛的强者。"见原书第五章"结论"，台湾师范大学历史研究所专刊（17），第252页。

鲁台，迁其罚于兀良哈，曰彼党逆也……盖骛远略，慕奇策，不欲虚其羁靮也。[1]

朱棣哪里骛到了远略，慕到了奇策？乏庙算，无深谋，只是不愿放开手中的缰绳，不想停止奔跑的脚步，身疲力竭，死而后已！

明人制御四裔，早有"分则易制，合则难图"之论。永乐九年闰十二月，阿鲁台派人向明朝要求将吐蕃、女直作为自己的部属："请女直、吐蕃诸部属其约束。"朱棣以问左右，多请许之。独右春坊大学士黄淮以为不可，曰："此属分则易制，合则难图矣。"上顾左右曰："黄淮如立高冈，无远不见。诸人如处平地，所见惟目前耳！"乃不许阿鲁台请[2]。鞑靼、瓦剌的分裂、攻杀，由来已久，双方攻杀的目的在于争夺蒙古之霸主地位。朱棣并没有充分利用和驾驭这一形势。没有能将"分则易制，合则难图"之论运用于对付鞑靼、瓦剌之策。

## 三、被夸大的武功

在明人记载朱棣亲征的文献中，对其功业称颂不已，极尽赞美之词，将其概括为"五出漠北，三犁虏庭"，所谓"北清沙漠，又以其时南定交阯，其威德所加，不过汉高远哉"[3]。嘉靖时曾任兵部主事的袁衮（1502—1547）说："文皇帝躬擐甲胄，张皇师徒，穷追遐讨，深入漠北，以靖胡虏。妖氛残孽，荡焉廓清，几无孑遗。乘舆所

---

① （清）谈迁：《国榷》卷一七，永乐二十年七月庚午，第1194页。

② （清）谷应泰：《明史纪事本末》卷二一《亲征漠北》，第334—335页。（清）张廷玉等撰《明史》卷一四七《黄淮传》，第4124页。又，张铨：《国史纪闻》卷五："黄淮独曰：'此虏狼子野心，使各为心则易制，若并为一则难图矣。勿许便。'"中国国家图书馆藏抄本，第35页。

③ （明）高岱：《鸿猷录》卷八，上海古籍出版社，1997年，第197页。

至，盖汉武唐宗所不到者。"①他们都称颂朱棣北征的武功超过了汉唐。曾经随驾参与亲征的杨荣等人，对亲征的赞颂，更是无以复加了：

> 皇上以神武之资，继志述事，旄钺一麾，而龙沙万里之外，罔有遗患，以为圣子神孙万年无疆之业。其于古昔因循不究以蹈后艰者，霄壤不侔矣。圣德神功，巍然焕然，直与天地准。夫岂浅见薄识，所能形容万一哉！然臣荣猥以菲才，叨职翰墨，备员扈从于戎马之间，亲睹皇上躬御戎衣，以临六军，神谋庙算，机敏睿发，出奇料敌，变化若神。天戈所至，罔不披靡，是以扫除胡孽，易若拾芥，以致此万世不拔之功业也。②

太子少师姚广孝说：

> 曾未及月，即抵虏境，群凶嗷嗷，无处逃命。搂其窟穴，尽其丑类，所获马驼牛羊，不计其数。扫净朔漠，洗清草野，士卒卷甲，兵不血刃。诚为王者之师，自古所无有也。……颂曰……北南一览，尽归王化，大无外兮。神功烈烈，圣德巍巍，与天齐兮。纪诸史册，刻之金石，昭万世兮。③

永乐亲征的武功到底怎样？其北征是否给子孙留下了"万年无疆之业"？这些都值得仔细分析。先说具体的战功。明人记载征战，对于战功详而复详。一示天子以不欺，二以为纪功行赏之凭据，三

---

① （明）袁衮：《北征录序》，《明经世文编》卷二七一《袁永之集》，中华书局，1962年，第2864页。
② （明）杨荣：《平胡颂》，《明经世文编》卷一七《杨文敏公文集》。中华书局，1962年，第132页。
③ （明）姚广孝：《平胡颂》，《明经世文编》卷二二《荣国恭靖公集》，中华书局，1962年，第93页。

借以考察敌我力量之消长。比如洪武年间几次北征战果的记载：

> 洪武三年，四月丙寅，大将军徐达等率师出安定驻沈儿峪口，与王保保隔深沟而垒，日数交战。……大败保保兵于川北乱冢间，擒元郯王、文济王及其国公阎思孝、平章韩札儿、虎林赤、严奉先、李景昌、察罕不花等官一千八百六十五人，将校士卒八万四千五百余人，获马万五千二百八十余匹，橐驼骡驴杂畜称是，保保仅与其妻子数人从古城北遁去。①

> 洪武二十年五月，冯胜征纳哈出，得所部二十余万人，牛羊马驼辎重亘百余里。还至亦迷河，复收其残卒二万余，车马五万。②

> 洪武二十一年，大将军蓝玉，副将军唐胜宗、郭英讨北虏，虏主数十骑遁去，追获其次子、妃子六十四人，故太子公主等五十九人，又追获吴王、代王及平章二千九百九十四人，军士男女七万七千余口，得宝玺图书牌面一百四十九，宣敕照会三千三百九十道，金印一，银印三，马四万七千匹，驼四千八百四头，牛羊一十万二千四百五十二头，车三千余辆。聚虏兵甲焚之。③

洪武中，对战场所获不容笼统含混，统计精确到个位。那么，再来看看关于朱棣亲征的战果的记载，以比较之。

第一次亲征即永乐八年征鞑靼。

金幼孜《北征录》记曰：

---

① 《明太祖实录》卷五一，洪武三年四月丙寅，台湾"中研院"历史语言研究所校印本，第1002页。

② （清）张廷玉等撰：《明史》卷一二九《列传第一七·冯胜》，第3798页。

③ （明）陈仁锡：《皇明世法录》卷四二《兵制·奏捷》，《四库禁毁书丛刊》史部第15册，北京出版社，1997年，第134页。

五月初八日，胡骑都指挥款台获虏<u>一人</u>。

五月初十日，是日哨马获胡寇数人及羊马辎重送至大营。

六月初九日，见虏出没山谷中……上麾宿卫摧败之。虏势披靡。追奔不十余里。

六月十一日，上先将轻骑穷追虏溃散者……午，始行入山谷中，渐见虏弃辎重，时次长秀川，而辎重弥望。

六月十二日，发长秀川东南行，虏弃牛羊狗马满山谷。

六月十三日，午，次广漠戍，归大营。上逐虏于山谷间。复大败之。

六月十四日，发广漠戍，……余虏尚出没来窥我后。上按兵河曲，佯以数人载辎重于后以诱之。……生擒<u>数人</u>。余皆死，虏由足遂绝。①

《明太宗实录》卷一〇四记曰：

五月己卯，车驾至斡难河……首虏本雅失里苍皇穷迫，以七骑渡河遁去，俘获男女辎重孳畜。

辛巳，诸将以所俘把秃帖木儿等男妇<u>百余人</u>来见。……自是降附者众。（按：此降附者为家属百姓）

癸未，车驾次清尘河，指挥万忠获虏<u>四人</u>至。

丙戌，下班师诏。

六月甲辰，阿鲁台聚众山谷中……上躬率精骑千余，径至虏阵……阿鲁台失色堕马，虏死者<u>枕藉</u>……策马走，我师乘之，追奔百余里。虏众溃散。阿鲁台以其家属远遁。

丙午，至长秀川，虏弃辎重牛羊杂畜满山谷及河之两旁，

<hr>

① （明）金幼孜：《北征录》，《续修四库全书》第433册，上海古籍出版社，2002年，第116—120页。

连延百余里，（都督冀）中等收其牛羊杂畜，焚其辎重。

丁未，上追及虏于回曲津，……我师奋进，大败之。斩其名王以下百数十人。

己酉，虏见大军渡河，果贪所载物，竞趋而至……遂生擒数十人，余尽死。自是军行，虏无敢窥于后者。①

郑晓（1499—1566）《今言》记曰：

五月戊寅，上至兀吉儿札，虏遁去。明日，追至斡难河，虏拒战。上登山布阵，麾先锋逆击败虏，本雅失里以七骑渡河遁去。壬午，驻五原峰。丙戌，次饮马河，谕皇太子，遂下诏班师。②

王世贞《弇州史料前集》卷四记曰：

上率诸将追之，至斡难河及虏，……本雅失里以七骑遁去，俘获辎重孳畜无算。时阿鲁台东奔，复追至飞云壑……虏众溃败。复以精骑追至长秀川。命都督冀中等尽收其牛羊杂畜，焚

---

① 《明太宗实录》卷一〇四，永乐八年五月乙卯，台湾"中研院"历史语言研究所校印本，第2248页；卷一〇五，永乐八年六月己酉台湾"中研院"历史语言研究所校印本，第1362页。

② （明）郑晓：《今言》卷四，中华书局，1984年，第165页。按，沈曾植《蒙古源流笺证》卷五"兀吉儿札"作"兀儿古札"，且指为今之额尔古纳河。考之《明实录》，均作"兀古儿扎"，（见《明太宗实录》卷一〇四，永乐八年五月丁丑、戊寅等条。）其时，朱棣将其改称"清尘河"，实今之乌勒吉河也。朱棣于戊寅至兀古儿扎，第二天己卯，追敌至斡难河，是二河相距甚迩也。若额尔古纳河，则远在东北数百里，车驾必不如此之速也。洪武二十五年，总兵官周兴按视纳哈出之地，则从斡难河转至兀古儿扎河。（见《明太祖实录》卷二二〇）此又一证。日本和田清先生对朱棣北征路线做过详细的考证。（〔日〕和田清：《明代蒙古史论集》上册，第54—63页）和田清先生指出，斡难河当然就是敖嫩（Onon）河。兀古儿扎河是它南面的乌里襟（Ughulja）河。（见同书，第36页）《今言》《蒙古源流笺证》实误。

其辎重。复追至回曲津，大破之，斩其名王以下百数十人乃还。至广漠镇渡河。伏兵破其追者，斩获又千余，始班师。[①]

这次亲征，是朱棣五次出塞中战果最大的一次。但官书以至于野史，均于战果语焉不详，都是"数十人"、"百数十人"、"枕藉"、"无算"一类的词汇。天子亲征，举国企望，朱棣更欲以此留美名于后世，一出塞便急于勒铭刻石。如果朱棣北征战果可观，一定会详述以夸示天下。不幸的是，北征战果寥寥。模棱的数字，茫然的记载，显系史官有意掩饰之。谈迁说："上不胜丘福之忿，慷慨临戎，出塞千里。观其走可汗，败太师，所俘斩史不著其数，则卤获亦甚微矣。异时冯胜、蓝玉之功，于卫、霍有加焉。文皇躬秉黄钺，未曾当其百一，故屡驾而未已也。"[②]

还有，在获得这种掳获甚微的胜利之后，明军班师途中曾两次受到鞑靼人的追击，这也说明鞑靼所遭的挫折并不严重，还有还手之力。

分析当时形势，明军此役的胜利，也有几分侥幸。明军北出，正值鞑靼内部分裂、相互厮杀之后。《实录》载："本雅失里闻大军出塞，甚恐，欲同阿鲁台西走。阿鲁台不从，众遂乱，互相贼杀。本雅失里已西奔，阿鲁台东奔，余部落亦离散。"[③]与之相对照，明朝北征的军队则有五十万之众，出师时大阅，"军阵东西绵亘数十里，师徒甚盛。戈甲旗旄，辉耀蔽日，铁骑腾跃，钲鼓鍧震"[④]。双方形势如此，更加暗淡了明军胜利的光彩。

---

① （明）王世贞：《弇州史料前集》卷四，《四库禁毁书丛刊》史部第48册，北京出版社，1997年，第470页。

② （明）谈迁：《国榷》卷一五，第1049页。

③ 《明太宗实录》卷一〇四，永乐八年五月甲戌。台湾"中研院"历史语言研究所校印本，第1347页。

④ 《明太宗实录》卷一〇二，永乐八年三月乙亥，台湾"中研院"历史语言研究所校印本，第1326页。

另外，此役并未将鞑靼阿鲁台制服。永乐九年十二月，阿鲁台确实"遣使来款"了，但却向明廷提出了一项要求，"请得部署女直吐蕃诸部"①：

> 阿鲁台归款，请得役属吐鲁番诸部，求朝廷刻金作誓词，磨其金酒中，饮诸酋长以盟。②

这里所说的虽然是"纳款"，是"乞"，是"请"，但乞请的内容却是狮子大张口。当时，女直、吐蕃诸部都向明朝称臣，其官员也是朝廷所任命。阿鲁台要求部属女直吐蕃诸部，就是要求明朝对让，这是一种蛮横的要挟。明朝虽然没有答应他们的要求，但对阿鲁台的无理态度也无可奈何。另外，前文已述，朱棣亲征瓦剌路经鞑靼境内，作为接受明朝封号的和宁王阿鲁台，竟然称疾不朝见朱棣。这些都说明明朝的武力并未使阿鲁台诚心臣服。

第二次亲征，即永乐十二年征瓦剌。

金幼孜《北征后录》载：

> 六月初七日，次忽兰忽失温，贼首答里巴同马哈木、太平、把秃孛罗扫境来战……未交锋，火铳窃发，精锐者复奋勇向前力战，无不一当百。寇大败，人马死伤无算，寇皆号而往，宵遁至土剌河。③

《明太宗实录》卷一五二载：

---

① （清）谷应泰：《明史纪事本末》卷二一《亲征漠北》，第1册，第334页。
② （清）张廷玉等撰：《明史》卷一四七《黄淮传》，第4124页。
③ （明）金幼孜：《北征后录》，《修四库全书》第433册，上海古籍出版社，2002年，第123—124页。

六月甲辰，驻跸双泉海，即撒里怯儿之地。前锋都督刘江等兵至康哈里孩，遇虏与战，斩虏数十人，驰报。

戊申，驻跸忽兰忽失温。是日，虏寇答里巴、马哈木、太平、把秃孛罗等率众逆我师……上麾安远侯柳升等发神机铳炮，毙贼数百人，亲率铁骑击之。虏败而却。武安侯郑亨等追击，亨中流矢退，宁阳侯陈懋、成山侯王通等率兵攻虏之右。虏不为动。都督朱崇、指挥吕兴等直前薄虏，连发神机铳炮，寇死者无算。丰城侯李彬、都督谭青、马聚攻其左。虏尽死斗。聚被创，都指挥满都力战死。上遥见之，率铁骑直击，虏大败，杀其王子十余人，斩虏首数千级。余众败走。大军乘胜追之，至土剌河，生擒数十人。马哈木、太平等脱身远遁。会日暮未收兵……上曰：“……必尽歼乃已。”皇太孙对曰：“……请不须穷追，宜及时班师。”上从之。[①]

陈仁锡（1581—1636）《皇明世法录》载：

六月，至撒里却儿地，马哈木及虏酋太平把秃孛罗等率众逆战，上麾诸将击之，虏死数百人。追之土剌河，复大败之，杀其酋长十余人。马哈木北遁去。遂班师还。[②]

宋端仪（1447—1501）《立斋闲录》卷三载：

六月初，至忽兰忽失温。答里巴等扫境来拒，可三万余人。须臾再战皆退却。寇大败，人马死伤无算。遁至（土）剌河。

① 《明太宗实录》卷一五二，永乐十二年六月甲辰至戊申，台湾“中研院”历史语言研究所校印本，第1763—1765页。
② （明）陈仁锡：《皇明世法录》卷一六《圣武》，《四库禁毁书丛刊》史部第14册，北京出版社，1997年，第160页。

后每遇寇则击走之。<sup>①</sup>

王世贞《弇州史料前集》卷十四：

> 十二年北征……虏奋来战。上麾安远侯柳升等以神机炮毙贼数百人。上率铁骑乘之，虏败却。武安侯郑亨追击之，中流矢退。宁阳侯陈懋、成山侯王通率兵攻其右，不动。丰城侯李彬、都督谭青、马聚攻其左，虏尽死斗，被创，都指挥满都力战死。上遥见之，率铁骑驰击，虏大败，杀其王子十余人，斩首千余级，余众俱走。大军乘胜追击之……盖是时虽胜，所杀伤相当，几危而复攻，班师之令所以急下也。<sup>②</sup>

这一仗，明军以"五十万众"<sup>③</sup>征讨"扫境"不过"可三万余人"的瓦剌，其势相悬。然而明军打得十分艰苦，双方"杀伤相当"，如果不是"班师之令""急下"，其胜负将不知何如。但是，明军的班师诏却恬然曰："兵刃才交，如摧枯朽。"<sup>④</sup>李时勉所上之《平胡颂》更是夸大其词："师至撒里却儿之地，虏来迎战，追至土剌河。虏酋悉众来拒，我师奋击，又大败之。狼奔豕骇，错莫失措。弃弓捐矢，号呼奔窜。"但涉及到具体战果，也只得含糊其词："遂杀其名王以下数十人，斩馘甚众，余虏遁去。"<sup>⑤</sup>然而，明军于八月初一日还师至

---

① （明）宋端仪：《立斋闲录》卷三，《续修四库全书》第1167册，上海古籍出版社，2002年，第607页。

② （明）王世贞：《弇州史料前集》卷四《亲征考》，《四库禁毁书丛刊》史部第48册，第470页。

③ （明）张铨：《国史纪闻》卷五，《四库全书存目丛书》史部第17册，齐鲁书社，1996年，第206页。

④ 《明太宗实录》卷一五一，永乐十二年六月己巳，台湾"中研院"历史语言研究所校印本，第1768—1769页。

⑤ （明）李时勉：《李古廉先生文集》卷一《平胡颂》，清光绪十七年（1891）李氏世忠堂刻本。

北京，闰九月就有"马哈木欲掠甘肃"的消息①，亦可证瓦剌的实力并未受到多少损失，也并未因此役而敛戢。这次征瓦剌与上次征鞑靼同样未能达到预期目的。

永乐十九年，朱棣决定再次亲征。他命令户部尚书夏原吉、礼部尚书吕震、兵部尚书方宾、工部尚书吴中等进行讨论，诸大臣都说兵不当出。夏原吉说："比年师出无功，军马储蓄十丧八九，灾眚迭作，内外俱疲。况圣躬少安，尚需调护。乞遣将往征勿劳车驾。"朱棣震怒，下令逮捕关押了夏原吉和署理户部的大理寺丞邹师颜（？—1425），方宾畏惧自杀②。朱棣仍决意亲征。

第三次亲征，即永乐二十年征鞑靼。

《明太宗实录》卷二五〇载：

> 八月辛丑，以班师，颁诏天下……以七月四日师抵阔栾海之北，丑虏阿鲁台闻风震慑，弃其辎重牛羊马驼逃命远遁。遂移兵剿捕其党兀良哈之寇，东行至屈裂儿河，遇寇迎敌，亲率前锋摧败之。抵其巢穴，杀首贼数十人，斩馘其余党无算，获其部落人口，焚其辎重，尽收其孳蓄，绥抚降附，即日班师。③

王世贞《弇州史料前集》卷四载：

> 上北征阿鲁台，次杀胡原。阿鲁台与家属北遁。大兵尽收其牛羊驼马，焚其辎重。移师征兀良哈。至屈裂河，虏数万驱牛马车辆西奔，陷大泽中，仓猝逆战。上率前锋冲之，斩首数百，追

---

① 《明太宗实录》卷一五六，永乐十二年闰九月壬戌，台湾"中研院"历史语言研究所校印本，第1795页。

② （清）张廷玉等撰《明史》卷一四九《夏原吉传》："遂并籍原吉家，自赐钞外，惟布衣瓦器。"（第4153页）

③ 《明太宗实录》卷二五〇，永乐二十年八月辛丑，台湾"中研院"历史语言研究所校印本，第2343、2344页。

奔至河……寇数百人突而右走，尽获之。又麾兵绕出其左三十余里。神机弩伏林中邀之。寇遂大溃，死伤不可胜计。追奔三十余里，抵其巢穴，斩首数十余，生获其党伯儿克等，尽收其人口牛羊马驼，焚其辎重、兵器，其余党未降者赦之。复追获其男女千余。寻两败其追兵。诸将捣其别部者复大败之，斩首数千级，尽收其人口孳畜。按，是举最为得志，而阿鲁台竟遁去，未伏诛也。[①]

陈仁锡《皇明世法录》卷十六载：

三月，阿鲁台寇兴和，杀守将王焕，上乃出师次鸡鸣山，虏闻之夜遁……七月，次杀胡原。前锋获虏谍者言，阿鲁台弃其驼马牛羊辎重于阔滦海之侧，与家属远遁。乃尽燔其辎重，收所弃孳畜，班师还。诏诸将曰："所以翼阿鲁台为逆者，兀良哈之寇也。当还师剪之。"……上麾兵追击，斩首数百级，余众溃走。复追抵其巢穴，擒斩虏酋数十人，尽收其牛羊驼马十余万而还。[②]

此次战役的亲历者、礼部郎中孙原贞（1388—1474）记载了当时情况：

时和宁王、瓦剌、兀良哈三部落之众，不相统一，彼此疑畏，各先远避，保其种类。是以天兵如入无人之境，直至黑松林以北。但俘其老弱，并获其马牛羊以归。[③]

---

① （明）王世贞：《弇州史料前集》卷四，《四库禁毁书丛刊》史部第48册，第470—471页。

② （明）陈仁锡：《皇明世法录》卷一六《圣武》，《四库禁毁书丛刊》史部第14册，北京出版社，1997年，第160—161页。

③ （明）张萱：《西园闻见录》卷五五《兵部四边防后下·北虏》，《续修四库全书》第1169册，上海古籍出版社，2002年，第373页。

《实录》等几种记载，均于战果语焉不详，数字不具体，多含混夸张之词，但都说这次出征的主要目的并未达到。而《明史》透露出的信息就直接说这次亲征是"以粮尽引还"，因为粮食用尽，战争无法继续进行而回军。这次亲征，由于阿鲁台早已远遁，明军未能与之交锋，于是回师袭击了兀良哈，理由是兀良哈曾经帮助鞑靼"为逆"。但袭击的战果也仅是"俘其老弱"。本为伏虎，却以擒兔搪塞，总算不枉出塞一场，也算给朱棣挣了点面子。王世贞说"是举最为得志"，然后接着又说"阿鲁台竟遁去，未伏诛"。是得志呢？还是不得志呢？王世贞的"微言大义"是很清楚的。

以上就是所谓"三犁虏庭"了。

至于以后两次亲征，均是"无功而还"。《明史·夏原吉传》说："已，复连岁出塞，皆不见敌。"[1]

第四次亲征，永乐二十一年征鞑靼。"六师深入，寇已远遁。帝方耻无功，见其（也先土干）来归，大喜。赐姓名，封忠勇王。"[2]也先土干之归，使出师而不遇敌的朱棣喜出望外，此事可聊掩朱棣劳师无功之耻，因此朱棣礼遇也先土干甚隆，前已言之。然而，也先土干的归附并无补于对阿鲁台的控制。王世贞在记载也先土干的归附时，点出也先土干是"别部酋长"，又是一番春秋笔法。所谓"别部酋长"，就并非阿鲁台部属，也先土干的归附，并不影响鞑靼的实力。

第五次亲征即永乐二十二年征鞑靼，仍不见敌。

五月甲申，大军在开平，朱棣召杨荣、金幼孜至幄中，谕之曰："朕昨夕三鼓梦有若世所画神人者，告朕曰'上帝好生'，如是者再。此何祥也？岂天属意此寇部属乎？"[3]朱棣简直以为是有上帝在暗中保护鞑靼人。今人黄云眉先生说："假梦神人告语，知成祖鉴

① （清）张廷玉等撰：《明史》卷一四九《夏原吉传》，第4153页。
② （清）张廷玉等撰：《明史》卷一五六《金忠传》，第4274页。
③ 《明太宗实录》卷二七一，永乐二十二年五月甲申，台湾"中研院"历史语言研究所校印本，第2452页。

王师四出之徒劳，犁庭之愿于是乎弛矣。"①朱棣下令，即草敕，遣中官伯力哥及所获胡寇赍往虏谕其部落，曰"今王师之来罪止阿鲁台一人，其所部头目以下悉无所问。有那敬天顺道输诚来朝，悉当待以至诚，优典恩赉，仍授官职，听择善地，安生乐业，朕此言上通天地，毋怀二三以贻后悔"。②这里有一个小插曲，第二天，即乙酉，"命安远侯柳升等率军士聚道中遗骸为业塚瘗之，上亲为文祭焉"。③《明通鉴》则直言："时比年用兵，白骨蔽野，上恻然。"④连年师出无功而损折军士无算，朱棣也未免黯然伤神。他似乎在自责自省，但还在替自己辩解，召诸将谕曰："古谓武有七德，禁暴乱为首，又谓止戈为武。盖帝王之武止杀非行杀也。朕为天下主华夷之人皆朕赤子，岂间彼此？今罪人惟阿鲁台。其胁从之众，有归降者宜悉意抚绥，毋令失所。非持兵器以向我师者，悉纵毋杀。用称朕体天爱人之意。"⑤六月庚申，"车驾次天马峰，复行数十里，宁阳侯陈懋等遣人奏：臣等已至答兰纳木儿河，弥望荒尘野草，虏只影不见，车辙马迹皆漫灭，疑其遁已久"。"英国公张辅等分索山谷周回三百余里，无一人一骑之迹。"⑥朱棣本人也感到追击敌人没有什么希望了。癸亥，二十日，宁阳侯陈懋等，引兵到白邛山咸无所遇，以粮尽还。英国公张辅等，请求率兵深入擒拿阿鲁台，朱棣没有同意，他说："今出塞已久，人马俱劳，虏地早寒，一旦有风雪之变，归途尚远，不可不虑。"第二天甲子，二十一日，朱棣决定回师。他给自己

① 黄云眉：《明史考证》，中华书局，1979年，第90页。

② 《明太宗实录》卷二七一，永乐二十二年五月甲申，台湾"中研院"历史语言研究所校印本，第2453页。

③ 《明太宗实录》卷二七一，永乐二十二年五月乙酉，台湾"中研院"历史语言研究所校印本，第2453页。

④ （清）夏燮：《明通鉴》卷十八，纪十八，永乐二十二年，第762页。

⑤ 《明太宗实录》卷二七一，永乐二十二年五月甲申，台湾"中研院"历史语言研究所校印本，第2453页。

⑥ 《明太宗实录》卷二七二，永乐二十二年六月庚申，台湾"中研院"历史语言研究所校印本，第2463—2464页。

一个说词:"古王者治夷狄之患,驱之而已,不穷追也。且今孽虏所有无几,茫茫广漠之地,譬如求一粟于沧海,可必德耶?吾宁失有罪,不欲重劳将士,朕志定矣。"①于是下令班师,分两路南归。七月庚寅,十七日,车驾至榆木川,辛卯,十八日,朱棣崩逝②。临终叹"夏原吉爱我",岂不晚矣!③"五出漠北"就这样结束了。

朱棣心高气傲,好大喜功,欲效古名王标榜于后世,第一次出塞尚未遇敌,就忙于勒石刻铭以夸示天下。玄石坡铭曰:"维日月明,维天地寿,元石勒铭,与之悠久。"擒胡山勒铭曰:"瀚海为镡,天山为锷,一扫胡尘,永清沙漠。"广武镇勒铭曰:"於铄六师,用歼丑虏,山高水清,永彰我武。"④气势何等雄壮!但是,朱棣殚尽毕生精力,其志竟未得伸。王世贞感叹朱棣亲征是"远慕雄略而近遗庙算",说他"披坚驰轻,冒犯霜露,以媒叵测。北望而抱遗弓之痛,至今犹若新矣"⑤。真是千古遗恨。朱棣麾数十万大军,竭全天下之人力,频年出师,"竟不能贻数十年之安"。⑥朱棣的几次亲征,都没有实现消除边患、一劳永逸的目的,他死后仅几年,蒙古诸部就再次对北部边防构成威胁。

---

① 《明太宗实录》卷二七三,永乐二十二年七月辛卯,台湾"中研院"历史语言研究所校印本,第499页。按:《实录》卷二七三、二七四均作"白印山",误。据杨荣《北征记》、谈迁《国榷》卷十七,永乐二十二年六月癸亥均作"白邱山",径改。《续修四库全书》第433册,上海古籍出版社,2002年,第132页。

② 《明太宗实录》卷二七三,永乐二十二年七月辛卯,台湾"中研院"历史语言研究所校印本,第2469页。按:朝鲜《李朝实录》记载:朱棣这次亲征,"忠勇王自请招安鞑靼,未知去向,皇帝行在所雨冰如瓦,军人或折臂或碎头而死。马亦多折项而死,皇帝以此劳心而崩"。见《世宗庄宪大王实录》一,甲辰六年(明永乐二十二年)九月癸酉。载吴晗辑《朝鲜李朝实录中的中国史料》第一册,第318页。

③ (清)张廷玉等撰:《明史》卷一百四十九《夏原吉传》,第4153页。

④ 《明太宗实录》卷一〇三,永乐八年四月癸卯、壬子、甲寅,台湾"中研院"历史语言研究所校印本,第1339—1341页。

⑤ (明)王世贞:《弇州史料前集》卷四《亲征考叙》,《四库禁毁书丛刊》史部第48册,第466页。

⑥ (明)高岱:《鸿猷录》卷一六,上海古籍出版社,1992年,第361页。

史称朱棣"善战",实未必尽然。第一,朱棣为燕王时,曾与秦王、晋王同时出塞,其时燕王虽有功,但秦、晋二王亦非败北,而是未遇敌。只是在秦、晋二王死后,燕王始得脱颖而出。第二,《太祖实录》经过永乐朝两度重修,其用意之一便是贬抑诸王而抬高朱棣,凡记燕王之事多夸饰之词。而野史如《吾学编》、方志如《雍大记》,则皆言秦王"严毅英武",晋王"聪明英锐",于其事功亦有记述①。第三,靖难之役时,朝廷元戎宿将早被朱元璋收拾干净,朱棣久驻塞上,拥有重兵,又有长期的统兵经验,而征战三年所得唯北平三府,其间围济南久不下,东昌之役、白沟河之役几溃不成军,后以中官为内奸,武臣多临阵叛降才得以取胜②。第四,朱棣即位后,数次麾师出塞,既没有想到远离根据地之弊,又不考虑馈运之艰难,而每出师又对敌情茫然不知,进入敌境才想起侦察。永乐二十二年出塞,"获虏谍者",方知"虏去秋闻朝廷出兵,挟其属以遁,及冬大雪丈余,孳畜多死,部曲离散。比闻大军且至,复遁往答兰纳木儿河,趋荒漠以避"③。征讨对象几个月前就率众远走了,明朝这边却完全不知情。而直到这时,朱棣还在自诩高明,教导诸将用兵之道:"用兵之道贵乎先知。古之贤将所以动而胜人者,先知敌之情也。今兴师远出而未悉敌情,何以成功?朕以前锋命尔尤宜用心,其精择勇知,广布侦逻,如有所得,星驰奏来,朕伫俟焉。"④可见此次亲征决策既不严谨,指挥亦欠周详。第五,调遣失灵,军士乏粮。且看在永乐八年亲征中朱棣的几通诏令:"六月二十日,敕成安侯郭亮,前在饮马河计算军粮,食至应昌,令尔运来,应昌迎接,前后凡十余起差人催促,今大军已回至应昌,不见尔运粮前

---

① (明)高岱:《鸿猷录》,第144页。
② (清)张廷玉等撰:《明史》卷五《本纪第五·成祖一》,第69—77页。
③ (明)杨荣:《北征记》,《续修四库全书》第433册,上海古籍出版社,2002年,第130页。
④ 同上书,第131页。

来。若得五六百石先至，军士亦得接济。今颗粒不至，如此失误大事，以致军士乏粮。""六月二十五日，说与清远侯王友、广恩伯刘才（？—1430），前令尔等领回天下都司马步官军，于迤都、口温开粮食用，尔等却不由迤都、口温开粮，乃迂途至应昌，以致军士饿死者大半"；"永乐八年六月二十六，说与清远侯王友、广恩伯刘才，朕以全师付尔等领回，尔等舍近趋远，避有粮之地，而蹈无粮之处，致使官军饿死有大半"；"永乐八年六月二十八敕王友、刘才……故违朕命，遂使全胜之师，迂途乏食，饿死者大半，弃军器于途以资敌，以害朝廷……罪恶贯盈，天地之所不容，神人之所共怒。"① 他一再重复"军士饿死者大半"，虽然不是精确统计，但也可知因缺粮致军士死亡的情况是相当严重的。永乐二十二年第五次亲征，《明史·夏原吉传》直言："以粮尽引还"②。第五，朱棣刚愎自用，左右唯承命而已，"诸元侯锐士，徒知凛畏，谋议畜脑"③。朱棣又不愿诸将分其功，宿将何福从征，仅以"数违节度"，遭嫌自经④。"功冠交南"的张辅，被朱棣"亟借而北"，出塞从征，但仅令其"俾之督运"，而不预军阵⑤。朱棣很难说是位好的军事统帅。而朱棣所征之敌又具有许多优势，是明军不具备的："驰突，北虏之所便宜。沙漠，斥堠之所不及。"内地军士"夏往有暑渴之虞，冬进有鞍仆之患，樵苏稍后，或虞于断粮，逻堠暂弛，每至于失道"。因而，"今以数万之众，逡巡于洿卤不毛之地，始则求战之无期，终则入塞之途远。隐柳藏荻，戒心日警，鸣笳锉镝，事变不常。而欲以有限之食，垂

① （明）王世贞：《弇山堂别集》卷八十八《诏令杂考四》，这类诏令还有："永乐八年六月三十，敕王友、刘才……尔等舍有粮之地，而蹈无粮之处，使官军迂途，饿死者大半，不知尔等主何意何谋！""永乐八年七月初二，敕英国公张辅……致使官军饿死者大半。"中华书局，1985年，第1689—1691页。

② （清）张廷玉等撰：《明史》卷一四九《列传第三十七·夏原吉》，第4153页。

③ （清）谈迁：《国榷》卷一五，永乐八年七月壬午，第1049页。

④ （清）张廷玉等撰：《明史》卷一四四《何福传》，第4073页。

⑤ （清）谈迁：《国榷》卷一五，永乐八年八月乙卯，第1050—1051页。

竭之力，群既困之敌，为尽歼之举乎？"①蒙人逐水草而居，能战则战，不战则走，成败之数，似已前定。

以朱棣的胸怀，是要做全天下之主的。他的征交阯，下西洋，出西域等等，均取得了相当的成功。惟独亲征蒙古，留下了终生遗憾。垒土九仞，功亏一篑。每读史至此，常为惜之。朱棣尽毕生精力，始终未能解决蒙古问题。鞑靼的阿鲁台，瓦剌的马哈木、太平、把秃孛罗，尽管乍臣乍叛，但毕竟还是接受了明朝的封号，而号称蒙古正统的可汗，不论是鬼力赤还是本雅失里、答里巴，却一直未向明廷表示臣服，他们与明廷处于对抗姿态。札奇斯钦的文章已经注意到这一点。②既然是这样，不管御用文人怎样称颂亲征"廓清妖氛"，"几无孑遗"，朱棣都十分清楚蒙古的不臣之心。什么和宁王、顺宁王，名义虽好听，实际并不可靠。永乐二十年，朱棣北征经过李陵城，发现了一通元朝留下的李陵台驿令谢某德政碑。碑阴刻有达鲁花赤等名氏。朱棣深以此为虑。他说："碑有蒙古名，异日且以为己地，启争端。"命随行的侍读王英往击碎之③。这说明朱棣完全清楚退居塞外的蒙古人并未诚心臣服，而且，对将来蒙元是否会东山再起，也是深怀疑虑的。他似乎已预感到蒙古仍将会成为子孙后世

---

① （明）尹耕：《两镇三关通志》卷九《国初北伐论》，明刻本，第10页。

② 札奇斯钦《蒙古与中国本土历史关系之演变》下（载《大陆杂志》卷二三，第六期，1961年）有言曰："蒙古可汗从未接受过明朝的任何封号。""明亦称之为'鞑靼可汗'。""明朝的极盛时期，对于蒙古人也没有能树立他的宗主权。在若干蒙古史料里，也始终以敌国来称呼明朝。"按，此论有偏颇。明朝是否对蒙古树立了宗主权，不能以蒙古可汗是否臣服为标志。首先，蒙古可汗在坤帖木儿以后，统序已乱，不能作为全体蒙古的代表。以后，也不能仅以某人有蒙古宗室血统就可以代表全蒙古。他的臣服与否不具有标志意义。而事实上，不论鞑靼阿鲁台，还是瓦剌太平、把秃孛罗等掌控蒙古各部的首领，均已接受了明朝的封号。同时期的明朝所封的哈密王正是元宗室后裔，而其身份已经等同于明朝的地方官。这在前文已有论述。后世明蒙关系多有龃龉，但到隆庆年间实现了俺答封贡，札奇斯钦之说，就更不能成立了。

③ （清）张廷玉等撰：《明史》卷一五三《王英传》，第4196页。

之患。因而五次亲征，也未能"遗子孙之安"，成为他终生的遗憾。

朱棣为什么没能彻底解决蒙古问题？当然主要是由当时明蒙之间的基本形势决定的。但朱棣在五次亲征中的表现，却不能称之为"善战"。孙子云，"上将伐谋"。依此而论，朱棣数次亲征，吾未见其善谋也。

谈迁在评论朱棣的亲征时说：

> 文皇帝漠北之驾四矣，庚寅、甲午间，义旗云举，长毂雷奔，盖雪胪胸之愤势不容缓，迫本雅失里灭于前，阿鲁台臣于后，瓦剌三王交臂弭耳。或零虏剽窃，未敢发射天之矢。辛丑既北，邈无一迹，亦可扃居庸而囊开平矣。又烦甲辰之役者何也？甲士三十万再来往于无人之境，于狡胡无少损，而车顿马殆吏惫民痛，所残苦中原，诚不知几何矣！①

他认为永乐十九年辛丑朱棣第三次亲征既然没有见到敌人，就应该改变策略，固守居庸关、开平。二十二年甲辰之役，完全没有必要，结果只能是"车顿马殆，吏惫民痛，残苦中原"，对蒙古鞑靼丝毫没构成损害。

---

① （清）谈迁：《国榷》卷十七，成祖二十二年甲子，第1212页。

# 第十三章　迁都论

靖难之役对明朝政治的影响是深远的，它同时也给明朝的北部边防埋下了隐患。为了夺取和巩固皇权，朱棣借助边防力量，使之调头向南，最初塞王的内迁、北京的经营都是为着巩固统治和对付国内的反对势力。朱棣的地位巩固了，北部边防却空虚了。随着国内秩序的稳定，朱棣开始把重点转移到控制四夷的宏伟事业上来，为的是做一个超迈千古的盖世雄主。迁都北京由此就有了更深远的意义。然而，他的蒙古政策，不论是在政治上还是在军事上都没能取得最后的成功，北部边防的问题，困扰了明朝近二百年。

## 一、弃守大宁：遗患无穷的决策

明朝弘治年间的兵部尚书马文升说：

> 太祖高皇帝平一四海之后，以西北边境与胡虏密迩，虑为
> 边患，故于甘州设立陕西行都司，宁夏设立五卫所，大同设立
> 山西行都司，宣府设立万全都司，古营州设立大宁都司，于辽
> 东古襄平设立辽东都司，各统属卫如臂指之相使，气脉之相属，
> 以捍御夷虏，又分封肃、庆、代、谷、宁、辽六王于甘州、宁
> 夏、大同、宣府、大宁、辽东，凡百军马俱听节制，以藩屏王
> 室。遇有寇贼侵犯，就命各王挂印充总兵官征剿，各边初无总

兵镇守巡抚官之设，彼时胡虏远遁，边方宁谧。[1]

朱棣的即位，打破了北部边防的这一格局。

朱棣以一隅之兵争天下，必须先安定后方，巩固地盘，并需要扩大自己的力量。安定后方，有两点十分重要，一是号称"善谋"、实力仅次于燕王朱棣的宁王朱权不要做梗；二是蒙古诸部不要乘机生乱，如果能争取这两股力量加入靖难的营垒则更好。《明史》载：

> 成祖从燕王起靖难，患宁王蹑其后，自永平攻大宁，入之。谋胁宁王，因厚赂三卫，说之来，成祖行，宁王饯诸郊，三卫从，一呼皆起，遂拥宁王西入关。成祖复选其三千人为奇兵从战。天下既定，徙宁王南昌，徙行都司于保定，遂尽割大宁地畀三卫，以偿前劳。[2]

宁王朱权和兀良哈三卫加入了朱棣的营垒，作为参与靖难的胜利者，应该分享胜利果实；朱棣作为靖难成功的最大受益者，也应该对宁王和兀良哈三卫有所报偿。《明史》称燕王登上皇位之后做了三件事，徙宁王南昌，徙行都司于保定，割大宁之地畀三卫。而这三件事都是在改变明太祖朱元璋布置的北部边防格局，从而使明朝北边的防御态势有所削弱。无论是作为报偿，还是为了为巩固皇权，这三件事所付出的代价都太沉重了。

关于"尽割大宁之地畀三卫"，明人的记载颇多。然而《实录》、《会典》等官书并无记载。明末清初学者顾炎武说："靖难兵之起，三卫夷人从战有功，故畀之（大宁之地），国史不书，莫可考焉。"[3]

---

① （明）马文升：《为经略近京边备以豫防虏患事疏》，《明经世文编》卷六四《马端肃公奏疏三》，中华书局，1962年，第545页。
② （清）张廷玉等撰：《明史》卷三二八《朵颜、福余、泰宁传》，第8504页。
③ （清）顾炎武：《昌平山水记》，第35页。

兹举私史数例：

郑晓《皇明四夷考》载：

靖难初，首劫大宁兵及召兀良哈诸酋率部落从行有功，遂以大宁畀三卫，宁王移封南昌，徙行都司于保定为大宁都司。令三卫岁二贡，贡卫百人。[①]

王世贞《弇州史料前集》卷十八《三卫志》载：

文皇从燕起靖难，使使以赂请，而兀良哈以骑来，从战有功……文皇帝乃移王与其军内地，而以其地畀兀良哈等，使仍为三卫，其官都督至指挥千百户有差，约以为外藩，岁给牛具、种、布帛、酒食良厚。[②]

严从简《殊域周咨录》卷二三载：

靖难兵起……尽拔大宁诸军及兀良哈三卫，胡骑挟宁王入松亭关，趣援北平。永乐元年敕谕兀良哈部落曰：……今仍旧制。设大宁、福余、朵颜三卫，俾尔等统处。军民镇守边境……乃废大宁镇，空其地，给赏三卫，夷人每岁朝贡，以为东北外藩。[③]

朱鹭《建文书法儗》上载：

建文元年十月，靖难兵以宁王权及大宁诸军、兀良哈三卫

---

① （明）郑晓：《皇明四夷考》卷上《兀良哈》，国学文库第一编，1933年，第22页。

② （明）王世贞：《弇州史料前集》卷一八，《四库禁毁书丛刊》史部第49册，北京出版社，1997年，第15页。

③ （明）严从简：《殊域周咨录》卷二三，中华书局，1993年，第720页。

胡骑入松亭关，趣援北平，大宁空。（大宁既破……从官稍稍入城，阴结诸胡并思归之士。濒行，宁王饯送郊外，伏兵拥宁王去，遂诏诸胡及护卫官校，皆从宁府毕发，而城为之一空。其后，大宁弃与朵颜诸虏，而行都司迁保定。）[1]

屠叔方《建文朝野汇编》载：

燕王靖难初，兀良哈骑兵先鞑靼来助，遂弃大宁故地与之，以内边为界。[2]

谈迁《国榷》卷十七载：

义旂初建，首下大宁，简兀良哈三千骑为奇兵。立三千营，不忘其德，尽捐大宁地予之，割雄镇以资伏莽。[3]

此外，还有相当多的文章奏议均同此说。

在蒙古方面，记载此事的则有《汉译蒙古黄金史纲》。朱风、贾敬颜译《汉译蒙古黄金史纲》载：

永乐皇帝统帅自己少数护卫与山阳之六千兀者人[4]，水滨之三万女真人，又黑城的汉人，整兵来伐洪武皇帝之子建文皇帝，

① （明）朱鹭：《建文书法儗》上，《四库全书存目丛书》史部第53册，第275页。
② （明）屠叔方：《建文朝野汇编》卷三，《四库全书存目丛书》史部第53册，齐鲁书社，1996年，第66页。
③ （清）谈迁：《国榷》卷一七，永乐二十年七月庚午，第1194页。
④ 朱风、贾敬颜译：《汉译蒙古黄金史纲》，内蒙古人民出版社，1985年，第47页。译者注：原文 učiyed 是 uči 的复数词。此即清人习称之窝集，女真—满语"深山老林"之谓。《登坛必究》卷二二、《武备志》卷二二七以及《卢龙塞略》等书所收蒙古语，均称福余卫为"我者"，便是 uči 或 üje 一词的汉译。元、明人译此词为"吾者""兀者""斡者""斡拙"等。

捺银印于颈而废逐之。于是……永乐皇帝为君；……号曰永乐大明。以拥立之功而赐与六千兀者人以三百大都。[①]

这段话虽未确指以大宁地界兀良哈之事，但却有力地证明靖难时朱棣与兀者人等有过一笔政治交易。

日本和田清先生对以大宁界三卫的说法表示怀疑。他认为此说是由于人们对建文帝的同情而将事实演义了。他说"三卫远在北方的根据地，它既没有被成祖收买的可能，也没有胁从宁王的可能"。"成祖不但没有得到三卫的援助，反而曾为制驭三卫费尽心机。"而且成祖还说过"今灭此残虏，惟守开平、兴和、宁夏、甘肃、大宁、辽东，则边境可以永远无事矣"这样的话。成祖弃守大宁，有"徐图他策"的打算。只是因为他突然病逝，重置大宁的愿望才未得实现[②]。

类似的说法在明朝时便已出现，或为和田清之说所本。陈仁锡在《皇明世法录》中说：

> 论曰：三卫地界宣、辽，为蓟门之肩背，自大宁失而宣辽隔绝，昔人有血脉壅滞，肩背拘挛之恨，岂不信哉！世多以文皇畀虏为口实，爰考永乐、宣德有剿捕之诏，有宣捷之敕，除恶务本，曷尝不厪门庭之诚乎？且文皇帝尝语大学士金幼孜曰：

---

① 朱风、贾敬颜译《汉译蒙古黄金史纲》，第48页。译者注：原文daidu乃系"大都"音译。这里当指大都城的人民而言。笔者附记：1980年，拙文草拟时，蒙贾敬颜师赐之以手订之《汉译蒙古黄金史纲》油印本，故得引用，后内蒙古人民出版社于1985年7月将该译本正式出版，拙文所引依据之做了订正，而铅印本此段译者注释，又有取于拙文焉。附志于此，以存一段佳话，且以纪念先师。

② 〔日〕和田清：《东亚史研究（蒙古篇）》，《兀良哈三卫研究》上，东洋文库，昭和三十四年，第188—191页。附记：拙文草拟时，和田清先生书尚未有中译本出版，遂请同学陈汉玉女士将所需文字多段译为中文。今虽有正式译本出版，但笔者仍以陈译信、达、雅相兼，不必更改。谨志谢意。参见《明代蒙古史论集》潘世宪译本，商务印书馆，1984年。

今守开平、兴和、大宁，边境可幸无事。当日无弃大宁之意甚明。大宁弃斯开平难守，开平弃斯古北可虑，胡马云扰，谁阶之厉？初以三卫侦虏，亦略仿汉倚乌桓伺匈奴。或谓善处之可因以为间，虽藩篱失而耳目在，计非全拙。乃市赏无艺，至为东西虏攘臂挂籍，譬养鹰而绦绁去手，又如之奈何！①

尽管陈仁锡做了这样一番辩护，但仍不能否认大宁弃守于朱棣："兀良哈从征有功，文庙嘉其绩，秩以都督，宠以三卫，于是徙镇入于蓟南，而界其地。"②即以"养鹰而绦绁去手"而喻之，其中也不无批评之意，至少得以"不慎"、"决策失误"归咎之吧！劳堪则将大宁的丢失，归于朱棣等过分相信兀良哈的"诚款"所致："永乐宣德之间，但知兀良哈之诚款，开平之艰远，丰胜之丁口不立，甘心弃土，略不顾惜，非往事之恨乎？"③明朝灭亡后，顾炎武曾到北京一带考察山川利病，他同样认为大宁是由于靖难而放弃④。

无论如何，弃守大宁的责任明成祖朱棣是难以逃脱的。或其本无弃守之意，只是放心地将兀良哈"约为外藩"，但兀良哈并不完全可靠，虽然有时诸卫也应召从征，但如和田清所说，其在永乐时已经烦于驾驭。因为兀良哈"羽翼鞑靼"，永乐十九年朱棣亲征，曾经回师袭击之。朱棣长驾远驭，其目标在于扫清全蒙古，兀良哈自不在话下。朱棣的根本失误在于将大宁都司内徙，将宁王内迁。仅以封其为都督指挥，允许岁贡等等是无法约束兀良哈的。年久之后，

---

① （明）陈仁锡：《皇明世法录》卷八二《北狄》，《四库禁毁书丛刊》史部第16册，北京出版社，1997年，第411页。

② （明）陈仁锡：《皇明世法录》卷五七《蓟门·三卫属夷总论》，《四库禁毁书丛刊》史部第15册，北京出版社，1997年，第498页。

③ （清）顾炎武：《天下郡国利病书》卷二，清光绪广雅书局刊本。

④ （清）顾炎武：《昌平山水记》卷下：大宁初设，未有人民，但立北平行都指挥使司，及大宁营兴州、会州等一十六卫。自燕府拔之而南，遂为空城。及转战三年始下南京，而大宁已弃之，后不能复置，因徙卫于山南，而以其地界兀良哈。（第34页）

这个"外藩"就成了边患。后人说成祖朱棣把大宁之地送给了三卫，实属猜度之词。但我们完全可以说弃守大宁是明成祖的失误。

这里有必要追溯成祖为什么要将大宁都司内迁，将宁王内徙。

朱棣以塞王起家，对拥兵守塞的诸王的力量有深刻的认识，也把他们视为潜在的竞争对手。在塞上之王中，以燕王朱棣和宁王朱权最具实力，时人称燕王善战，宁王善谋。虽然燕王造反得到了宁王的联手，但在燕王做了皇帝后，宁王就成了燕王心目中最危险的人物。燕王当然不会践守中分天下的前约，但宁王要求徙封内地，却正中朱棣下怀。他不希望在北京附近，在他的身后有一个强大的藩王。在经过几次讨价还价后，宁王终于徙封南昌。《太宗实录》载：

> 永乐元年二月己未，以大宁兵革之后，民物凋耗，改封宁王府于南昌。①

这是一句典型的官话，既看不到宁王的要求，也不提二人早先的约定。改封的原因成了"大宁兵革之后，民物凋耗"。接着，就要涉及到明朝北边的防御格局了：

> 三月壬午，行都指挥使司为大宁都指挥使司，隶后军都督府，设保定左、右、中、前、后五卫，俱隶大宁都司。调营州左屯卫于顺义，右屯卫于蓟州，中屯卫于平峪，前屯卫于香河，后屯卫于三河。设左、右、中、前、后五所，仍隶大宁都司。②

朱棣完全打乱了原北平行都指挥使司的设置，一切重新安排。

---

① 《明太宗实录》卷一七，永乐元年二月己未，台湾"中研院"历史语言研究所校印本，第306页。
② 《明太宗实录》卷一八，永乐元年三月壬午，台湾"中研院"历史语言研究所校印本，第320页。

其设计用心，与当年太祖朱元璋显然不同。如果延续朱元璋的意图，在内徙宁王之后完全可以保留原北平都司及其卫所的设置，甚或可以加强之。而朱棣重置大宁都司的卫所，把北平行都司改为大宁都司，将其迁于北京之南的保定，而其所属卫所亦散置于北京周围，完全失去了面对大漠、防御北边的功能，而原大宁之地却完全没有官军驻守。显然这不是一时的疏忽，而是有意的安排。与此同时，朱棣对原大宁地区的兀良哈三卫则恩宠有加：

> 永乐元年五月乙未，敕谕兀良哈三卫官军（引者按：三卫既已归附，且从战有功，故称官军）人等曰：朕嗣位之初，已尝诏谕尔众……但有来朝者，悉授以官，俾仍居本地，岁时贡献，经商贸易，一从所便。前阿哥歹、那海帖木儿、纳哈出来寇广宁，守臣擒送至京。朕矜其远人，且各有父母妻子之思，曲宥其死，就令尚都等送还并谕尔知之。①

> 永乐元年十一月，辛卯，敕谕兀良哈部落曰："朕承天眷。君临天下，尝遣使赍诏谕，尔等闻命即遣人来朝，其诚可嘉，今仍旧制，设泰宁、富余、朵颜三卫，俾尔等统属军民，镇守边境，旧尝授官者，列名以闻，咸复之。若前未授官，于令当授者，亦第其名来闻。朕即授之，俾世居本土，安其生业。"②

> 命脱尔火察为左军都督府都督佥事，哈尔歹为都指挥同知，掌朵颜卫事；安出及土不申俱为都指挥佥事，掌福余卫事；忽剌班胡为都指挥佥事，掌泰宁卫事。馀及所举未至者总

---

① 《明太宗实录》卷二〇下，永乐元年五月乙未，台湾"中研院"历史语言研究所校印本，第369页。
② 《明太宗实录》卷二五，永乐元年十一月辛卯，台湾"中研院"历史语言研究所校印本，第454页。

三百五十七人，各授指挥千百户等官，赐诰印冠带及白金钞币袭衣。脱尔火察言，有马八百余匹留京，愿易衣物。命北京行后军都督府及太仆寺第其马之高下，给价偿之。①

兀良哈头目，凡来者及报名者，一律授以官职，所带马匹按等给价。而且，对曾经为寇者亦曲宥之。固然，朱棣怀柔远人的政策是一贯的，问题在于，兀良哈各部竟是如此可靠吗？朱棣为什么能这样放手信任他们呢？现在看到的文献中，并没有发现他授官的这些头目中有人参加过靖难之役。从上面永乐元年五月十月朱棣给兀良哈的敕谕中可以看到，是朱棣即位之后才诏谕他们来朝的。他们的忠诚度还没有经过考验。朱棣第三次北征鞑靼，曾经因为兀良哈"党逆"，而回师击之。朱棣对兀良哈的失于防范，实际就是对北边的失于防范。和田氏说：朱棣"出师未捷而崩于榆木川，重置大宁之志未得酬现"。我想，以朱棣"五出漠北，三犁虏庭"之威，以南征交阯，远出外洋之盛，是完全有能力恢复大宁防守的，不必临终时再为之嗟叹，所以，只能说朱棣根本就没有"重置大宁之志"。朱棣北征蒙古，远出漠北，以为兀良哈不在话下，完全在其掌控之中，因而轻易地撤销了在大宁的设防，在永乐之世这样做或许可以，留给后世，则成为隐患。

放眼看去，无论是明人陈仁锡等，还是日人和田清氏，都忽略了一个前提，即朱棣是以普天下之主自居的。他自认为四海一家，无分内外，兀良哈与任何异族异类一样都是他的臣民，对于那些殊方远夷，朱棣尚可不分彼此，厚往薄来，对于有功靖难的兀良哈部格外眷顾就十分自然了。应该说，朱棣自己并不认为是放弃了大宁，因而也便无须有"重置大宁之志"。朱棣的这一四海一家的宏伟构

---

① 《明太宗实录》卷三〇，永乐二年四月乙丑，台湾"中研院"历史语言研究所校印本，第550—551页。

想，在国力强盛、君主有为之时尚可维持一定局面，而一旦国力削弱，主闇臣庸，非只"天下一家"不可能实现，就连近在咫尺的边陲之地也难于控制了。历史事实已经证明，朱棣的长谋远略，反不及朱元璋的稳扎稳打来得可靠。

在蒙古地区脱离中原政权控制的时期，大宁是明朝边防的战略要地。顾炎武说："大宁居遵化之北一百里，沿山海以逮独石，一墙之外皆其地。独石、山海离京师皆七百里，与大宁正相等。国初建谷、宁、辽三王，与代朔若运雄，以屏藩东北，其为计深矣！"[①]其时，大宁与宣府、辽东并列为第一道防线，朱元璋又命徐达西自古北，东至山海修关隘一道，为第二道防线。因此，控制大宁，对于制驭兀良哈、女真，遏止鞑靼东进是十分重要的。

为了经营大宁，朱元璋曾花费一番苦心。洪武十九年十一月，为了对付纳哈出，朱元璋下令：于大宁诸边隘分兵置卫，以控制之。遂诏户部出内库钞一百八十三万七千五百锭，散给北平、山东、山西、河南及迤北府州县，令发民夫二十余万，运米一百二十三万余石，预送松亭关及大宁、会州、富峪四处以备军饷，每夫运米一石给钞六锭为其直及道里费。到洪武二十年三月，命大将军冯胜又筑大宁、宽河、会州、富峪四城，并驻兵防守，九月，设大宁都指挥使司及大宁中、左、右三卫，并以木榆、会州、新城等卫隶之。以周兴、吴汭为都指挥使，调各卫兵二万一千七百八十余人守其城[②]。洪武二十四年，宁王就藩大宁，又增置卫所十余处。朱元璋甚至在大宁卫设立儒学，教授武官子弟，设教授训导，"仍选识达达字者教

---

① （清）顾炎武：《天下郡国利病书》卷九，"旧大宁论"，清光绪广雅书局刊本，第19页。

② 《明太祖实录》卷一七九、一八一、一八五，洪武十九年十二月、洪武二十年三月辛亥朔、洪武二十九年九月癸未，台湾"中研院"历史语言研究所校印本，第2718—2719页、2731页、2777页。

习达达书"①，并"颁经书，以广文教"②。朱元璋十分重视这里的屯田，洪武三十年四月，曾经敕谕燕王"今年屯种自东胜至开平，开平至大宁、广宁，须于五月一报禾苗长养如何，七月再报结实如何，十月又报所收子粒若干，一岁三报，使朕得知边计，而屯军亦不敢怠偷"。朱元璋为了大宁可谓殚精竭虑了。这些，在朱棣下令拔大宁于保定后，全被荒废了，大宁"遂为空城"③。朱元璋的苦心规划，被朱棣有意无意地抛弃了。

兀良哈三卫设于洪武二十二年，而"久之皆叛去"④。朱棣即位之后，虽然对其加意笼络，"欲使受国恩，永为外藩，共享太平之盛"⑤，但兀良哈"当成祖之世已烦驾驭"⑥，不时剽掠边地屯堡，甚至与本雅失里合谋寇边⑦。弃守大宁之祸端在永乐年间就已显露，迄于后世危害更烈。

大宁之弃守，切断了从辽东到宣府的防御线。而且，大宁既弃，开原逼塞不可居，不得不将韩王朱松改封平凉⑧。再加上东胜诸卫迁于内地，开平迁于独石，北边第一道防线完全崩溃，只有靠近北京的第二道防线可守。自是"诸夷列我险阻，闯我门庭，要我官员，残我吏民"⑨，"畿辅之间骚然多事矣"⑩。永乐以后的边患，不少与兀良哈有关，国都迁于北京之后，其威胁更加突出。后人对此批评甚多：

---

① 《明太祖实录》卷二〇四下，洪武二十三年九月丁酉，台湾"中研院"历史语言研究所校印本，第3054页。
② （清）顾炎武：《昌平山水记》卷下，北京古籍出版社，1980年，第33页。
③ （清）顾炎武：《昌平山水记》卷下，第33、34页。
④ （清）张廷玉等撰：《明史》卷三二八《朵颜三卫传》，第850页。
⑤ （明）张萱：《西园闻见录》卷五二《兵部一·边防前上·三卫》，《续修四库全书》第1169册，第330页。
⑥ （清）顾炎武：《天下郡国利病书》卷九，清光绪广雅书局刊本，第9页。
⑦ （明）郑文彬：《筹边纂议》卷四，《中国公共图书馆古籍文献珍本汇刊》，中华全国图书馆文献缩微复制中心，1999年，第344页。
⑧ （清）张廷玉等撰：《明史》卷一一八《韩宪王松传》，第3605页。
⑨ （明）张萱：《西园闻见录》卷五二《兵部一·边防前上·三卫》，《续修四库全书》第1169册，第331页。
⑩ （清）顾炎武：《昌平山水记》卷下，第36页。

> 正统己巳、嘉靖庚戌，诸敌犯内，皆从此（指大宁）至，则（兀良哈）阳顺阴逆，亦卧榻鼾睡故也。[①]

> 泰宁、福余常与东虏合，而朵颜常与西虏合。弱则乞赏，强则要挟。少则鼠窃狗偷，众则称兵入犯。或联姻于西虏而藉其势；或向导于东虏而假其声……使我蓟边疲于奔命，此贼寔为之耳。[②]

明朝许多有识之士，看到这种局面潜伏着更大的危险，有练兵振武之谋，有恢复大宁之议。大学士丘濬指出："京师东北藩篱单薄之甚，异时卒有外患，未必不出于此。"[③]明末东北边警频仍，完全证明了丘濬的这一预见。

此外，在内迁辽王的同时，朱棣又将谷王从宣府、辽王从广宁内迁。塞王内迁，固然解除了诸王对皇位可能构成的威胁，但也大大削弱了北边的防卫力量。这样，就形成了国都靠近前线，天子坐镇守边的局面。尽管朱棣雄心勃勃，长驱远驾，扬威塞外，但北部边防退缩的格局已难于改变。

朱棣的措置失当的恶果最终显现出来，对明朝政权的稳固产生了不良影响。明末清初，不少人追究明朝灭亡的责任，都不免要归罪于朱棣。傅维鳞（1608—1667）说："太宗定鼎幽燕，居外驭内，南面以临海宇。独近在边陲，则守御为艰。然而大宁之内徙，三卫之外向，独石之孤悬，丰胜之沦没，抚令追昔，宁无叹慨！而况于数千里岩疆，一旦波沉陆海，则明季边臣之偷玩，有不忍言者。而迹其始境，宁不罪有所归哉！"[④]让朱棣承担一定罪责，是不冤枉的。

---

① （清）顾炎武：《天下郡国利病书》卷九，清光绪广雅书局刊本，第9页。
② （明）陈仁锡：《皇明世法录》卷五七《蓟门·三卫属夷总论》，《四库禁毁书丛刊》史部第15册，北京出版社，1997年，第498页。
③ （明）丘濬：《大学衍义补》卷一五一，治国平天下之要，驭夷狄，守边固圉之略下，明崇祯壬申刻本，第11页。
④ （清）傅维鳞：《明书》卷四三《边关》"史官论曰"，《四库全书存目丛书》史部第38册，齐鲁书社，1996年，第371页。

## 二、迁都北京：一个天下共主的伟业

永乐迁都北京，是明朝的一件大事，也是中国历史上的一件大事。自迁都之日起，政治家、史学家便对其利弊争论不休，迄数百年而不已。明朝一些人认为，北京在地理上有许多优越之处，他们将北京与长安、洛阳、汴梁相比较，认为北京形势最优。他们说：

> 天地间之形势，大抵无如燕京，其次则关中，洛阳四面受敌，非用武之地，然视汴犹为上游焉，若金陵则僻在东南，不足控驭西北，非胜地也。①

至于其优越之处，无非是：

> 沧海绕其东，太行峙其西，后枕居庸，前襟河济，饶谷马鱼盐果蓏之利。顺天为皇居，东南转漕，秦晋入卫，形胜甲天下。②

然而，也有一些人批评永乐迁都北京，他们对北京所处的地理位置十分担心。大学士丘濬说：

> 居庸者，则吾之背也，紫荆则吾之吭也。
> 都燕者切近北狄，则又将恐其反搤我之吭而拊我之背焉，所以防蔽之者，尤当深加之意。③

陈建（1417—1567）说：

---

① （明）张萱：《西园闻见录》卷六二《兵部十一·职方》，《续修四库全书》第1169册。
② 同上。
③ 同上。

幽燕形胜，自昔称雄，然距边塞不二百里，无藩篱之固，而天子自为守。所幸胡人惟利在抄掠，无争帝之志耳。①

他们认为，边防局面之所以能如此勉强维持，是因为"我固不产英雄，彼亦不生豪杰"②。就是说，虽然明朝的没有出现能够扫平蒙古的英雄，但蒙古各部也没有产生足以进取中原的豪杰，如此才迁延对峙了二百年。否则，南北对决的局面，就不在甲申之年了。

许多论者都无例外地指出，北京作为国都的根本缺点，在于距边防前线太近，政权的中枢极易受到困扰：

有明都燕不过二百年，而英宗狩于土木，武宗困于阳和，景泰初京城受围，嘉靖二十八年受围，四十三年边人阑入，崇祯间京城岁岁戒严，上下精神毙于寇，至日以失天下为事……

江南之民命，竭于输挽，太府之金钱，靡于河道，皆都燕之为害也。③

甚至有人把"都燕"认作是明朝灭亡的原因之一④。

这些论说，概括起来，都可以归结到一个出发点，即都把北京的优劣与边防相联系，把北京作为边防前线。把迁都北京当做"镇压北虏"的措施来评价。北京的优点在于它可以"据险防边，居外驭内"⑤；反之，北京的缺点，也在于以天子守边，易受攻击。北部边防成为他们的唯一着眼点。

---

① （清）赵士喆：《建文年谱》卷上，商务印书馆，1936年，第16页。

② （明）张萱：《西园闻见录》卷六〇一《兵部十·修边》，《续修四库全书》第1169册，第446页。

③ （清）黄宗羲：《明夷待访录·建都》，中国国家图书馆藏上海梁溪图书馆刊本，1925年，第27页。

④ 辛陞：《寒香馆遗稿》卷二。

⑤ （清）顾炎武：《天下郡国利病书》卷二，清光绪广雅书局刊本，第8页。

如此评价迁都，是否确当？朱棣迁都之本意究竟如何？我们有必要加以追究。

永乐迁都，应追溯到朱棣初即位时。燕京是朱棣的"龙飞"之地，朱棣一即位便有迁都的打算。永乐元年，朱棣下诏以北平为北京。永乐四年闰七月，朱棣下诏建北京宫殿。永乐七年以后，朱棣多次北巡，长期住在北京，而以太子监国南京。在北京设有行在六部，天下奏章都要达行在所。其时，北京已经成为实际上的政治中心。十八年北京宫殿建成，九月丁亥，朱棣下令明年正月初一始以北京为京师，正式迁都北京①。

迁都是朱棣的轻率决定吗？

朱棣方迁都时，便遭到不少人的反对。永乐十九年四月初八，耗费巨资修建多年始告完成的北京宫殿奉天、华盖、谨身三殿被一场大火烧毁。朱棣以天变示警下诏求言，群臣又纷纷提出不该迁都的问题。朱棣震怒，将主事萧仪（1384—1423）下狱瘐死，并说："方迁都时与大臣密议，久而后定，非轻举也。"言者因劾大臣，朱棣命跪午门外质辨②。《蟭衣生集》记载："成祖曰：'北平之迁，吾与大臣密计数月而后行。彼书生之见，岂足以达英雄之略哉！'"③

什么是朱棣的"英雄之略"？各书无载，不得而知。于是，后人不断地提出自己的解释。丘濬说，朱棣"自北平入正大统，遂建都于此"④。袁袠说，"天地间之形势大抵无如燕京"⑤。郑晓说："京畿

---

① 《明太宗实录》卷二二九，永乐十八年九月丁亥，台湾"中研院"历史语言研究所校印本，第22、27页。

② （清）张廷玉等撰：《明史》卷一四九《夏原吉传》，第4152页。传称"杀主事萧仪"，据黄淮《介庵集》卷七，"前户部主事萧德容墓表"。萧仪实瘐死狱中。敬乡楼丛书第三种之六，民国二十年（1931）刊本。

③ （清）于敏中：《日下旧闻考》卷五，北京古籍出版社，1985年，第78页。

④ （明）张萱：《西园闻见录》卷六五《兵部十四·屯戍》，《续修四库全书》第1169册，第505页。

⑤ （明）张萱：《西园闻见录》卷六二《兵部十一·职方·北京》，《续修四库全书》第1169册，第458页。

负重山，面平陆，地饶鱼盐谷马果蓏之利，又转漕东南，财货骈集，天险地利，足制诸胡。"①孙承泽说："成祖曰：'北平之迁，吾与大臣密计数月而后行。'今其所密计者即不得闻，以余度之，其说有四：燕非金元之始也，……宜迁一；古享国长久者靡不迁都，……宜迁二；……成祖曰，吾起燕都燕耳，宜迁三；天下之祸莫烈于卤，吾令子孙自当之，庶几四海豪杰辐辏都下，足与卤较，宜迁四。"②

如此众说纷纭，不外以下五点：（1）北京为朱棣龙飞之地；（2）北京形势优越；（3）北京物产丰富，供给方便；（4）可以控制诸胡；（5）足与卤较。

明朝自洪武时起，便存在着北方蒙古诸部的威胁，但是，由于明军的一再打击，由于明朝政府的怀柔政策，更由于蒙古内部的分裂、纷争，其力量已大大衰落，到永乐年间，蒙古对明朝所造成的危险程度已经大大下降，否则，明朝不会有力量同时进行塞北、交南的战争，或者郑和下西洋的大规模活动也会受到影响。正统以后，蒙古的威胁日益严重。与其说是由于蒙古力量的强大，不如说是由于明朝力量的衰落。只是在这时，蒙古问题才成为朝政的一个中心问题。上面所举明朝中后期人们对迁都原因的推测，都是囿于自己的时代，从自己所处时代的边防现实出发的。它反映了明朝北边从向外发展到向内收缩，从积极出击到消极防御的转化。永乐时期根本用不着以迁都这样举国震动的措施来对付蒙古，说迁都仅仅是为"足与卤较"，或说仅仅是为了对付蒙古，显然不符合明初的历史事实。

如果迁都不仅仅为对付蒙古，那么朱棣的英雄之略又在何处呢？我们还是考察一下永乐时期的人是怎样说的吧。

---

① （明）张萱：《西园闻见录》卷六二《兵部十一·职方·北京》，《续修四库全书》第1169册，第458页。

② （清）孙承泽：《春明梦余录》卷一，北京出版社，2018年，第8—9页。

永乐元年正月辛卯，礼部尚书李至刚等言："自昔帝王或起布衣，平定天下，或由外藩入承大统，而于肇迹之地皆有升崇。切见北平布政司实皇上承运兴王之地，宜遵太祖高皇帝中都之制，立为京都。"制曰："可。其以北平为北京。"①

永乐十四年十一月壬寅，复诏群臣议营建北京。先是，车驾至北京，臣工等上疏曰："北平河山巩固，水甘土厚，民俗淳朴，物产丰富，诚天府之国，帝王之都也……矧河道疏通，漕运日广，商货辐辏，射货充盈，……望早敕所司，兴工营建。"六部都察院等官复上疏："伏惟北京，圣上龙兴之地，北枕居庸，西峙太行，东连山海，南俯中原，沃壤千里，山川形胜，足以控四夷制天下，诚帝王万世之都也。昔太祖高皇帝削平海宇，以其地分封陛下，诚有待于今日。"②

永乐十八年，北京新殿成，十一月戊辰下诏有言：

昔朕皇考太祖高皇帝受天明命，君主华夷，建都江左，以肇邦基。肆朕缵承大统，恢弘鸿业，惟怀永国。眷兹北京，实为都会，惟天意之所属，实卜筮之攸同。乃仿古制，徇舆情，立两京，置郊社宗庙，创建宫室。上以绍皇考太祖高皇帝之先志，下以贻子孙万世之弘规……天地清宁，衍宗社万年之福，华夷绥靖，隆古今全盛之基。③

------

① 《明太宗实录》卷一六，永乐元年正月辛卯，台湾"中研院"历史语言研究所校印本，第294页。

② 《明太宗实录》卷一二八，永乐十四年十一月壬寅，台湾"中研院"历史语言研究所校印本，第1964—1965页。按：营建北京之诏，初下于永乐四年，开工于五年。永乐北巡于永乐七年二月壬午出发，三月壬午到达北京。会通河开凿于永乐九年三月，六月竣工。

③ 《明太宗实录》卷二三一，永乐十八年十一月戊辰，台湾"中研院"历史语言研究所校印本，第2235—2236页。

据此综而述之，永乐之迁都不过有两个原因：一、北京是兴王之地；二、北京便于控制四夷而制天下。其他诸点，如物产丰富，供给方便等则为迁都提供了可能。而仿古制、承先志等等都是幌子。

以兴王之地建都，明代在永乐以前有洪武三年朱元璋以临濠为中都，永乐以后有嘉靖十八年朱厚熜以湖广安陆为兴都。朱棣一即位便宣布以北平为北京，这比中都、兴都的地位都高得多了。大概朱棣一开始便有迁都之意。永乐四年闰七月诏建北京宫殿，实际上已经将迁都的意见定下来。第二年七月，皇后死于南京，因国都未迁，陵墓未建，只好把皇后的梓宫暂时停放，更显示了有意迁都。自永乐七年二月朱棣常驻北京，设行在六部，处理天下奏章，更与洪武之中都、嘉靖之兴都不同。永乐十八年宣布以北京为京师，去行在号，不过是为一个既成事实正名而已。[①]

迁都北京是经过长时期策划准备的。在这长时期内，朱棣的政策目标经历了从巩固皇位到求得发展这样两个阶段。以上归纳的永乐迁都的两个目的，巩固兴王之地和力争控制四夷，正反映了朱棣政治目标的这种变化。

朱棣迁都的目的，起初主要是为了巩固皇位，是为了防止国内反对派的东山再起。有大量的事实可以证实这一点。朱棣即位之初，朝野汹汹，天下不稳，连建文帝朱允炆的下落也不明。朱棣既以北京而起，便有必要巩固他的基础地盘。基础地盘巩固了，才进可攻，退可守，立于不败之地。朱棣君臣援引朱元璋建中都的先例，不过是为了标榜祖制如此，增加他迁都的合法性。

---

① （清）全祖望《鲒埼亭集》外编卷四五《与施东莱论明代以北京为行在帖》："成祖以藩邸发祥之地，定鼎燕山。始犹以巡幸为词，再返旧京。迨永乐十八年后则定都矣。顾历代犹托以暂驻之名，以示将返旧京之意，其命官敕命中，皆有行在二字。"（上海涵芬楼影印四部丛刊本）。又，（明）丘濬《大学衍义补》卷一一九《治国平天下之要·严武备·京辅之屯》曰："太宗皇帝自北平入正大统，遂建都于此。其初犹以行在为名，而立一行部以总之。其后编立五府六部，大小衙门如旧制，凡京卫之兵皆分其半以来，并起江南富民实之而去行在之名，则是万万年不拔之基永定于此矣。"

为了加强北京的地位，朱棣主要采取了两方面的措施。一方面，他大规模地向北京移民屯田，加强它的经济力量，稳定它的秩序，另一方面，征调军队布置在它的周围，以加强保卫它的军事力量。

先说第一方面，移民屯田：

> 洪武三十五年（建文四年）九月乙未，命户部遣官覈实山西太原、平阳二府，泽、潞、辽、沁、汾五州丁多田少及无田之家，分其丁口以实北平。各府州县仍户给钞，使置牛具种子，五年后征其税。①

> 永乐元年，令选浙江、江西、湖广、福建、四川、广东、广西、陕西、河南及直隶苏、松、常、镇、扬州、淮安、庐州、太平、宁国、安庆、徽州等府，无田粮并有田粮不及五石殷实大户，充北京富户，附顺天府籍，优免差役五年。②

> 永乐二年九月丁卯，徙山西太原、平阳、泽、潞、辽、沁、汾民一万户实北京。③

> 永乐三年九月丁巳，徙山西太原、平阳、泽、潞、辽、沁、汾民一万户实北京。④

其时，也有一些人户自愿赴北京种田：

---

① 《明太宗实录》卷十二下，洪武三十五年九月乙未，台湾"中研院"历史语言研究所校印本，第217页。
② （明）申时行：万历《大明会典》卷一九，中华书局，1989年，第130页。
③ 《明太宗实录》卷三四，永乐二年九月丁卯，台湾"中研院"历史语言研究所校印本，第604页。
④ 《明太宗实录》卷四六，永乐三年元月丁巳，台湾"中研院"历史语言研究所校印本，第714页。

永乐四年正月己未，湖广、山西、山东等郡县吏李懋等二百十四人言，愿为民北京。命给道里费遣之。[1]

还有一些军士被放归乡里种田：

洪武三十五年（建文四年）十二月壬申，户部尚书掌北平布政司事郭资奏：北京、保定永平三府之民，初以垛集充军从征，有功者已在爵赏中矣。其力弱守城者，病亡相继，辄取户丁补役，故人民衰耗甚至户绝，田土荒芜。今宜令在伍者籍记其名，放还耕种，俟有警急，仍复征用……从之。[2]

或者收流民以复业：

永乐元年正月庚辰，北平布政司奏，诸郡流民复业者凡十三万六百余户。上命户部令有司加意绥抚，勿重扰之。[3]

永乐元年十一月戊寅，书谕世子曰：山后官员军民，本皆无罪之人，曩因建文残害骨肉，祸及无辜，不得已逃遁，飘零艰窘，深可哀矜。今既来归，其令官仍原职，兵仍原伍，民仍原业，咸加绥抚。后有归者悉如之。[4]

或者释罪囚以种田：

---

① 《明太宗实录》卷五〇，永乐四年正月己未，台湾"中研院"历史语言研究所校印本，第758页，按：原书"己未"误为"乙未"。

② 《明太宗实录》卷十五，永乐四年正月己未，台湾"中研院"历史语言研究所校印本，第286页。

③ 《明太宗实录》卷十六，永乐元年正月庚辰，台湾"中研院"历史语言研究所校印本，第292页。

④ 《明太宗实录》卷二十五，永乐元年十一月戊寅，台湾"中研院"历史语言研究所校印本，第450页。

洪武三十五年（建文四年）九月乙巳，命武康伯徐理等往北平度地，以处民之以罪徙者。①

永乐元年六月庚戌，户部致仕尚书王钝言三事。一，种田囚人……宜不分籍贯，于保定、真定、顺天等府所属州县挨程安置，先近后远，庶几聚落易成，屯种有效。②

永乐元年八月己巳，定罪囚北京为民种田例。先是，刑部郑赐、都察院左都御史陈瑛等上言……北京、永平、遵化等处，壤地肥沃，人民稀少，今后有犯者，令于彼耕戍，涉历辛苦，顿挫奸顽，庶几良善获安，词讼简息。凡徒流罪除乐工、灶匠拘役，老幼残疾收赎，其余有犯俱免杖，编成里甲，并妻子发北京、永平等府州县，为民种田。定立年限，纳粮当差……上是之。③

永乐元年十一月戊戌，谕世子曰：朕念北京兵燹以来，人民流亡，田地荒芜，故法司所论有罪之人，曲垂宽宥，悉发北京境内屯种。意望数年之后，可以助给边储，省馈运之劳，且使有罪者亦得保全。④

当时，朱棣残酷镇压政治反对派，以严刑苛法临天下，所在囚徒累累，此问题之又一面也。

为了保证屯种的进展，官府给予牛具种子：

---

① 《明太宗实录》卷十二下，洪武三十五年九月乙巳，台湾"中研院"历史语言研究所校印本，第223页。

② 《明太宗实录》卷二一，永乐元年八月己巳，台湾"中研院"历史语言研究所校印本，第377页。

③ 《明太宗实录》卷二二，永乐元年八月己巳，台湾"中研院"历史语言研究所校印本，第412、413页。

④ 《明太宗实录》卷二五，永乐元年十一月戊戌，台湾"中研院"历史语言研究所校印本，第459页。

洪武三十五年（建文四年）八月甲寅，上以北平、山东、河南、累年经兵，民缺耕牛，特命工部于直隶凤阳、淮安等处以官牛给之。①

永乐元年十二月戊寅，工部尚书黄福奏，陕西行都司所属屯田，多缺耕牛耕具，合准北京例，官市牛给之，耕具于陕西布政司所属铸造。②

永乐二年三月丙寅，抚按江西给事中朱肇言：比者工部遣人于江西买牛，令有司递送淮安转运北平给军屯种，未免劳民。今江西、浙江、湖广所属郡县积岁没官牛共计五千余头，俱在民间牧养，若停收买，以民间见养之牛转送给军，则官民皆便。上命工部勘定，先以牛给本处屯军，有余者送北京给军屯种。③

为了适应当时北京经济发展和建设的需要，朱棣前往北京时曾"取南京民匠户二万七千以行"④。

在靖难之役中，北平地区发挥了根据地的作用，军民多所劳苦。朱棣即位后，对他们很是眷顾。他说："时皇太子居守北京，赖军民竭忠效力，不避艰难，供给军需，馈运粮饷，驰驱负挽，昼夜不宁，攻守战斗，披坚执锐，冒犯矢石，父母妻子不保朝夕，甚为劳苦，使朕无北顾之忧……朕自即位以来，念尔将士人民饮食，梦寐时刻

①《明太宗实录》卷一一，洪武三十五年八月甲寅，台湾"中研院"历史语言研究所校印本，第176页。

②《明太宗实录》卷二六，永乐元年十二月戊寅，台湾"中研院"历史语言研究所校印本，第478页。

③《明太宗实录》卷二九，永乐二年三月丙寅，台湾"中研院"历史语言研究所校印本，第522页。

④（清）顾炎武：《天下郡国利病书》卷十四，清光绪广雅书局刊本，第10页。

不忘。"①为此，朱棣曾多次诏免北京税粮。一次，顺天府老人三十余人谒阙谢，朱棣谕之曰："往者连年军旅，北方之民供给劳困，朕未尝忘之。比岁农种如何，民力复旧否？"又谕诸臣曰："北方之民，如人重病初起，善调理之，庶几可安。不然病将愈重，朕所以夙夜拳拳也。"②朱棣厚遇北京之民，采取了种种措施。如，令罪犯于北京纳米赎罪，或充军饷，或输官仓③；遇百姓乏食，或停天下中盐，专于北平开中④，或诏民采盐易米者勿禁⑤；有灾则急治⑥，民饥则给钞⑦，量免其差，屡蠲其税，较之他地，优恤特甚。朱棣还将"初日所受王庄田地，薄其赋税，岁收租入，建仓积贮，赐名黄垡，于以备一方之民凶荒给赈，而又复除其身，有司差役一切不得与。且当其时，县令贺银，两迁至少司空，宠荣之极，振古所无"。明人沈榜（1540—1579）称："此非以汤沐重地，故厚其民，以培植王业，因重其令以肇启太平乎！"⑧不是因为曾经的"汤沐之地"而加以优待，实为"培植王业"，"肇启太平"，这是朱棣强化北京地位、厚遇其民的根本目的。朱棣在永乐九年曾说过："皇考以五州府兴王之地，特

① （清）傅维鳞：《明书》卷五二《纶涣志二》，"免北京钱粮诏"，《四库全书存目丛书》史部第38册，第460页。

② 《明太宗实录》卷五三，永乐四年四月丁卯，台湾"中研院"历史语言研究所校印本，第791页。

③ 《明太宗实录》卷一一，洪武三十五年八月甲午，台湾"中研院"历史语言研究所校印本，第183页；卷四四，永乐三年七月壬寅，同书，第691页。

④ 《明太宗实录》卷一一，洪武三十五年八月丁已，台湾"中研院"历史语言研究所校印本，第176、177页。

⑤ 《明太宗实录》卷一五，洪武三十五年十二月丙寅，台湾"中研院"历史语言研究所校印本，第280页。

⑥ 《明太宗实录》卷一四，洪武三十五年十一月辛丑，台湾"中研院"历史语言研究所校印本，第261页。

⑦ 《明太宗实录》卷一五，洪武三十五年十二月丁丑，台湾"中研院"历史语言研究所校印本，第288页。

⑧ （明）沈榜：《宛署杂记》第二卷《月字·县始》，北京古籍出版社，1980年，第12页。

加优恤，而蠲其田租，所以固邦畿也。"①朱棣所做正是效仿此举，优恤"兴王之地"，"以固邦畿"。

除此之外，朱棣于永乐四年诏建北京宫殿，永乐七年营山陵于北京昌平天寿山，十四年作北京西宫，诏文武大臣集议营建北京，十五年命陈珪（1335—1419）董建北京，十八年命蔡信重修北京城垣。朱棣"焦劳圣虑，几二十年，工大费繁，调度甚广"②，可以说为经营北京费尽了心思。

再说第二方面，加强守卫北京的军事力量，以对付国内的政治反对派。为此，他不惜动用防御蒙古的兵力，改变了朱元璋苦心经营的北边防御部署。

> 洪武三十五年（建文四年）九月乙巳，命都督陈国用、孙岳、陈贤，移山西行都司所属诸卫官军于北平之地，设卫屯种；云川卫于雄县，玉林卫于定州，高山卫于保定府，东胜左卫于永平府，东胜右卫于遵化县，镇朔卫于蔚州，镇虏卫于涿州，定边卫于通州。③
>
> 丙午，改大同中护卫为定州卫。④
>
> 永乐元年三月壬午，改北平行都司为大宁都指挥使司，隶后军都督府，设保定左、右、中、前、后五卫，俱隶大宁都司。
>
> 调营州左屯卫于顺义，右屯卫于蓟州，中屯卫于平峪，前屯卫

---

① 《明太宗实录》卷一二三，永乐九年闰十二月庚辰。台湾"中研院"历史语言研究所校印本，第1552—1553页。五州府指应天、太平、镇江、宁国、广德。

② （清）张廷玉等撰：《明史》卷一六四《列传第五二·邹缉》，第4435页。按：《明史》卷七《成祖本纪三》：十五年正月壬申，"泰宁侯陈珪董建北京，柳升、王通副之"，见《明史》，第96、97页。卷一四六《陈珪传》：永乐四年（陈珪）"董建北京宫殿"；十五年，"命铸缮工印给珪，并设官属"。见《明史》，第4100页。

③ 《明太宗实录》卷二一下，洪武三十五年九月乙巳，台湾"中研院"历史语言研究所校印本，第223页。

④ 《明太宗实录》卷一二下，洪武三十五年九月丙午，台湾"中研院"历史语言研究所校印本，第224页。

于香河，后屯卫于三河。设左、右、中、前、后五所，仍隶大
宁都司。①

按，是年大宁都司新城、富峪、会州、榆木、全宁、开平左、
右、前、后卫、宜兴守御千户所均废，营州诸卫，兴州诸卫、开平
卫、开平中屯卫、宽河守御千户所均内徙。可以看出，朱棣调来加
强北京的军队卫所，都是原来用以防御蒙古的。在将大量卫所军队
迁移布署到北京周围的同时，朱棣还规定北京地区原有卫所兵力不
得轻易减少。杨士奇记载朱棣有这样一道令旨："北京人民有在各处
充军者，今后勾补，不复发去，只就河间立一卫或一所，就此当军。
原卫军伍别着人当。若北京卫分当军的不动。"②

若将这些情况与上文所述的宁王、谷王、辽王相继内迁联系起
来，便可发现，永乐初年北边防线呈内缩态势。朱棣当时正在集中
兵力巩固兴王之地，以对付国内的政治反对派。朱棣之所以敢于而
且能够这样做，是因为当时鞑靼、瓦剌发生分裂、纷争，他们无力
南图，使朱棣得以腾出手南向，同时，兀良哈、鞑靼的将领与朱棣
有良好关系，他们曾经率兵援助朱棣的靖难之役，朱棣自然无须对
之设防了。

我们可以得出结论，朱棣设立北京，考虑迁都北京，起初并非
用来防御蒙古，相反，他一直在不惜削弱防御蒙古的力量，以加强
北京的防卫。

另外，朱棣将首都迁到北京，也有心理方面的原因。这不仅因
为北京曾是他的藩邸所在，是他事业的基础地盘，从而感到很亲切，
还因为南京给他造成的心理压力。南京是朱元璋和朱允炆做皇帝的

---

① 参见本书第242页。
② （明）张萱：《西园闻见录》卷六四《兵部十三·清军》，《续修四库全书》
第1169册，第493页。按：原文"就河开立一卫或一所"，当是"就河间立一卫或一
所"之误，径改。

地方，朱允炆是朱元璋所确立的合法皇帝，但却被这位声称"遵奉祖制"的叔父所推翻。朱元璋死而有灵，得无怒乎？朱棣坐在朱元璋和朱允炆曾经坐过的位子上，心里是不会安宁的。当他面对祖宗陵墓，或想到死后要葬到朱元璋身边，是会感到惭愧无颜甚至心惊魄震的。我们绝不能低估一个帝王畏惧阴骘的程度。朱棣即位后，曾多次请番僧大做法事，"荐福于皇考皇妣"，一次斋醮便达七天七夜，不就是想得到冥冥之中的朱元璋的原谅吗？朱棣无论如何也不愿意死后被葬在朱元璋的身边，这就是其早在正式迁都之前便开始在北京营建陵墓的原因①。

朱棣正式将都城迁到北京是在永乐十八年，这时朱棣的统治地位早已十分巩固了，如果说还有反抗势力的话，也已经无足轻重了。在这个时候朱棣为什么还要坚持迁都呢？除了前面所讲到的心理方面的原因外，除了迁都已成为既定国策外，人们常常提到永乐二十年、二十一年、二十二年的北征，认为北京是前线指挥中心，其实这还是把北京作为抵御蒙古的基地来看的。如果认为迁都的原因是如此简单，那还是未免太小看了朱棣，"乌足以达英雄之略"！

在没有得到皇位时要夺取皇位，在夺取皇位之后要巩固皇位，在皇位巩固后还要向外发展，朱棣的雄心抑或野心是逐步升级的。他最终的英雄之略在哪里？一言以蔽之，"控四夷以制天下"。不仅迁都一事，朱棣一生的大量活动都是为了这一个总目的。

明朝从朱元璋开始，便承认元朝在历代皇朝系统中的正统地位。他曾多次说过自己曾经是元朝的臣民，父母受过元朝的恩养。他认为元朝之得天下是因为有德，因而在他对历代帝王的祭祀中也包括元朝的皇帝。朱棣生于元末，长于明初，大元帝国的盛世必然为之

---

① （清）张廷玉等撰《明史》卷一二二《成祖仁孝皇后徐后传》：徐后于永乐五年七月崩，七年营寿陵于昌平之天寿山，又四年而陵成，以后葬焉，即长陵也。（第3511页）

习闻习知。他的藩邸所在，正是元朝的大都。忽必烈和他的子孙们正是在这里君临天下的。对于朱棣来说，这是一个每日可见的令人神往的榜样。朱棣正是要追随他们的足迹，建立一个像大元帝国那样的与世无敌的庞大帝国。如果说都城迁于北京有利于征服蒙古，那么征服蒙古也只能是朱棣英雄之略的一部分。他将宁王、谷王、辽王内迁，将山西行都司，大宁行都司的诸卫所内迁，并不是甘于北方疆域的内缩，而是此时对北方很放心，相反，他要控制的不仅有鞑靼、瓦剌、兀良哈，还要控制东北、西北的广大地区。他在东北设立如努尔干都司，多次派宦官亦失哈前往巡视，在西北，他不断派出陈诚、李达出使西域，设立哈密卫，这不只是为了"断匈奴之左臂"，以包围蒙古，也是为了直接控制这些地区。因而，当近在眼前的鞑靼、瓦剌竟然顽梗不臣的时候，他是绝对不能容忍的，他不惜一再发动大规模北征，必欲臣服之而后已。与此同时，永乐三年派郑和下西洋，永乐四年攻打安南，郡县其地，简直是东南西北全线出击。《明史·坤城传》称："自成祖以武定天下，欲威制万方，遣使四出招徕。由是西域大小诸国莫不稽颡称臣，献琛恐后。又北穷沙漠，南极滇海，东西抵日出没之处，凡舟车可至者，无所不届。"[1]由此，我们可以看出到朱棣的胸襟。他是要全面继承大元帝国的遗产，必欲"远方万国无不臣服"[2]，才是朱棣的英雄之略！

大都曾作为大元帝国的首都将近百年。历史上中原政权为北方民族政权困扰的局面，到元朝彻底结束了，元朝所建立的是一个真正的华夷一体、四海混一的大帝国。它是我国古代统一的多民族国家发展的重要阶段。朱棣希望继元朝之后做一个华夷一体、四海混一的帝国的君主，这是他的最高理想。但是朱棣最终没能成功，因

---

① （清）张廷玉等撰：《明史》卷三三二《西域传四·坤城》，第8625页。

② （清）张廷玉等撰：《明史》卷三三二《西域传四·于阗》，第8614页。

而也没有能使大元帝国的事业继续发展下去。为降服蒙古各部所遭遇的挫折，是他一生中最伤心的事。虽然他对蒙古贵族实行了一些怀柔政策，如任用鞑官，封蒙古贵族为王等等，但他并没有改变朱元璋留下的禁止胡服胡语、禁止蒙古人自相婚姻、五府六部不得任用鞑官等等对蒙古的分别彼此的政策，没有建立起一个蒙古与内地经济文化交流和联系的切实而有效的渠道。他在军事上实行的在边境地区的放火烧荒、禁止耕牧、防秋巡边的做法，对边境贸易施加种种限制的做法，特别是他亲自率领的五次大规模亲征，不仅没能使蒙古臣服，反而使蒙古地区与内地更加疏远了。本来，在元朝时长城内外已经踏上了同步发展的轨道，到现在又相互脱节了。这也是整个明朝时期蒙古问题一直难于解决的基本原因。朱棣原意是要一举控制蒙古地区的，但是，他的失败反倒使宁王、谷王内迁等等所造成的北边空虚成为难以克服的问题而遗患于后世。他以北京为中心控制天下的构想，随着他的去世已经再无可能。一个强悍的、有着博大胸襟的、精力无比充沛的朱棣，是无法复制的。后世的继志述事都成了空话。北边要塞及大片土地的弃守，使北京成了边防前线，被迫成为"天子守边"的局面。塞上一有风吹草动，便举朝惶惶不宁。正统己巳之变，嘉靖庚戌之变，无不危及京师，几倾社稷。当然，这一连串的边患主要应当由后代负责，但追溯到明成祖朱棣，他又应当负有多少责任呢？

我国多民族国家的统一和发展，是不可逆转的历史趋势，元朝定都于大都（今北京），不仅仅是因为蒙古族兴起于漠北，或者因为近便而简单地承辽金之旧，它实在可以看作是推动我国多民族国家的统一和发展的一个重大步骤。它再次使作为全国统治中心的首都北迁，或者说是使漠北与中原地区的统治中心合而为一了，它强调了长城内外、大漠南北的联系，营造了宅中枢而驭天下的态势，朱棣要想做个君主华夷的天下共主，以北京为首都，是合乎逻辑的选择。从长远历史看，朱棣迁都北京顺应或推动了我国多民族国家的统一和发展的趋势。迁都北京再次肯定了北京作为全国统治中心的地位：它不仅可以统驭广大中原和南方，而且还可以统驭包括黑龙江、贝加尔湖、阿尔泰山以北的北方广大地区。北京不仅是联系汉人、南方各民族的纽带，而且也是联系女真人、蒙古人和西域各族人的纽带。朱棣的英雄之略虽然有个人的权力欲望和野心的成分，但是它符合中国历史发展的方向。迁都北京表现出了朱棣本人的广大胸怀和恢宏胆魄。可惜，他的后继者并不具备这样的胸怀和胆魄，更不具备推进这一"英雄之略"的能力，反而重复放大了朱棣的失误。终明之世，塞北多故，天子守边，举国上下惶惶惴惴，如果仅仅对朱明后世子孙来说，都城近在边塞实在并非好事。

# 远略篇

明代中国，作为一个地处东亚的大国，在陆地上与许多国家接壤，通过海洋，也与许多国家有着广泛的联系。明朝如何确认和确立自身在众多国家中的地位，如何处理与远近国家之间的关系，是执政者必须考虑的问题。同时，明朝是推翻元朝而建立的，作为元帝国的继承者，元朝与各个国家的关系，也对明朝的交往有重要的影响。

　　明朝的对外关系，不论是理论上还是在实践上，明太祖朱元璋都是开拓者和奠基者。明成祖朱棣在对外关系上的所作所为，是明太祖朱元璋政策的直接继承。而这些政策也可以追溯到古老的儒家思想渊源。

# 第十四章　明太祖的遗训

明太祖朱元璋对外关系的理念，在《皇明祖训》中有明确的表述。这是他给后世子孙留下的遗训，是必须遵守的。其要点包括：

## 一、不可无故兴兵

他在经多改订的《皇明祖训》中强调人不犯我，我不犯人，反对无故兴兵：

> 四方诸夷，皆限山隔海，僻在一隅，得其地不足以供给，得其民不足以使令。若其自不揣量，来扰我边，则彼为不祥。彼既不为中国患，而我兴兵轻伐，亦不祥也。吾恐后世子孙，倚中国富强，贪一时战功，无故兴兵，致伤人命切记不可。

他还规定不征诸夷国，包括：朝鲜、日本、大小琉球、安南、真腊、暹罗、占城、苏门答腊、西洋、爪哇、湓亨、白花、三佛齐、浡泥等。①

他所说的不兴兵的理由"得其地不足以供给，得其民不足以使

① 朱元璋：《皇明祖训》"祖训首章"，见张德信、毛佩琦编：《洪武御制全书》，黄山书社，1995年，第390页。

268

令",带有大国的保守自足的意味。但他提出,无论哪一方"无故兴兵"均为"不祥",这种人不犯我、我不犯人的原则,是理性、正义的。

朱元璋通过出使、诏谕,明确地向与其交往的国家表明了他上述的态度。比如在他给安南的谕旨中明白地告诉安南"不征":

> 且安南限山隔海,远居蕞尔,天造地设,帝命王于彼者以主生民,中国有道之君必不伐,尚强无知者必征。今朕统天下,惟愿民安而已,无强凌弱,众暴寡之为。安南新王自当高枕,无虞加兵也。①

明太祖称他的这些政策来自中国古代的传统:

> 然朕观上古之君,自甸侯绥服之外,不治其令,土人主之。大概圣人之心,体天道以行仁,惟欲安民耳,未尝夸侈,所以不宝远物,不劳夷民。圣人之心弘哉!②

## 二、厚往薄来

作为中央帝国的君主,所谓"奉天命为天下主",明太祖要求各国给予中国应有的尊重,以保持一种礼制下的尊严。而其标志是象征性的"朝贡"。这种朝贡,目的并不在于物质利益,而在于地位名分,尽管不能以此就确定与朝贡国之间的宗主关系。明帝国对外更多的是施与,而不是索取。这就是"厚往薄来"的原则。洪武五年,西洋琐里使者来华,朱元璋明确申述了这一原则,他说:

---

① （明）朱元璋:《明太祖集》卷二《谕安南国王诏》,黄山书社,1991年,第21页。

② （明）朱元璋:《明太祖集》卷二《谕高丽国王诏》,第23—24页。

西洋诸国，素称远番，涉海而来，难计岁月，其朝贡无论疏数，厚往薄来可也。①

对安南、高丽也如是：

前者朕令安南来见，期以三年遣使一朝。所贡之物惟是表意而已。若事大之心永坚，何在物之胜！今年使者黎公等至，仍前远贡丰物，何不遵朕至意？②

今朕虽不才，敢不宝王之臣忠，却来诚之美贡！若汉唐之夷彼，隋君之伐东，在朕之今诈侮于我，安敢违上帝而劳扰生民者乎？若或不守己分，妄起事因，其天灾人祸必有至者。王其审之！自今以后，薄来而情厚则可，若其厚来而情薄，是为不可。王其思之！③

针对朝鲜朝贡过于频繁，他特派遣使者表达意愿，说明不重礼物，而洪武五年十月，朝鲜使臣又来谢恩并贡献礼物。朱元璋再次说其所重为"情"而非"贡"。他把自己和传统连在了一起，说是在遵从儒家的天下理念。

夫古者诸侯之于天子，比年一小聘，三年一大聘。若九州之外，蕃邦远国，则惟世见而已。其所贡献，亦无过侈之物。今高丽去中国稍近，人知经史，文物礼乐略似中国，非他邦可

---

① （清）张廷玉等撰：《明史》卷三二五《西洋琐里传》，第8424页。"厚往薄来"，语出《中庸》第二十章："凡为天下国家者有九经，曰修身也，尊贤也，亲亲也，敬大臣也，体群臣也，子庶民也，来百工也，柔远人也，怀诸侯也。朝聘以时，厚往薄来，所以怀诸侯也。"

② （明）朱元璋：《明太祖集》卷二《谕安南国王诏》，第21页。

③ （明）朱元璋：《明太祖集》卷二《谕高丽国王诏》，第24页。

比，宜令遵三年一聘之礼，或比年一来。所贡方物，止令所产之布十匹足矣。毋令过多，中书其以朕意谕之。[①]

对于其他各国，他也一再申明他的主张，把这一原则推而广之，他要求礼部臣对各国行文。他说：

古者中国诸侯于天子，比年一小聘，三年一大聘，九州外，诸邦远国则每世一朝，其所贡方物，不过表诚敬而已。高丽稍近中国，颇有文物礼乐，与他番异，是以命依三年一聘之礼，若欲每世一见，亦从其意。其他远国如占城、安南、西洋琐里、爪哇、浡泥、三佛齐、暹罗斛、真腊等处新附国土，入贡既频，劳费太甚，朕不欲也。今遵古典而行，不必频繁，其移文使诸国知之。[②]

## 三、共享太平之福

从明朝一建立，朱元璋就开始不断地向各国派出使节传达他欲与天下共享太平之福的意愿：

洪武元年十二月，朱元璋派符玺郎偰斯、知府易济等出使高丽、安南，并致书各国：

昔帝王之治天下，凡日月所照，无有远近，一视同仁，故中国奠安，四方得所。非有意于臣服之也。朕……已承正统，

---

① 《明太祖实录》卷七十六，洪武五年十月甲午，台湾"中研院"历史语言研究所，第1400页。

② 《明太祖实录》卷八十八，洪武七年三月癸巳，台湾"中研院"历史语言研究所，第1565页。

方与远迩相安于无事，以共享太平之福。①

洪武三年，遣使爪哇：

> 自古为天下主者，视天地所覆载，日月所照临，若远若近
> 生人之类，莫不欲其安土而乐生……朕仿前代帝王治理天下，
> 惟欲中外人民各安其所。②

明朝作为一个新生的帝国，此时立足未稳，其实力还不足以成为天下共主，还不足以承担天下的责任。明太祖朱元璋提出的"天下共享太平之福"的理念，其主旨是大家相安无事，谁也不要破坏和平局面。与后来成祖朱棣所说的在天下共主的主持下"共享太平之福"，还是有区别的。

## 四、不得相互争杀

当然，作为一个有重大影响国家的君主，明太祖对周边各国也不是放任其为所欲为。和平睦邻，互不征杀，不是单方的，各国都应遵守。明帝国就成了"天下"规则的制定者和"天下"秩序的维护者。它不仅自我约束，也对邻国提出了要求，要求其避免征杀，和平睦邻。比如，长时期以来，安南与占城之间忿争不已，明太祖朱元璋就在《谕安南国王陈炜伯陈叔明诏》中予以批评，并提出了要求。他说：

> 朕闻春秋诸侯之国，皆自丧其福，然后相继灭亡者，云

---

① 《明太祖实录》卷三十七，洪武元年十二月壬辰，台湾"中研院"历史语言研究所，第750—751页。

② （清）张廷玉等撰：《明史》卷三二四《爪哇传》，第8402页。

何？盖谓逆君命而祸黔黎，故天鉴若是，有不可逃其祸也。……

尔安南与占城忿争将十年矣。是非彼此，朕所不知。其冤未伸而雠未解，将如之何？尔叔明如听朕命，息民养民以遂天鉴，后必无穷之福矣。若否朕命而必为，又恐如春秋之国，自取之也。圣人有云：以道佐人主者，不以兵强天下。何也？其杀伐之事好还，故知者不为。尔其图之。鉴春秋之失，岂不美乎！ [1]

对忿争的另一方占城，他也提出了同样的告诫：

洪武十三年九月十八日，占城使至，为朕上寿，……览表阅辞，知复与安南交兵，水战弗利。朕戒尔两国毋深构仇雠，以安民生。今一胜一负，终无休息，果何如哉？今再敕前去，王其审之。古人有云："杀莫大于好杀，生莫大于好生。"所莫大于好杀者，好用兵也。天之所恶用兵也；生莫大于好生，天之所好者仁也。人能行仁，有血气者无不有生焉。曩者安南出兵，败在占城之下。占城乘胜入安南之国，辱之甚矣。若此之后，可已而已，王能保守封疆，奉天勤民，则福禄绵长。必欲驱兵，连年苦战，彼此胜负，固不可知。鹬蚌相争，渔人获利，悔之晚矣。 [2]

## 五、维护天下秩序

这样，太祖统治下的明帝国就成了国家间秩序的维护者，因而也承担了各周边国家庇护者的责任。作为最高地位最高权力的象征，

---

[1] （明）朱元璋：《明太祖集》卷二《谕安南国王陈炜伯陈叔明诏》，第22页。
[2] （明）张燮：《东西洋考》卷十一《艺文考》，御制《论占城国王阿答阿者敕》，中华书局，1981年，第212页。

明朝有权封祭各国的山川。当然，这种与上天沟通的角色，也增强了明帝国的威权。

> 洪武三年，遣使往占城、安南祀其山川。所至诸国，皆勒石纪其事。八年，礼部尚书牛谅言：京都既罢祭天下山川，其四夷山川，亦非天子所当躬祀，乃命别议以闻。中书及礼部奏：以外夷山川附祭各省。如广西则宜附祭安南、占城、真腊、暹罗；广东则宜附祭三佛齐、爪哇；福建则宜附祭日本、琉球、渤泥；京城更不须祭。又言：各省山川与风云雷雨，既居中南向，其外夷山川神位，宜分东西，同坛共祀。上可其奏，命中书颁行。①

正是因为有了这样的责任，明朝也向周边各国宣谕以仁治国的理念，使之成为天下各国的共同准则。明太祖朱元璋曾经借安南使者回国的机会，要求他给安南国君传信，对其进行规诫：

> 尔阮士谔入贡来朝，久驰山川，其劳甚矣。今命尔归，复达尔邦，当与叔明言：昔者，安南国君陈日爠昏荒，以至灭亡。然既亡之后，国中多事连年。今王若不德胜前王，又恐宗社不安。若欲久安之道，务以仁治国，毋以虐为政。倘有小怨，当

---

① （明）张燮：《东西洋考》卷十一《艺文考》,《遣祭占城等国山川碑记》附，第213页。按：传统观念认为，天子受天命君主天下。因此天子可以沟通神人。但天子要表达天意，为天下造福。永乐年间的一篇碑铭完整地表达了这一理念："惟圣德之君，大有功于天地者，范围参赞，相协陶甄，日月星辰之明，寒暑岁功以之成，天得以为天，地得以为地，各位其所而由宁，万物由是而化生，是其一心之运，经纶之妙，有出于天地之外，而大于天地者，不可以名言也。昔朕皇考太祖，圣神文武钦明启运俊德成功统天大孝高皇帝，以圣人之德，居圣人之位，为三才之主宰，和调阴阳，保合造化，贯通宇宙之中，包括天地之外，智无不周，功与神会，凡在天地之中，有生类之，莫不阴受其赐，自生自育而不自知四十余年于此矣。"《明太宗实录》卷四七，永乐三年十月壬午，台湾"中研院"历史语言研究所校印本，第723页。

自省修德以释，则可回天意。①

明朝洪武时期的对外政策是量力而行的，是扎实而稳健的。

洪武期间，明朝通过使节往来，建立了广泛的对外联系。一共联系了多少国家，各书记载统计不一。《鸿猷录》说"凡五十九国"，该书卷六称：

> （洪武）十六年癸亥，上以海外诸国进贡，信使往来不实，乃命礼部置勘合文簿，给发诸国，俾有凭信稽考，以杜奸诈。但遇入贡咨文，俱于各经过布政司比对，勘合相同，然后发遣。于是暹罗、占城、安南、真腊、爪哇……凡五十九国，尝来朝贡者，皆给勘合文册。②

而《东西洋考》所记数量多得多。该书卷十一收录的洪武二十八年一通谕旨说：

> 朕自即位以来，命使出疆，周于四维，历邦国，足屦其境者三十六，声闻于耳者三十一，风殊俗异大国十有八，小国百四十九。③

---

① （明）朱元璋：《明太祖集》卷七《谕安南使臣阮士谔》，第110页。
② （明）高岱：《鸿猷录》卷六《四夷来王》，上海古籍出版社，1992年，第128页。
③ （明）张燮：《东西洋考》卷十一《艺文考》，《御制与暹罗国王诏（洪武初年）》（附洪武二十八年），"谕祭暹罗国王敕"，第216页。

# 第十五章　郡县交阯论

安南，秦时为象郡，汉时设交阯、九真、日南三郡，唐初为安南都尉府，宋以后历朝都接受册封立安南王。明初，陈氏受明朝册封为安南国王①。

其时，安南大权为其国相黎季犛掌握。洪武二十一年，国王陈炜被黎季犛杀害②，立陈日焜（1378—1399）主国事，而一切皆决于黎氏父子③。建文元年，黎季犛又杀日焜，旋大杀陈氏宗族而自立。他更姓名为胡一元，其子为胡查（1370—？），自称出自帝舜裔胡公之后，立国号为大虞，年号元圣。不久季犛自称太上皇，传位于胡查。

永乐元年，胡查遣使贺朱棣即位，诡称："臣陈氏之甥，为众所推，权理国事。"然"名分未正，难以率下"，他请求"锡臣封爵，使废国更兴，荒夷有统"。且发誓说，"奉命效职贡，有死无贰"④。明廷不知内情，派遣行人杨勃等赴安南廉察⑤。同年十一月丁卯，明廷

---

① （清）谷应泰：《明史纪事本末》卷二二《安南叛服》，第343页。

② （明）王世贞：《弇州史料前集》卷一七《安南通志》，《四库禁毁书丛刊》史部第48册，第706页。

③ （清）张廷玉等：《明史》卷三二一《外国传二·安南》，第8311页。

④ 《明太宗实录》卷一九，永乐元年四月丁未朔，台湾"中研院"历史语言研究所校印本，第337页。按：丘濬《平定交南录》称永乐初胡查请权署国事，实误。盖查表自称"权署国事"，实掩盖其篡位自立也，且至永乐元年已自立四年矣。

⑤ 《明太宗实录》卷一九，永乐元年四月辛酉，台湾"中研院"历史语言研究所校印本，第342—343页。

遣使往封胡𡗨为安南国王。朱棣说："覆载之中，皆朕赤子，立之司牧，惟顺民情。"①胡𡗨则上表退还所侵占的广西思明之地以示恭顺。

但一年之后，原安南国王之孙陈天平（一作"添平"）绕道老挝，逃至南京，向明廷报告了实情。陈氏的故臣也来告急，请明朝出兵讨伐黎氏。朱棣说：黎氏"弑主篡位，暴虐国人，而臣民共为蒙蔽，是一国皆罪人也"。胡氏得知，忙派人请求迎陈天平归国复位。

永乐四年五月戊戌，安南胡𡗨奏请还前安南王孙陈天平，上从之。天平陛辞奏曰："臣亡国余孽，荷陛下大德煦育生成，得返故国，承已绝嗣之宗，复已失之位，是使亡魄再生，朽骨更肉，臣虽庸愚实切图报，尚望陛下天地父母曲垂恩顾，终保余龄。"上曰："自古亡国出奔之君，如齐桓晋文皆内有主之，故返国而安。今尔无主于内，徒朕为主于外，事支委曲尤切朕心。尔其明以烛微，智以防患，仁以恤下宽以容众，庶无后忧，赐罗绮纱衣各二袭钞一万贯。"②

朱棣相信了胡𡗨的陈情，而且还给予了奖谕。于是，明朝派兵五千人护送陈天平归国。黎氏背信弃义，伏兵杀了陈天平，并杀了明使。受到欺骗的朱棣不免震怒，他说："朕为万国主，蠢尔蛮夷，乃为不道以戕其主、夺其国。朕不正其罪，如天道何？"③其时安南实为当地一小霸主。它向南侵略占城（今越南南方），向北侵占广

---

① 《明太宗实录》卷二五，永乐元年十一月丁卯，台湾"中研院"历史语言研究所校印本，第407页。

② 《明太宗实录》卷五十，永乐四年五月戊戌，第747—748页。

③ （明）丘濬：《平定交南录》，见《国朝典故》卷九一，北京大学出版社，1993年，第1862页；（清）谷应泰：《明史纪事本末》卷三二《安南叛服》，第345页。

西思明府的禄州、西平州、永平寨。占城、思明纷纷向朝廷告愬①。此外，黎氏还侵云南宁远州七寨；杀土官猛慢，"虏其女，征其银"；"威逼近边土官，致其骇散"②。黎氏不甘心仅仅被封为王，他要做"大虞"皇帝。同时他们还"毁中国儒教，谓孟子为盗儒，程朱为剽窃"③。这些都为朱棣所不能容忍。

永乐四年七月，朱棣以成国公朱能为大将军，西平侯沐晟（1368—1439）、新城侯张辅为左右副将军，分别统"两畿、荆、湖、闽、浙、广西兵，出广西凭祥"，统"巴蜀、建昌、云贵兵出云南蒙自"，进讨安南；以兵部尚书参赞机务，大理寺卿转饷，朱棣亲临龙江视祭誓师。此役明军兵力达八十万④，比朱棣亲征蒙古还要多出许多。可以说是举国动员了。朱棣说："夫安南之人，皆吾赤子。今其势如在倒悬，汝往当如救焚拯溺。"又戒众将"毋养乱，毋玩寇，毋毁庐墓，毋害稼穑，毋姿妄取货财，毋掠人妻女，毋杀戮降附者"，并称"罪人既得，即择陈氏子孙之贤者立之，使抚治一方，然后还师，告成宗庙，扬功名于无穷"⑤。如此说来，这岂不可以称作仁义之师了吗？而且，朱棣的话，就兴灭继绝的儒家礼法来说未尝为无理。因而安南人民"延颈肢足以待王师之至"，明朝军士"皆欢呼用命"。五年五月，明军大胜，黎氏父子均被俘虏，都督柳升等将其"献俘阙下"。

---

① 《明太宗实录》卷二一，永乐元年七月丁酉，台湾"中研院"历史语言研究所校印本，第400页；卷二，永乐二年正月丁巳，台湾"中研院"历史语言研究所校印本，第494页；卷三〇，永乐二年四月癸酉，台湾"中研院"历史语言研究所校印本，第538页。

② （明）丘濬：《平定交南录》，见《国朝典故》卷九一，第1862页。

③ 同上。

④ （明）王世贞：《弇州史料前集》卷五《命将士征讨考上》，《四库禁毁书丛刊》史部第48册，第489页。

⑤ 《明太宗实录》卷五六，永乐四年七月辛卯，台湾"中研院"历史语言研究所校印本，第822—824页。《平定交南录》有"皇帝非利安南土地人民，乃为黎贼戕害其国主，虐其黎庶，奉行天讨，以继绝世，苏民困"等语。

但问题并未完结，关键在下一步如何处理。

朱棣下诏访求陈氏子孙，据张辅报告说，当地耆老一千一百二十余人诣军门言："陈氏为黎贼杀尽，无可继者。安南本中国地，乞仍入职方，同内郡。"[①]对此，各书记载大体相同。同年六月，明廷竟因之下诏，改安南为交阯，设立布政使司、都指挥使司和按察分司，并设立府州县等机构[②]，俨然为内郡。朱棣忘却了"得其地不足以供给，得其民不足以使令"的祖训，也忘了安南被朱元璋列为"不征"之国。从此，明军便陷入泥潭，难以自拔。

明廷规定陈氏宗族被杀害者赠官，居官者仍其旧，又诏访明经博学、贤良方正等各种人才送京擢用。同时"中朝所置吏，务以宽厚辑新造"。然而，"蛮人自以非类，数相惊恐"[③]。永乐六年，陈氏故官简定反，立国号大越，纪元兴庆，诸县响应。明守军战败，朝廷派沐晟帅师征讨，再败。不得已，又派张辅再次往征。简定同时使用政治手段，争取大越政权的合法化。他自己做太上皇，陈季扩（？—1414）做皇帝，而且遣使明廷自称前安南王孙，请求封爵，被张辅拒绝。陈季扩等兵败乞降，朱棣诏授其为交阯布政使。但其心实未降服，明廷随即又派张辅、沐晟再次率兵征讨。直到永乐十二年，陈季扩才"兵败服诛"。明朝先后以张辅、丰城侯李彬出镇交阯。

朱棣曾经说过"非利安南土地人民"，但他却派出中官马骐等到交阯采办，"大索境内珍宝"，把内地的弊政带到了交阯，致使"人情骚动，桀黠者故煽之。大军甫还，即并起为乱"。有的"自署官爵，杀将使，焚庐舍"，有的"皆自称王"[④]，此起彼伏，官军无法控制，朝廷派荣昌伯陈智带兵助剿，到永乐十九年才"贼悉破灭"，但原陈季扩手下的一个金吾将军黎利（1385—1433）仍未拿获。黎利

---

①　（清）张廷玉等撰：《明史》卷三二一《外国传二·安南》，第8315页。

②　府州县数字各书不同，兹不录。

③　（清）张廷玉等撰：《明史》卷三二一《外国传二·安南》，第8316页。

④　同上书，第8320、8322、8324页。

曾一度归附，后又自称平定王，置官署。在明军的追剿下，他逃入老挝，被迫"求抚"，而心实未降。这时适逢朱棣死，仁宗即位，大赦天下，黎利乘机再起。洪熙、宣德两朝不断派兵征讨，并下诏"大赦交阯罪人"，招抚黎利等人，"停采办金银香货"，但迄无成效。这时明军诸将多畏缩怯战，而宣宗则主张放弃交阯。黎利声称已经访得陈氏之后，请求"循太宗皇帝继绝明诏，还其爵土"①。这样，问题便又回到二十年前的出发点上了。宣宗打算顺水推舟，借此息兵，"欲如洪武中，使自为一国，岁奉常贡，以全一方民命"②。但撤兵之诏未到，交阯已经丢失。明朝所设的三司官及镇守中官被迫全部撤回，一共得以回还者仅八万六千人。"为贼所杀及拘留者，不可胜计"。正如蹇义、夏原吉所说："太宗皇帝平定此方，劳费多矣。二十年之功，弃于一旦。"③夏原吉掌握着国家财政，他非常清楚征交阯所付出的不菲代价。他不同意放弃交阯，对于宣宗撤兵的命令，他说："臣以为非是。"④他们曾是朱棣出兵安南的支持者，他们希望维护先王的业绩，同时不愿过去二十年中抛在战场上的血汗付诸东流。

且不说征交阯所耗费的财兵、物力，单说八十万大军离乡背井，就从农田中夺走了多少劳动力。永乐年间的无休止的征战，给经济造成的负担是巨大的，给人民生活造成的影响也是巨大的。户部尚书夏原吉的一首《乌夜啼》，正描述了战争给人民造成的离乱之苦：

慈乌哑哑清夜啼，飞来飞去无枝栖，天空月冷声惨切，更深夜永情悲凄。东家织妇年三五，良人万里操干橹。冬衣未寄春

---

① （清）张廷玉等撰：《明史》卷三二一《外国传二·安南》，第8320、8322、8324页。
② （清）谷应泰：《明史纪事本末》卷二二《安南叛服》，第357页。
③ 同上。
④ 同上。

复临，机抒劳劳不胜苦。耳边忽听慈乌声，炎炎万感焚中肩。掀襟扣泪罢机杼，披帘促步趋前庭。悲悲咽咽对乌说，莫向清宵学啼血。妾夫别去三逾年，鱼雁迢迢至今绝，愿乌将妾相思情，西飞啼向夫郎听。夫能听兮妾情达，妾情达兮夫心宁。夫宁岂欲终忘返，恩义须期两无斁。夫能努力树功名，白发归来未为晚。①

远在战场的军士日子也不好过。他们不仅有奔波之劳，还有杀身之患，连粮饷也常常难以维继。《交州病中录诸友，时军中绝饷，以手帖干主帅索粮》一诗这样写道：

问病寻方事总虚，漫劳车马慰踟蹰，三年玉署兰台笔，学写颜公乞米书②。

官员尚且如此，士兵可想而知。他们只好哀叹和祈望了：

不有辕门贤主帅，飘零谁与慰残魂！③

无论如何，这场战争总算结束了，它使明朝官民大大松了一口气。但是到明朝中后期，不断有人对明军撤出交阯的政策提出批评。

然而，明军在交阯坚持下去能够成功吗？安南脱离中原政府的控制到永乐时已经有"四百四十六年"④。以元之强悍，仅能"屡破

---

① （明）夏原吉：《忠靖集》卷三《七言古诗》，《文渊阁四库全书》第1240册，台湾商务印书馆，1986年，第507页。

② （明）王偁：《虚舟集》卷五《交州病中录拟诸友，时军中绝粮，以手帖干主帅索粮》，《文渊阁四库全书》第1237册，台湾商务印书馆，1986年，第74页。

③ （明）王偁：《虚舟集》卷五《答谢主帅》，《文渊阁四库全书》第1237册，台湾商务印书馆，1986年，第74页。

④ （明）丘濬：《平定交南录》，《国朝典故》卷九一，第1868页。

其国"①。明朝虽然在交阯设立了郡县，但那里"群盗蜂起"，"或聚或散"，盖"交人久外声教，宽纵不堪官吏将卒之扰，往往思其旧俗，一闻贼起，相扇以动。贼酋所至，辄为之供亿隐蔽。以故贼溃复聚"②。如前所述，中官贪暴虐民，甚至黎利的9岁女儿也被中官马骐携归明廷以充宫婢，病死在中国内地③。因此当地人民更为不满，三十余年中，反抗从未停止。明军是被打跑的。谷应泰说是"城下之盟"，"割地之议"，诚然。情况十分凄惨："旌节符绂，狼籍裔土，将吏公卿，流离草莽，战士污魂，哭闻中夜，孤臣噀血，碧化千年。……死者君其问诸水滨，生者不望生入玉门。贻笑蛮方，损威中国。"④谷应泰责备于宣宗君臣，我们不是更应该责备朱棣吗？永乐时期，国力可谓盛矣，不是一直打了近二十年吗？如果坚持下去再打二十年，损失恐怕会更大。

其实，交阯撤兵之议，非自宣宗始。洪熙元年，宣宗即位不久，与杨士奇、杨荣有一段对话：

> 上御文华殿，召士奇、杨荣曰："朕有一言，怀之久矣。今独与卿二人说，未可轻泄也。昔在南京，皇考因交阯擒叛贼至，曾与朕言：'太祖皇帝初定天下，四夷惟安南最先归化，后来黎氏篡陈氏而夺其位，所必当讨。而是时求陈氏之后立之不得，故郡县其地。果若陈氏今尚有后，选择立之，犹是太祖之心，而一方亦得安静'。朕对曰：'朝廷若行此事，诚帝王之盛举'。皇考笑曰：'此语未可轻泄'。然藏在朕心未尝忘。朕今思之，若陈氏果有后，选一人立之，使供藩臣之职，三年一贡，如洪武之制，用宁其民，而中国亦省兵戍之劳，岂不可

---

① （清）张廷玉等撰：《明史》卷三二一《外国传二·安南》，第8309页。
② （明）丘濬：《平定交南录》，《国朝典故》卷九一，第1868页。
③ （清）张廷玉等撰：《明史》卷三二一《外国传二·安南》，第8325页。
④ （清）谷应泰：《明史纪事本末》卷二二《安南叛服》，第369页。

乎？如此，不免论者谓朕委弃祖宗之业。然继绝兴灭，实我皇祖之志。……其时朕虽髫年，尚记一二……卿二人但识朕意勿言。三二年内，朕必行之。"①

这绝不仅是修实录的史臣为以后不得已撤军杜撰出来的遁词伏笔。相反，正是有了这样的思想基础，宣德皇帝才对交阯的战事不积极，对战败者不加重罪，直至正式撤军。

安南之役在周边地区也有反响。朝鲜听到这个消息后，太宗李芳远（1367—1422）对群臣说："闻皇帝征安南，安南人束手就戮，无有敌之者。"工曹判书李来回答道："以天下之兵，伐此小国，谁敢有敌之者！"李芳远说："不然，兵在精不在众，岂可执一言乎？且安南国王奔告于皇帝，则帝之此举，不得不尔。我皇帝本好大喜功，如我国少失事大之礼，必兴师问罪。我则以为：一以至诚事之，一以固城垒、蓄粮饷，最是今日之急务。"②诸小国是愿意与明朝和平交往的，他们甚至不惜俯首事大。但是，对于过甚之举，也是不可接受的。

郡县交阯，无疑也是朱棣"英雄之略"的一部分，但显然措置失当了。回顾郡县交阯的过程，似乎每一步都合乎情理，顺理成章：（1）黎氏声称合法王室陈氏绝后，自就王位，请求得到明朝认可，根据传统，明朝承认了黎氏政权，这说明明朝对交阯有保护义务；（2）陈氏后人陈天平现身，向明朝告愬黎氏乃篡位。明朝发现受了黎氏的欺骗。根据"存亡继绝"的古训，明朝扶陈氏正位有正当性；（3）黎氏杀陈天平，且杀明使，黎氏篡位非法，杀明使有罪，明朝师出有名；（4）遍寻陈氏后人不得，确认陈氏已绝，当地耆老要求

① 《明宣宗实录》卷一一一，洪熙元年十一月壬戌，台湾"中研院"历史语言研究所校印本，第316—317页。
② 吴晗辑：《朝鲜李朝实录中的中国史料》上编卷三《太宗恭定大王实录》，丁亥七年四月壬辰，中华书局，1980年，第223页。

明朝设置郡县，说明郡县交阯是当地百姓的要求。但就是这最后一步出了问题。朱棣对安南问题的处理与明太祖朱元璋的告诫相比较，完全是南辕北辙。朱元璋明确告诉安南"中国有道之君必不伐，尚强无知者必征"，而且把安南定为"不征国"，让"安南新王自当高枕"。显然，朱棣并没有"遵守祖宗成宪"。如果说朱棣讨伐安南，尚似有理，还不属于"尚强无知"。那么其后的郡县其地，则违背了"以不治治夷狄"的原则，以所谓"当地耆老"的要求，作为不遵祖训的挡箭牌，造成了严重失策，给其"英雄之略"蒙上了一缕阴翳。郡县交阯导致了连年战乱，给明朝和安南造成了重大损失。明仁宗、明宣宗决定放弃交阯，就是以"洪武之制"对朱棣提出的批评，即使遭受"弃祖宗之业"的指责，也是别无选择的。

明朝后来的许多官员，也都对安南用兵持否定态度。他们认为用兵安南，不仅仅造成外祸，也会造成内祸。成化年间，汪直好边功，以安南黎灏败于老挝，欲乘间取之。言于帝，索永乐间讨安南故牍。时任兵部职方郎中的刘大夏（1437—1516）匿弗予，密告尚书余子俊（1428—1489），说："兵衅一开，西南立糜烂矣。"子俊悟，事得寝。①郡县交阯在众人眼中无疑成为了一个历史教训。

---

① （清）张廷玉等撰：《明史》卷一百二十八《刘大夏传》，第4844页。

# 第十六章　陈诚西使论

　　中国古代所称的西域是一个不断变化的概念，且有狭义、广义之分的地域概念。汉代西域，狭义上指玉门关、阳关以西，葱岭即今帕米尔、巴尔喀什湖东的广大地区。而广义的西域则是狭义西域以西的地区，包括今亚洲中、西部甚至更远的地区。方豪说："西域之范围，盖自葱岭以西，至小亚细亚及东欧皆属焉。"[①]这里陈诚出使的西域，所指是出使最终目的地撒马尔罕及所经过的哈密以西地区。

　　前文已述，明朝建国后为防御故元和蒙古势力，重视对西域的经营，不仅包括狭义的西域地区，也包括更远的广义的西域地区。

　　明朝与那里的国家建立联系，不断派遣使节出使其地，接受这些国家的使节来访。明朝与这些国家的交往，有重要的政治、军事意义，也常常伴随着经济往来和商业活动。明朝出使各国被称为宣布教化，各国来使被称为朝贡。朱棣即位伊始，洪武三十五年（建文四年）十二月甲寅（初五），就"遣使赍诏谕哈烈、撒马儿罕等处，并赐酋长织金文绮"。同一天，"遣使赍诏与别失八里王黑的儿火者并赐之彩币"[②]。黑的儿火者是"元氏苗裔"，明朝更加重视与他的联系。从洪武到永乐年间，出使西域最具代表性的人物是陈诚。

---

　　① 方豪：《中西交通史》第三篇第八节，"元代西域东来人之华化"。上海世纪出版集团，2015年，第504页。

　　② 《明太宗实录》卷一五，洪武三十五年十二月甲寅，台湾"中研院"历史语言研究所校印本，第270页。

陈诚，《明史》无传。《明史稿》有陈诚传：

> 陈诚，字子实，吉水人，洪武中举进士，以行人使沙里畏
> 兀儿，立安定、曲先、阿端五卫。又使塔滩里招谕夷人。寻偕
> 同官吕让使安南，命还所侵思明地，却其赆。还，擢翰林检讨，
> 历吏部员外郎。永乐十一年，哈烈入贡，诏诚偕中官李达、户
> 部主事李暹等送其使臣还，遂颁赐西域诸国。诚等乃遍历哈烈、
> 撒马儿罕、俺都淮、八答黑商、迭里迷、沙鹿海牙、达失干、
> 卜花儿、赛蓝、渴石、养夷、别失八里、火州、柳城、土鲁番、
> 盐泽、哈密、凡十七国，谕以天子神圣，中国广大，所以招怀
> 之意。其君长欣然咸欲自达，于是各遣使者随陈诚等入朝贡。
> 诚辄图其山川城郭，志其风俗物产。为《西域记》以献。帝悦，
> 褒赍甚渥。擢诚郎中，余进秩有差。十四年，哈烈、撒马儿
> 罕、俺都淮与失剌思诸国复遣使入贡。帝嘉其诚，诏诚偕中官
> 鲁安等送使者归。所过州郡置宴，并颁赐俺的干、亦儿弗罕诸
> 部。其明年，诸国复各遣使随诚入贡。帝以诚奉使劳，擢广东
> 参议。十八年，哈烈、撒马儿罕、八答黑商及于阗复遣使贡名
> 马。诏进诚右参政，偕中官郭敬等往诸国报聘。使还，累官右
> 通政。卒。诚数奉使，辙迹遍西土，所至酋长服其威信，多归
> 附者。①

按，据陈诚《竹山文集》"历官事迹"自述，并证以《明实录》
《明史》等，陈诚实五次出使西域。其大致情形是：

**第一次出使西域**

洪武二十九年三月二十四日，往西域撒里畏兀尔地面（今柴

---

① （清）王鸿绪：《明史稿》卷一二八《列传二三·陈诚传》，转引自周连宽校
注：《西域行程记》，中华书局，1991年，第154—155页。

达木盆地西北一带）设立安定卫，以铜印五十八颗给之，置官属如诸卫。①

**第二次出使西域**

永乐十一年，八月初一日出发，十三年冬回到北京。其时，哈烈入贡，帖木儿第四子，沙哈鲁·把都尔，与明朝和好。明朝"行报施之礼"。明成祖遣陈诚偕中官李达、户部主事李暹（1375—1445）等送其使臣还，颁赐西域撒马尔罕、哈烈等国。陈诚自称所使一十六处，"皆西番畏兀尔回回、鞑靼各色人氏，约经行之路二万余里有三百程"。②

**第三次出使西域**

永乐十四年六月，哈烈等使臣回国，仍遣中官鲁安、郎中陈诚等赍敕谐行。十六年四月十一日回到北京。

**第四次出使西域**

十六年十月初二日仍往西域诸番国公干，使命同前。十八年十一月初一回到北京。

**第五次出使西域**

永乐二十二年四月初四，又往西域诸番公干。五月出京，行至陕西甘肃，将出塞间，闻太宗皇帝宾天，停止四夷差使，中途召还，未达西域。十一月终到京。

陈诚第一次出使西域，其使命在于颁发印信，设置卫所，"招抚鞑靼赴京"，实现当地部族对明政权的认可，使明朝的政令达于

---

① 《明太祖实录》卷二五四。按：《明史稿》陈诚"设立安定、曲先、阿端五卫"，《明史》安定卫设立于洪武八年，不确。证以《明太祖实录》卷二五四，洪武二十九年三月壬午，"遣行人陈诚立撒里畏兀儿为安定卫指挥使司"，台湾"中研院"历史语言研究所校印本，第365页。阿端卫设于洪武八年；洪武时，命设曲先卫，见《明史》卷三百三十《西域二》，第8550、8553、8554页。

② 按，《明史稿》等皆言陈诚出使西域凡十七国，而陈诚自述，永乐十一年第二次出使"实经由西域诸国一十六处"，见《竹山文集》内篇卷二《历官事迹》。引自《西域行程记》附录5，第152页。

其地，以恢复秩序，安定局势。到了永乐年间，明朝的实力和北边
形势已经与洪武年间有所不同。明成祖把视野推向更广。陈诚出使
西域是和明成祖朱棣对蒙古的征讨和对西域的经营相表里的。永乐
八年明成祖亲征漠北，打败鞑靼，十一年，陈诚有过一次撒马儿罕
之行；永乐十二年明成祖亲征漠北，打败瓦剌，十四年，陈诚又有
一次撒马尔罕之行；十六年十月陈诚再次出使西域。永乐二十年、
二十一年、二十二年明成祖接连亲征。永乐二十二年，陈诚又一次
出使西域，因明成祖去世，陈诚中途返回。

陈诚出使的最终目的地撒马儿罕，当时是帖木儿汗国都城，今
属乌兹别克斯坦（今译撒尔罕）；《明史》说："元末为之王者，
驸马帖木儿也。"哈烈，即今阿富汗西部的赫拉特。《明史》又说，
"元驸马帖木儿既君撒马儿罕，又遣其子沙哈鲁据哈烈。"当时的撒
马儿罕是什么情况呢？

罗曰裦（明万历举人）《咸宾录》曰：

> 撒马儿罕，汉为罽宾，隋为漕国，西域中大国也……我朝
> 洪武中，国主帖木儿遣使贡驼马，诏厚赐之。帖木儿者，故元
> 主驸马也。后复贡马，贡海青。历洪武朝，凡四遣使奉贡马。
> 而我遣使给事傅安、郭骥至西域，留撒马儿罕，以其国丰腴伟
> 丽，宜居故也。永乐初，安等还，言帖木儿死，孙哈里嗣。上
> 遣使祭帖木儿，赐哈里玺书银币。哈里贡谢。复遣傅安报使，
> 至洪熙元年，安始还国。①

严从简（明嘉靖刑科右给事中）《殊域周咨录》载：

> 撒马儿罕……元驸马帖木儿者主其国……本朝洪武二十年，

---

① （明）罗曰裦：《咸宾录·西夷志》卷之三，中华书局，1983年，第71页。

帖木儿遣回回满剌哈非思等二人开通道路，贡驼马。二十七年，帖木儿遣酋长迭力失等奉表来朝，贡马二百匹。表曰：

> 大明皇帝受天明命，统一四海，仁德弘布，恩养庶类，万国钦仰，咸知上天欲平治天下，特命皇帝出广运数，为亿兆之主，光明广大，昭若天镜，无有远近，咸照临之。臣帖木儿僻在万里之外，恭闻圣德宽大，超迈万古，自古所无之福，皇帝皆有之，所未服之国皆服之。远方绝域，昏暗之地，皆清明之。老者无不安乐，少者无不长遂，善者无不蒙恩，恶者无不知惧。今又特蒙施恩远国，凡商贾之人来中国者，使观览都邑城池，富贵雄壮，如出昏暗之中，忽睹天日，何幸如之？又承敕书恩抚劳问，使驿站相通，道路无壅，远国之人，咸得其济。钦仰圣心，如照世之杯，使臣心中豁然光明。臣国中部落闻兹德音，惟知欢舞感戴。臣无以报恩德，惟仰天祝颂圣寿福禄如天地远大，永永无极。[1]

据严从简记载，帖木儿汗国之所以有这样一通表文，是因为明朝遣还了商于漠北的撒马儿罕人。"国主感恩，遣使入贡"。虽然如此，洪武间明朝派往撒马儿罕的使者傅安（？—1429），却"为撒马儿罕所羁留，凡十三岁"，直到永乐初年才返回中国。所谓羁留者，就不是如同罗曰褧所说的"以其国丰腴伟丽，宜居故也"了。实际上，明朝与帖木儿汗国的关系是复杂的。上述表文虽有诚恳谢恩之意，也不乏通事在翻译中加进的夸饰张皇之词。

然而，随着帖木儿汗国形势的变化，撒马儿罕与明朝的关系也就发生了变化。

帖木儿逐步平定了中亚各地，向北、西、东南三面出击，先后打败了北边的金帐汗国、西边的奥斯曼帝国、东南边的德里苏丹国。

---

[1]　（明）严从简：《殊域周咨录》卷之十五，中华书局，1993年，第483页。

屠寄称其"受群臣尊号曰成吉思可汗"。明朝派给事中傅安以威胁利诱说降天山南北,到撒马儿罕为其所拘①。帖木儿"令人导(傅)安遍历诸国数万里,以夸其国广大"②。朱元璋担心故元滞留凉州的大量回回与其串通生事,曾经一次就遣归撒马儿罕千二百人③。朱元璋又曾谕都督宋晟、刘真,"西番回回来互市者,毋令入城。若朝贡之使欲入城者,听"④。永乐三年,帖木儿勾结故元宗室完者秃(本雅失里),纠集二十万大军,打算东征。朱棣闻讯,令甘肃总兵官宋晟"练士马,谨斥堠,计粮储,预为之备"⑤。明朝与帖木儿汗国的战争一触即发。实际上,这是一次明朝与在西域的故元残余势力的斗争。明朝要把影响力向西拓展,遇到的主要障碍就是帖木儿汗国。帖木儿汗要重建大蒙古帝国,其主要对手就是明朝中国。

关于故元残余势力,今人刘学铫说,"所谓元裔,顾名思义当然是指建立元朝的忽必烈一系。察合台一系、窝阔台一系,甚至阿里不哥一系,虽然是黄金氏族,但都不足以称元裔"⑥。然而,帖木儿通过特殊的关系,把自己与成吉思汗、黄金家族联系在一起,从而赋予无上的地位。日人杉山正明(1952—?)说:"在蒙古支配的时代中,正式来讲,只有'可汗'是全蒙古的帝王(忽必烈以后

---

① 屠寄:《蒙兀儿史记》卷一四一《帖木儿列传》,中国书店,1984年,第842页。

② (清)张廷玉等撰:《明史》卷三三二《西域四·撒马儿罕传》,第8599页。

③ 同上书,第8598页。

④ 《明太祖实录》卷二一六,洪武二十五年二月癸亥,台湾"中研院"历史语言研究所校印本,第3180—3181页。"先是,尝遣回回使西域诸国,留其家属居于西凉,逗留五年不还。其余回回居边者又数为劫掠,为边将所获,事闻。上以回回王使者朝贡往来,恐其因生边衅,命徙居扬州。既而,复有挈家还本地者。上始疑其为觇我中国。"

⑤ 《明太宗实录》卷三九,永乐三年二月庚寅,台湾"中研院"历史语言研究所校印本,第658—659页。

⑥ 刘学铫:《蒙古帝国——苍狼与白鹿》第七章,北元或后元,香港智能教育,2011年,第143页。

指的是大元汗国历代皇帝），‘汗’所指的单单只有西北欧亚的术赤汗国、中亚的察合台汗国以及伊朗中东一带的旭烈兀汗国的历代君主而已。”“帖木儿汗是货真价实的蒙古贵族子孙，他以察合台汗国西半部为自己事实上的根据地，展开了北起哈萨克草原，西达安纳托利亚，南至印度斯坦平原的大规模军事活动。”“帖木儿仿照兹罕（按：指察合台汗国汗）故智，在傀儡汗的名义下，在政治上完全止于‘老二’的地位，同时又采取作为成吉思汗家‘女婿’的形式，攀附到成吉思一族汗的‘血脉’中。”所以，明朝称帖木儿为驸马帖木儿。“最后，蒙古帝国以来散居于中央欧亚各地的游牧民们，也皆在帖木儿麾下，支持其进军、统治及支配。”①“在中亚居民眼里，他完全是一副成吉思汗继承人的样子，或者完全是另一个成吉思汗。”②

帖木儿曾经扬言：“世界整个有人居住的空间，没有大到可以有两个国王的程度。”③所以，后来他羁留甚至虐待明朝使节也就不是偶然的了。前文已说，明成祖的北征，不论是征讨鞑靼，还是攻打瓦剌，都有元裔完者秃、鬼力赤的影子。明成祖的雄心大志是全面继承蒙元帝国的遗产。为此，他不能不与帖木儿汗进行角逐。

意外的是，第二年帖木儿死于东征途中，一场东西大战侥幸得以避免。帖木儿帝国因此陷入分裂之中，力量迅速衰落。帖木儿之孙哈烈嗣王，主动放还了被羁留了十三年的明朝使者傅安，与明朝恢复了通好。朱棣遣使往祭故王，并赐新王及部落银币。其后撒马儿罕“或比年或间一岁或三岁辄入贡”④。

---

①　〔日〕杉山正明：《蒙古颠覆世界史》第三章，“超越时空的成吉思汗”，三联书店，2016年，第155—157页。

②　〔法〕勒内·格鲁塞：《草原帝国》第11章，“帖木儿”，重庆出版社，2017年，第271页。

③　引自王继光《关于陈诚西使及其〈西域行程记〉〈西域番国志〉》，见周连宽校注《西域行程记　西域番国志》代前言，中华书局，1991年，第15页。

④　（清）张廷玉等撰：《明史》卷三三二《西域四·撒马儿罕传》，中华书局，1974年，第8599页。

　　陈诚出使撒马儿罕就是在这种背景下进行的。虽说朱棣的雄心是要全盘继承蒙元帝国的遗产，但其秉持的理念却是源自太祖朱元璋，根植于中国的历史传统。

　　**1.抚之有道，待之以诚**

　　明成祖朱棣主张对各国以诚相待。永乐二年十一月庚戌，成祖在南京奉天门朝见群臣。时西北各地胡人前来朝贡，成祖命光禄卿赐食。罢朝后，礼部尚书李至刚对成祖说："西北诸胡，陛下抚绥，皆已向化。边境已宁。"朱棣说：

> 人恒言，以不治治夷狄。夫好善恶恶人情所同，岂间于华夷？抚之有道未必不来……但有来者，惟推诚待之耳。[①]

　　永乐五年六月癸卯，上问礼部臣："近四夷之情何如？"对曰："……数年陛下怀之以恩待之以礼，今皆悦服，无反侧之意。"上曰："朕素待之以诚。彼或不诚，亦不与较。故亦有感激愧服者。孔子尝曰：'言忠信，行笃敬。'虽蛮貊之邦行矣。圣人之言，万世可行。"[②]

　　**2.四海一家，共享太平之福**

　　朱棣在许多场合宣称"四海一家"、"不分彼此"，希望"天下共享太平之福"：

> 永乐四年正月戊戌，上宴群臣于奉天门。蛮夷酋长预宴者，皆起舞称寿，曰："臣等居绝域，习见鄙陋，今日获睹天朝太平乐事之盛，臣死且有光。"上曰："朕为天下主，使天下之人皆

---

[①] 《明太宗宝训》卷五《怀远人》，台湾"中研院"历史语言研究所校印本，第391页。

[②] 同上书，第393页。

同享此乐，朕之心也。"众欢呼称万岁。[①]

他以唐太宗自比，而又自矜超过唐太宗：

> 永乐二十一年十月己巳，（时朱棣亲征，驻跸天地），上曰：
> 华夷本一家，朕奉天命为天子，天之所覆地之所载，皆朕赤子，
> 岂有彼此？……唐突厥颉利入朝，太宗言胡越一家，有矜大自
> 得之意。朕所不取。惟天下之人皆遂其生，边境无虞，兵甲不
> 用，斯朕志也。[②]

永乐年间，明朝出使西域的使者络绎于途。他们奉命出使，就
是要贯彻明成祖的意旨，对所到之国推诚以待，传达四海一家、天
下共享太平之福的理念。这在陈诚及其同僚友朋们的诗文中有许多
记录和表述。

王直《西域行程记序》曰：

> 太宗皇帝入正大统，仁恩义泽靡不沾被……择廷臣之贤者
> 往焉，而陈公子鲁实当其选。公忠厚乐易，恭己爱人，敬慎之心
> 久而弥笃。遍历诸国，宣布天子德意，未尝鄙夷其人，是以其人
> 不问大小贵贱，皆向风慕义，尊事朝廷，奔走迎送唯恐或后。[③]

胡广《送陈员外使西域序》曰：

> 国家以德绥万方，遐邦异域不令而化，无所用乎果勇智术，

---

① 《明太宗宝训》卷五《怀远人》，台湾"中研院"历史语言研究所校印本，
第392页。

② 同上书，第400—401页。

③ 王直：《王文端公文集》卷十七，引自周连宽校注：《西域行程记　西域番
国志》附录三，第158页。

故独取忠厚笃实之士而使之,盖示之以诚信,俾益知所尊向。①

### 3. 允协万邦之和

陈诚则更明确地指出他的使命是允协万邦之和。陈诚在其《奉使西域复命疏》中称:

> 顾臣以一片赤心,三寸强舌,驱驰往还,三阅寒暑,逾越险阻,凡数万程。……用图王会之盛,允协万邦之和。

陈诚一些诗作记述了他出使的情况和所到之处的反应。如《哈密城》:

> 灵凤景星争快睹,壶浆箪食笑相迎。圣恩广阔沾遐迩,夷貊熙熙乐太平。

再如《至别失八里国主马哈木帐房》:

> 币帛恩颁列玉盘,单于喜气溢眉端。马嘶金勒当门立,人拥毡裘隔慢看。握手相亲施揖让,低头重译问平安。殷勤且慰皇华使,雪满阴山六月寒。

其诗作还记录了哈烈国主对明使的态度。如《至哈烈城》:

> 中使宣传使节至,远人置酒满金壶。书生不解侏离语,重译殷勤问汝吾。

---

① 《竹山文集》外篇卷一,引自周连宽校注:《西域行程记 西域番国志》附录三,第164—165页。

再如《谒哈烈国主沙哈鲁第宅》：

乔林秀木隐楼台，帐殿毡庐次第开。官骑从客花外人，圣恩旷荡日边来。星凤至处人争睹，夷貊随宜客自裁。才读大明天子诏，一声欢笑动春雷。主翁留客重开宴，官妓停歌列管弦。酒进一行陈彩币，人喧四座撒金钱。君臣拜舞因胡俗，道路开通自汉年。从此万方归德化，无劳征伐定三边。

从这些诗句中，可以看出明朝使节到来在当地引起的轰动和沙哈鲁君臣对明朝使节的热烈欢迎。

从明朝北京西去哈烈、撒马儿罕，数千里山川大漠，路途艰险，陈诚等肩负使命，不仅表现出一个泱泱大国使者的尊严，也表现出顽强的精神意志。从陈诚的诗作中能充分感受到这一点。

由其《马上》，可以看到一个壮心未已使者的报国之心：

老骑官马厩，宁似少年时？报国心欲壮，挥鞭力渐衰。白云亲舍远，银汉客槎迟。髀骨应消尽，还家自有期。

由其《过川谣（古之瀚海是也）》，可以看到荒漠远地的艰难险阻，和作者不辱使命的坚强意志：

自从奉使西入胡，胡地迥与中华殊。漠漠平沙连断碛，人烟草木无纤须。黑石磷磷穷远眺，恍若空原经野烧。寒日凝辉铁色明，朔风卷地龙鳞皱。五里十里无程期，远山近山相参差。行行自卯将及酉，我心载渴还载肌。杯泉杓水求不得，且向道旁少休息。马带征鞍卧软沙，人拥毡裘坐终夕。仰看斗柄昏建寅，离家已是秋复春。万里迢迢去乡国，寸心切切思君亲。君亲恩重何由补，丈夫壮节当勤苦。苏武边庭十九年，烨烨芳名垂万古。

由其《土尔番城》，可以看出作者愿为国家一统而献微劳的决心：

> 路出榆关几十程，诏书今至土番城。九重雨露沾夷狄，一统山河属大明。天上遥瞻黄道口，人间近识少微星。姓名不勒阴山石，愿积微劳照汗青。

由其《过打班（华言度高岭也）》，可以看到作者为报国恩而不畏山高路遥的信念：

> 四月阴山雪未消，山行犹苦陟岩峣。才踰鸟道穷三峡，又蹑丹梯上九霄。西日衔山胡地冷，南天极目故乡遥。书生不惮驰驱苦，愿效微劳答圣朝。

由其《夏日遇雪》，能体会到异域之冷暖：

> 绿野草铺茵，空山雪积银。四时常觉冷，六月不知春。白发忝衰鬓，青袍恋老身。到家论往事，骇杀故乡人。

由其《八剌黑城》（节录），则可以感受到一个使者的壮志：

> 征轺不惮远，万里来西域。博望早封侯，苏卿老归国。男儿志四方，少壮宜努力。但祈功业成，勤苦奚足惜！愿言播芳声，千古垂竹帛。

陈诚知道自己在做一件了不起的事，知道他的出使事关天下，将会垂之千古。永乐十四年，陈诚即将再次出使西域时，众多高官名士友朋，包括侍读学士王直、翰林学士兼左春坊大学士胡广、翰林编修周孟简、翰林侍讲邹辑，以及曾棨、吴均、王英、王洪、陈彝训、曾鼎、卢翰、许鸣鹤、庞叙、胡俨、金幼孜、陈敬宗、周述、钱习礼、周忱、钱幹、李桢、梁潜、陈循（1385—1464）等，都纷纷赋诗作文为之壮行。

曾棨《陈员外奉使西域周寺副席中道别》写道：

> 番酋出迎通汉语，穹庐蒲萄酒如乳。舞女争呈于阗妆，歌辞尽按龟兹谱……归来杂遝宛马群，立谈可以收奇勋。却笑古来征战苦，边人空说李将军。

王英送行诗写道：

> 总为圣皇宣德化，无劳归饮月支头。

周述送行诗写道：

> 古来青史谁足拟，千载惟闻博望侯。

钱幹送行诗写道：

> 从此番酋俱款附，不须生致左贤王。①

众人对陈诚出使给予了高度赞扬，都以之与汉张骞（前164—前114）通使西域相比，对这次通使寄予了极高的期望，希望"立谈可以收奇勋"而远离征战。而正如陈诚所说以"一片赤心，三寸强舌"，以达成"允协万邦之和"的使命，"皇威至处边城静。何用嫖

---

① 以上引诗，均见周连宽校注《西域行程记》附录，第117—140页。

姚百万兵"。①

陈诚于永乐十三年出使回还时，向明成祖奏进了《西域记》一本、《狮子赋》一本、《行程记》一本。《西域记》是一部记载陈诚出使各国山川风土的著作，后以《西域番国志》为名刊行，是了解西域各地的珍贵材料。《行程记》是陈诚一行出使的日程记录，后以《西域行程记》为名刊行。

陈诚出使是一个团队，人数众多，曾经参加陈诚使团的有中官李达、杨忠、李贵，指挥金哈蓝伯，帖木儿不花、马哈木火者、哈三，户部主事李暹。此时陈诚是吏部员外郎，在使团中奉命"典书记"。②陈诚的出使，在当时并不是孤立事件。如前所述，在其之前先后有给事中傅安、给事中郭骥、北平按察使陈德文、太监王安、鸿胪寺丞刘帖木儿、太监把泰，还有司礼少监侯显、僧智光出使尼八拉（今尼泊尔）、榜葛剌（今孟加拉国）、沼纳朴儿（在今印度中部）。等等。可以说，陈诚的出使，取得了巨大的成功。永乐十六年，哈烈王沙哈鲁委托明朝返回的使臣带信给明成祖，劝他信奉伊斯兰教。明成祖说："相隔虽远，而亲爱愈密，心心相印，如镜对照。""愿自是以后，两国国交日臻亲睦，信使商旅，可以往来无阻，两国臣民，共享安富太平之福也。"③

在西域，明朝坚持了一贯的做法，成为和平的维护者和各国间矛盾的调解者。明朝通过与西域各国不断的使节往还，增进了相互了解和友好情谊，扩大了明朝在西域的影响，维护了当地的和平稳定。史称，永乐中"西域之使岁岁不绝"。"站驿相通，道路无壅。远国之人，咸得其济。"自元末战乱以来，所谓丝绸之路再次商旅相望，安定繁荣。

---

① （明）陈诚：《望哈烈》，见周连宽校注《西域行程记 西域番国志》，第133页。
② （明）陈诚《狮子赋》，见周连宽校注《西域行程记 西域番国志》，第118页。
③ 张星烺：《中西交通史料汇编》第四册，"古代中国与伊斯兰之交通"，引自周连宽校注：《西域行程记 西域番国志》，第12页。

# 第十七章　郑和下西洋论

　　郑和下西洋是明成祖推动的中外关系史上的一件大事，也是世界航海史上的一件大事。郑和下西洋研究向为学术界所关注，近年来更成为受到广泛关注的话题。不同时代对郑和下西洋的认识是不同的，每个时代的评价都带有那个时代的印记。有的人贬低郑和下西洋，有的人盛赞郑和下西洋，也有人把郑和下西洋现代化、理想化。近年来，许多人不仅盛赞它在世界航海史上的地位，而且在政治上评价也越来越高，和历史本身已经有了一定的距离。我想，要正确地认识郑和下西洋，准确地评价郑和下西洋，还是要从历史实际出发，坚持实事求是的精神。在这方面许多学者已经做出了相当出色的成绩，对历史事实的考证发掘更加具体深入，对郑和下西洋性质的认识更加深刻，对它的影响的评价更加理性而全面。本文不打算讨论郑和航海的技术问题，造船、航海、航路等等，也不讨论广泛的国际关系问题。本文主要想从基础文献出发，以明成祖朱棣的治国方略和他的天下观为着眼点，还原明朝郑和下西洋时期的那段历史，还原郑和下西洋的本来目的及其在当时国内外造成的影响。

　　西洋是指哪里？不同时代所说的东西洋范围不同。明朝人在永乐宣德时代所指之西洋，是继承了元朝的说法。随同郑和下西洋的马欢，在其《瀛涯胜览》"南淳里国"（在今苏门答腊西北）条中写道："国之西北海内，有一大平顶峻山，半日可到，名帽山。其山之西亦皆大海，正是西洋也。"①正德时黄省曾《西洋朝贡典录·南浡里国第十三》称："其西北海内有山焉，巃嵸平顶，名曰帽山。山之西有大海，是曰西洋。"②他们所说的大平顶峻山，就是今马六甲海峡西口的韦岛（Pulau weh）。那么，韦岛即是当年东西洋的分界，其东为东洋，其西为西洋，一般是指现在的印度洋。

中国在亚洲东部，地处太平洋西海岸。那么，郑和为什么要下西洋，也就是说明成祖为什么要派郑和下西洋，远航印度洋，到达非洲东海岸呢？论者对此的回答歧见纷纭：发展贸易论，友好使者论，包围帖木儿汗国论，寻找建文帝论，等等不一而足。这些论断是不是符合六百年前的实际情况，是不是符合当时明朝中国的国家性质，是不是符合当时国与国关系的实际呢？

关于明成祖为什么要派遣郑和下西洋，《明史·郑和传》写道：

> 成祖疑惠帝亡海外，欲踪迹之，且耀兵异域，示中国富强。永乐三年六月，命和及其侪王景弘等通使西洋。③

这是清代史学家的答案，我们不妨对此逐一加以考察。

## 一、关于建文帝踪迹

《明史·恭闵帝纪》记曰：建文四年六月乙丑，

> 都城陷。宫中火起，帝不知所终。燕王遣中使出帝后尸于

---

① （明）马欢：《瀛涯胜览》"南浡里"，海洋出版社，2005年，第50页。张燮：《东西洋考》卷五《文莱》："文莱即婆罗国，东洋尽处，西洋所自起也。"卷九《舟师考·东洋针路·文莱国》："此东洋最尽头，西洋所自起处也，故以婆罗终焉。"中华书局，1981年，第102、184页。《明史》卷三二三《婆罗传》因之，第8378页。
② （明）黄省曾：《西洋朝贡典录·南浡里国第十三》，中华书局，1982年，第72页。
③ （清）张廷玉等撰：《明史》卷三百四《郑和传》，第7766页。

火中，越八日壬申，葬之。或云帝由地道出亡。[①]

　　朱棣夺位后，建文帝的结局怎么样？《明史》没有给出明确的结论，短短的一段文字，建文帝的结局就有三种：不知所终、死而葬之、由地道出亡。《明史》的编纂者，都是当时的饱学之士，他们习知历史，深谙胜朝掌故，然而在经过深入考证和激烈辩论后，也只能如此下笔，让三种说法并列，给天下留下一大疑案。

　　朱棣以藩王夺取皇位，于传统礼法难于容纳，国内的不满情绪他是深知的。他声称不念旧恶，并且启用建文朝旧人，但同时却残酷地镇压和杀戮政治反对派，正显示了他的心理状态。合法皇帝朱允炆下落不明，对他来说，比所有反对派的个人都具有更大的危险性。朱棣必须要确切知道建文帝的下落，活要见人，死要见尸，才能有效排除隐患。朱棣派人四出寻找建文帝的下落，应该是不争的事实。邻国朝鲜的文献记载，也证明了明成祖朱棣确实曾经派人到海外去寻找建文帝：

　　　　使臣黄俨等赍来宣谕圣旨内：永乐元年二月初八日奉天门早朝，宣谕圣旨：建文手里多有逃散的人，也多有逃去别处的。有些走在你那里，你对他每说知道，回去对国王说，一个个都送将来。[②]

　　这是明朝使臣都指挥高得、通政司左通政赵居任（？—1419）及宦官黄俨、曹天宝等在出使朝鲜前，明成祖对他们的说的一番话。其中虽然没有提到建文帝本人，显然他也应该包括在内。

　　建文帝下落不明，在民间是广为人知的。建文帝因为其德政而

---

　　① （清）张廷玉等撰：《明史》卷四《恭闵帝纪》，第66页。
　　② 吴晗：《朝鲜李朝实录中的中国史料》上编卷二，太宗恭定大王实录，癸未三年四月甲寅，中华书局，1980年，第184页。

受到人们的怀念，因为逊位而受到人们的同情。民间普遍心理是希望建文帝还活在人间。也因此揣度明成祖朱棣会想方设法寻找建文帝，民间普遍认为给事中胡濙的四出巡行、太监郑和下西洋都负有寻找建文帝的使命，甚至前述陈诚出使西域也与寻找建文帝有关。明朝人沈德符说：

> 文皇初平内难，即使给事中胡濙以访仙为名，潜行人间。又遣内臣郑和等将兵航海使东南诸夷。最后则中使李达、吏部郎陈诚使西域，得其风俗程顿，纪之以还。正与郑和《星槎胜览》堪互读……文皇初，以逊国伏戎为虑，以故轺车四出，几于上穷碧落下黄泉矣。①

在永乐年间，关于建文帝踪迹的话题，绝对是一个禁忌，即使有所谓郑和下西洋寻找建文帝或礼部尚书胡濙到各地巡行担负寻访建文帝的使命，也都是朝廷的秘密。

建文话题的解禁，应该是在时过境迁之后。特别是正统年间的杨应祥案件之后。

《明英宗实录》正统五年（1440）十一月丁巳：

> 有僧年九十余，自云南至广西，云："我建文帝也。张天师言我四十年苦，今数满，宜还国。"谒思恩自言。岑瑛送之京师。会官鞫之。其姓名为杨应祥，钧州人，洪武十七年度为僧，游两京、云、贵，以至广西。上命锢之锦衣卫而死。同谋僧十二人俱戍边。

杨应祥的事，本来就是个骗案，事实清楚无疑，几个僧人共谋，

---

① （明）沈德符：《万历野获编》卷三十《外国》"使西域之赏"条，第775页。

由九十余岁的老僧杨应祥假冒建文帝。事败，老僧被关入锦衣卫而死，同谋僧人被处戍边。案子已经了结，波澜不兴。到天顺元年（1457），英宗下令"释建文帝幼子文奎及其家属"[1]，建文一事更是完全解禁了。

然而，民间并不认为建文帝的故事已经完结，他们不相信朝廷的说法。杨应祥案反而大大地拓展了人们的想象空间，认为这个杨应祥就是真的建文帝，各种传说蜂起。到万历年间，连《实录》中的这段相关记载也被人忘记了。沈德符写道：

> 甲戌年（万历二年），今上（明神宗朱翊钧）御日讲，问辅臣以建文君出亡事。张居正对曰："此事国史无考，但相传正统间，于云南邮壁题诗，有'流落江湖数十秋'之句。一御史异而询之，自言建文帝，欲归骨故土。遂驿召入宫养之。时年已七八十，后不知所终。"盖江陵（张居正）亦不曾记忆《英录》中有此事也。[2]

张居正（1525—1582）为万历年间的内阁首辅，久在朝中任职，熟悉典故制度，但对建文帝的事同样说不清楚。熟悉历朝掌故的沈德符，曾对许多伪造的建文帝的故事加以痛斥。沈德符说："所幸伪撰之人，不晓本朝典故，所称官秩皆国初所无。且妄创俚谈，自呈败缺。一时不读书、不谙事之人，间为所惑。即名士辈，亦有明知其伪，而哀其乞怜，为之序论，真可骇恨。"[3]明末清初，查继佐（1601—1676）在《罪惟录》中，罗列了二十三种之多的关于建文帝出亡的不同说法。我们看到唯一一则与郑和有关的建文帝的传说，

---

① （清）张廷玉等撰：《明史》卷十二《英宗后纪》，第154页。
② （明）沈德符：《万历野获篇》卷一《列朝》"建文君出亡"，中华书局，1959年，第11页。
③ 同上书，第10页。

就出自《罪惟录》：传说，建文帝携一子，逃亡至浦江义门郑氏家，又纳一妾，生四子，冒姓曰陈，曰全，二仍朱姓。后建文帝"走往福州雷峰寺，三宝下洋过之。泣拜于地。为之摩足。帝微嘱三宝举事，泣对不能。别去"。[1]作为严肃的史学家，查继佐对有关建文帝的传说提出"十六辩"即"十六疑"，对之一一加以辩驳，把有关建文帝的二十三种传说全部否定了。所谓郑和在福州泣拜建文帝事显然也是不能成立的。查继佐说：

> 按出亡之说，传二十有三，岂无一真？惟传二十有三，乃信无一真也。真则一而已矣。[2]

历史为什么如此错乱，明清以来会出现那么多关于建文帝的传说，而且越来越丰富呢？胡适先生曾经论述神话或民间传说形成发展的规律，他说：

> 凡故事的演变如滚雪球，越滚越大，其实禁不起日光的烘照，史家的考证。[3]

关于建文帝传说的发生和演变是符合这一规律的。由于建文帝的下落不明，引起了人们的种种猜测和传说，而传说会不断扩大、不断丰富，越说越神，越说越圆。更重要的，和许多不断演化的传说一样，许多人对建文帝下落的追寻，已经远离了史学或学术，成了一种纯粹的感情牵挂。

---

① （清）查继佐：《罪惟录》卷之三十二《建文逸记》，第2册，第1022—1023页。

② （清）查继佐：《罪惟录》卷之三十二《建文逸记》，第2册，第1024页。

③ 胡适：《建文逊国传说的演变——跋崇祯本〈逊国逸书〉残本》，《胡适文存》三，华文出版社，2013年，第432页。

　　明朝很多人是相信建文帝逃走了的，因此关于建文帝的传说就按出亡的路径发展。也因此，郑和下西洋、陈诚使西域是去寻找建文帝的说法就有了很多人相信。明后期出现了各种各样关于建文帝出亡的书。其内容驳杂芜乱，许多学者指出了其谬误不经①。然而，建文帝出亡说在清初一度遭到封杀，却是因为政治原因。清朝入关，声称江山是取自流贼（指李自成）之手。清人入关是为明朝人报君父之仇的。那么，即使崇祯帝已经殉国，崇祯帝的子嗣仍然是明朝皇位的合法继承人。这就遭遇了与朱棣夺位之初同样的尴尬局面。如果崇祯帝的儿子活在世上，就是清朝潜在的最大威胁。此时清朝虽然已经进据了北京，但各地仍然有相当大的反清势力，他们奉"朱三太子"为号召以反清复明。建文帝逃亡的故事，对反清复明的势力颇富影射和暗示意义。对于清廷来说，明朝的太子已死最符合其利益。因此对当时各地传说冒出来的明太子，无论如何清廷都宣布是假的并将相关人等予以处死，以断绝复明者的希望，以平复广大民心。馆臣们颇能体会清廷的意思，在《明史》关于建文帝的书写中，便主建文帝焚死之说，以免引起明朝遗民的遐思。到康熙四十八年，朱三太子案终于了结。于是，乾隆四十二年，皇帝诏改《明史》本纪，重定建文书法，是以殿本《明史》的记载就成了："帝遣中使出后尸于火，诡云帝尸"，支持了建文帝出亡说。②

　　近年来，随着一波不小的明史热，建文帝和建文帝的下落又成为一个热门话题。为了回应民间对于建文帝问题的普遍关注，也为促进建文和靖难史事的研究，揭示历史的真相，更准确地认识这段历史，2010年7月2日，在南京明孝陵举办了一次"明建文帝踪迹

---

　　①　近年吴德义所著《建文史学编年考》述之甚详，见天津教育出版社2009年版。

　　②　参考孟森：《万季野明史稿辨诬》，见氏著《明清史论著集刊》，中华书局，1959年。

国际学术研讨会"。这次会议由中国明史学会、南京钟山文化研究会主办,南京明文化研究会、明孝陵博物馆承办。"会议综述"称"学者们充分利用史料考溯、古史辨伪的研究方法,系统地梳理了有关建文帝的相关史料,对'建文新政'的特征及影响、建文史学的发展历程以及建文出亡传说的构建过程等阐述了极具学术价值的观点。地方文史工作者则力图发掘有关建文帝下落的传说,提出了诸多富有新意的见解"。① 会议不仅有来自国内包括大陆地区、台湾地区的学者,有来自日本、新加坡的学者,还有一些自称建文帝后裔的人士,以及宣称是建文帝逃亡、隐居或终焉之地的文物工作者文化工作者。有意思的是,会议论文集收录了一张表格,罗列了国内12个省和海外关于建文帝下落的传说达56项之多,远远多于清朝初年查继佐的记述。然而,严肃的史学工作者认为,至今仍然没有一种说法能够用确凿的史料和严谨的推理所证实。因此笔者这里还要套用查继佐的话说:"惟传五十有六,乃信无一真也。真则一而已。"建文帝下落之谜,至今仍然没有令人信服的答案,仍然是留给明史学界的一个未解课题。既然建文帝的下落确实不明,那么,说当年郑和下西洋(包括陈诚出使西域)负有寻找建文帝的,安抚逃居海外的建文帝遗臣、防止他们的复辟活动的任务,就是可以理解的。但是,如果说郑和七下西洋都是为了这一目的,就不能服人了。朱棣作为藩王,有能力推翻一个在位的合法皇帝,当他自己成为皇帝之后,掌握了最高权力,控制了全国的军事、经济力量,对付一个流亡皇帝是绰绰有余的,特别是在朱棣的地位已经巩固之后,更是如此,朱棣完全没有必要为此接二连三地派这样大规模的船队进行远航。陈诚出使西域的目的和影响,前面已经说了,郑和究竟为什么下西洋,

---

① 周钰雯、魏文静:《学者热议明建文一朝,欲解六百年史学之谜——"明建文帝踪迹国际学术研讨会"会议综述》,明孝陵博物馆编,周钰雯主编:《天下说建文》,南京出版社,2011年,第223页。

我将在下文中给出答案。

## 二、关于"耀兵异域"

《明史》说郑和下西洋之目的在于"耀兵异域，且示中国富强"，显然是对郑和下西洋持否定态度，批评明成祖朱棣，指责他借郑和下西洋夸耀武力，显示财富，虚荣自满，张皇骄汰。在传统上，史臣们理想中的圣主贤君应该是安静法祖，拱手而治，强而愈恭，富而不骄，圣心远大，心气平和。好大喜功、生事变法都不是好皇帝。史官们批评郑和下西洋，就是在批评明成祖，批评他的好大喜功，逞强争胜，骄傲自矜。明成祖去世后，明仁宗立刻下令停止郑和下西洋，舆论一边倒地批评郑和下西洋。后世也把郑和下西洋作为先朝弊政，当成教训。《明史·项忠传》记载，成化年间，"朝廷好宝玩，中贵言，宣德中尝遣太监王三保使西洋，获奇珍异货无算。乃命中贵至部，查王三保至西洋时水程。时刘大夏为郎（兵部职方郎中）。公（指兵部尚书项忠，1421—1502。——引者注）令都吏检故牍，刘公先检得，匿之。都吏检不得。复令他吏检。公诘都吏曰：'署中牍焉得失？'刘公微笑曰：'王三保下西洋时，费钱谷数十万，军民死者亦万计。此一时弊政，即牍在，尚宜毁之，以拔其根。犹追究其有无耶？'公竦然，再揖而谢。指其位曰：'公达国体，此不久属公矣。'"①

明人批评郑和下西洋是一时弊政，批评它"费钱谷数十万，军民死者亦万计"，为什么会费钱谷数十万，军民死者以万计？原因就在于"耀兵异域"。

文献记载，郑和出使，"将士卒二万七千八百余人，多赍金

---

① （明）李贽：《续藏书》卷一六《经济名臣·太子太保项襄毅公（忠）传》，中华书局，1959年，第323—324页。

币"①。人员有官校、旗军、火长、舵工、班碇手、通事、办事、书算手、医士，铁锚、木捻、搭材等匠，水手、民梢等名目。其中军人占二万六千八百二名。明朝是当时世界上无可比拟的大国，郑和所到之地多是"蛮夷小邦"。每到一地，郑和首先是"宣天子诏"，"给赐金币"，如果"不服"，才"以武慑之"②。武装与金钱，交互为用。

多数国家地区对明朝使节都表现出友善和欢迎的态度。但也有个别不服的地方。第一次是"旧港头目"陈祖义（？—1407）。旧港原名三佛齐，"华人流寓者往往起而据之"。"有梁道明者，广东南海县人，久居其国，闽粤军民泛海从之者数千家，推道明为首，雄视一方"。"旧港头目"陈祖义也是广东人，永乐四年陈祖义曾遣其子陈士良，梁道明遣其从子梁观政至明廷来朝。但是，陈祖义"虽朝贡，而为盗海上，贡使往来者苦之"。永乐五年，郑和下西洋回还，"遣人招谕之"。"祖义诈降，潜谋邀劫。有施进卿者，告于和。祖义来袭被擒，献于朝，伏诛"③。陈祖义是私逃海外的华人，"剽劫商旅"④，又"潜谋邀劫"贡使，那么，郑和的用武就有相当的正义性了。而且，明朝从来是把三佛齐等地视为应修"臣职"之地的。它们与明朝之间都有"君臣上下之分"。这从明廷"部臣"通过暹罗转给旧港前身三佛齐的一封牒文可以看出：

---

① （清）张廷玉等撰：《明史》卷三〇四《宦官一·郑和传》，第7767页。费信：《星槎胜览》前集，"占城国条"，永乐七年五月，统领官兵二万七千余人，冯承钧校注本，中华书局，1954年，第1页。马欢：《瀛涯胜览》，永乐十四年，宝船与人员计下西洋官、旗军、勇士、力士、通事、民稍、买办、书手，通共计二万七千六百七十员。祝允明《前闻记》载，共二万七千五百五十员名。邓世龙：《国朝典故》中册，北京大学出版社，1993年，第1415页。

② （清）张廷玉等撰：《明史》卷三〇四《宦官一·郑和传》，第7767页。

③ （清）张廷玉等撰：《明史》卷三二四《外国传五·三佛齐传》，第8408页。

④ （清）张廷玉等撰：《明史》卷三〇四《宦官一·郑和传》，第7767页。《明实录》等官方文献，在记载郑和航海时，径称为"官军"。见《明太宗实录》卷二一四，永乐十七年七月庚申，台湾"中研院"历史语言研究所校印本，第2194页。

自有天地以来，即有君臣上下之分……我圣天子一以仁义
待诸蕃。何诸蕃敢背大恩，失君臣之礼！倘天子震怒，遣一偏
将，将十万之师，恭行天罚，易如覆手。尔诸蕃何不思之甚。
我圣天子尝曰："安南、占城、真腊、暹罗、大琉球皆修臣职，
惟三佛齐梗我声教。彼以蕞尔之国，敢倔强不服，自取灭亡。"①

因此，陈祖义的行为不仅仅是海盗攻击，更是违背了"君臣上
下之分"，不符"君臣之礼"，破坏了明朝主导的海上乃至天下秩序。
郑和对他的诛讨，只是"恭行天罚"而已。郑和捉拿了陈祖义，也
是对各国的威慑。陈祖义解京伏诛，"诸夷闻之震慑，曰真天威也。
吾曹安意内向矣"②。为维持"君臣上下之分"，对陈祖义必须讨伐，
要维护明朝所主导的天下秩序，也需要有武力作为后盾。

另一次是永乐六年九月，发生在锡兰山。锡兰山国王亚烈苦
奈儿"欲害和"，而且"不睦邻境，屡邀劫往来使臣"，"诸蕃皆苦
之"③。亚烈苦奈儿"诱和至国中，索金币，发兵劫和舟。和觇贼大众
既出，国内虚，率所统二千余人，出不意攻破其城，生擒亚烈苦奈
儿及其妻子官属，劫和舟者闻之，还自救，官军复大破之"④。九年六
月，郑和献俘于朝，"廷臣请行戮，帝悯其无知，并妻子皆释，且给
以衣食。命择其族之贤者立之"⑤。这与对陈祖义的处理不同，毕竟陈
祖义是从中国闽粤地区跑出去的华人，明朝将亚烈苦奈儿送还，又
遣使赍印诰封了锡兰山的新王，可以说是敷陈声教，德化外夷。因
此"海外诸蕃益服天子威德，贡使载道"⑥。这时，明朝已经破安南，

① （清）张廷玉等撰：《明史》卷三二四《外国传五·三佛齐》，第8407页。
② （明）张燮：《东西洋考》卷三《旧港》，中华书局，1981年，第52页。
③ （清）张廷玉等撰：《明史》卷三二六《外国传七·锡兰山传》，第8444页。
④ （清）张廷玉等撰：《明史》卷三百四《郑和传》，第7767页。
⑤ （清）张廷玉等撰：《明史》卷三二六《外国传七·锡兰山传》，第8444页。
⑥ 同上。

在其地设置了郡县，再加上抓了锡兰山的国王，"诸邦益震詟，来者日多"①。诸邦慑服于明朝的威德而纷纷来朝，由是海道清宁，往来和平，商贸顺畅。天下来朝，各国和平相处，这正是朱棣的理想，这些如果没有强大的武力为后盾是不能实现的。"耀兵"正是其手段。

还有一次郑和船队用武是在苏门答腊。史称，苏门答腊酋长宰奴里阿必丁，永乐三年随中使入贡。明朝封其为苏门答腊国王，给予印诰，且约定苏门答腊比年入贡一次。终成组世不绝。②这中间发生过一件事。苏门答腊王之父死于与邻国花面王的战事。某渔翁率众杀了花面王，为苏门答腊王妻报了仇，而据有了王位，称为老王。宰奴里阿必丁成年后，杀了老王夺回王位。但老王之子苏干剌另立一寨，为报仇不时率众来侵扰，累年争战不息。永乐十三年，"正使太监郑和等船到彼，发兵擒获苏干剌，赴阙明正其罪"③。《天妃灵应之记》说，郑和之擒获苏干剌，是由于"其王宰奴里阿必丁遣使赴阙陈诉"。④《明史》说郑和擒获苏干剌的原因，还有"苏干剌以颁赐不及己，怒，统数万人邀击"，于是，"和勒部卒及国人御之"。⑤郑和擒归苏干剌，"其王子荷蒙圣恩，常贡方物于

① （清）张廷玉等撰：《明史》卷三〇四《宦官一·郑和传》，第7767页。
② （清）张廷玉等撰：《明史》卷三二五《外国传六·苏门答腊传》，第8420页。
③ 万明校注：《明抄本〈瀛涯胜览〉校注》，海洋出版社，2005年，第44页。
④ 《天妃灵应之记》，见胡廷武、夏代忠主编：《郑和史诗》，云南人民出版社，2005年，第12页。
⑤ （清）张廷玉等撰：《明史》卷三二五《外国六·苏门答腊传》，第8420页。按：马欢是郑和航海船队的随员，《瀛涯胜览》当是最早记述此事的著作。其后巩珍《西洋番国志》（宣德九年）、费信《星槎胜览》（正统元年）、罗日褧《咸宾录》（万历辛卯）、严从简《殊域周咨录》（万历癸未）等均记其事。《星槎胜览》说："永乐十一年，伪王苏干剌寇窃其国，王遣使赴阙陈诉请救。上命正使太监郑和等统帅官兵剿捕。生擒伪王，至十三年归献阙下。诸番震服。"见冯承钧《星槎胜览校注》前集，"苏门答腊国"条，商务印书馆，1954年。其余各书所记繁简不一，且人物关系混乱。《殊域周咨录》至谓"太监郑和擒假子送京伏法，渔翁王子感激"云云；而《明史·苏门答腊传》则称苏干剌为老王之弟。今从《瀛涯胜览》。

朝廷"。①郑和这次用武，帮助苏门答腊维护了安定，也是对苏干剌邀击进行的抵御，当属是师出有名。

郑和几次用武的师出有名，当然并不是为其航海辩护的主要原因。重要的是，要看郑和出使所要达到的目的和他出使造成的实际后果。郑和使团秉持厚往薄来的原则，在所到国多赐金币财货，即使有强大的武力，也并不去征服掠夺。明朝没有借郑和下西洋侵占他国领土，没有掠夺他国财富。

宣德六年，郑和第七次出海前，立于福建长乐的《天妃灵应之记》碑写道：

> 及临外邦，其蛮王之梗化不恭者，生擒之；其寇兵之肆暴掠者，殄灭之。海道由是安宁，番人赖之安业。②

郑和所过，留下的是一条清宁的海道和一片和平的海洋。郑和之武力，不仅是他赖以完成使命的后盾，也是番人安业的依靠。郑和之航海，与几十年后西方所谓地理大发现的航海者们掠夺滥杀的强盗行径，真可谓判若天壤了。

查继佐（1601—1676）评论郑和下西洋说："自成祖之大度雄风，为之敷被，太祖时未及矣。祖训'勿勤远'，而郑和之遣以兵从，幸而不蹶。不然，如辱国何？"③查继佐批评朱棣违背了朱元璋"勿勤远"的祖训，派郑和出使带了军队。但他又认为，武力是郑和完成任务的保证，若没有武力支持，郑和就可能失败辱国，出使的目就不可能达成。《明史》的编纂者并没有完整理解明成祖的意图，也没有统观郑和之用武，简单地用传统观念批评郑和下西洋为"耀

---

① 万明点校：《明抄本〈瀛涯胜览〉校注》，第44页。
② 《天妃灵应之记》，胡廷武、夏代忠主编：《郑和史诗》，第12页。
③ （清）查继佐：《罪惟录》志卷三二，"列朝属夷封爵"，第1073—1074页。

兵异域"，显然是有失偏颇的。

## 三、关于"示中国富强"

明人称郑和下西洋的船只为宝船，即"西洋取宝船"，因而，也有人把郑和下西洋称作是往西洋取宝。一些论者对此颇为回避，仿佛取宝有失高尚，是不应该做的事。然而明朝君臣对于出洋取宝毫不隐讳，他们认为这是天朝盛事。天顺时司礼监太监福安曾慨叹说："永乐宣德间，屡下西洋，收买黄金珍珠宝石诸物。今停止三十余年，府藏虚竭。"[①]他们非常欣羡各种宝物自西洋源源而来的盛况。

明朝初年，中国经济发展水平远较郑和航海经过的地方为高。郑和船队所带的物品无疑颇受各国欢迎的。尽管朱棣一再声称与夷狄交往是"厚往薄来"，到处给以大量赏赐，但郑和的船队也会在所到之处换取各种财物。《瀛涯胜览》"祖法尔国"条记载，"中国宝船到彼，开读赏赐毕，其王头目遍谕国人，皆将乳香、血竭、芦荟、没药、安息香、苏合油、木别子之类，来换纻丝、瓷器等物"[②]。纻丝、瓷器是中国船只携带的主要物品。《明史》还说，郑和"所取无名宝物不可胜计"，这些宝物都是些什么呢？郑和等于宣德六年所立之《天妃灵应之记》碑永乐十五年条下记云："其忽鲁谟斯国进狮子、金钱豹、大西马，阿丹国进麒麟，番名祖剌法，并长角马哈兽，木骨都束国进花福禄并狮子，卜剌哇国进千里骆驼并驼鸡，爪哇、古里国进麋里羔兽。若乃藏山隐海之灵物，沉沙栖陆之伟宝，莫不争先呈献。"[③]《西洋朝贡典录》则概括为"明月之珠，鸦

---

① 《明英宗实录》卷二八八，天顺二年二月戊申，台湾"中研院"历史语言研究所校印本，第6155页。

② 万明点校：《明抄本〈瀛涯胜览〉校注》，海洋出版社，2005年，第76页。

③ 《天妃灵应之记》，见胡廷武、夏代忠主编：《郑和史诗》，云南人民出版社，2005年，第12页。

鹘之石，沉南龙涎之香，麟狮孔翠之奇，梅脑薇露之珍，珊瑚瑶琨之美，皆充舶而归"①。这些香料、珠宝、珍禽、异兽，显然并不都是社会民生所必需。推动经济发展不是郑和下西洋的主要目的。然而，由于大规模的持续航海，西太平洋与印度洋之间的海路保持畅通，大大促进了中国与东西洋之间的物质和文化交流，也是不争的事实。

与官方的大规模船队出洋相反，朱棣对民间实行了严格的海禁政策，不准人民出海贸易。朱棣即位诏书中就有这样的话："沿海军民人等，近年以来，往往私自下番，交通外国，今后不许。所司一遵洪武事例禁治。"②甚至在国内从东南地区向北京输送粮饷，也不能用海运。永乐五年，有人上言"北京军饷河运不能给，须兼海运。今海船少，岁运不过五六十万石，且未设官专领，事不归一，请于太仓设海道都漕运使司，择文武大臣中公勤廉干者充使，行移如布政司，提调各卫所海船，并出海官军"。朱棣不置可否，"令再议"实际上是不予批准③。为此，朱棣多次命令将海运船改造为内河船只，以防军民私自出海。《明太宗实录》永乐二年记载："时福建濒塘海居民私载海船，交通外国，因而为寇，郡县以闻，遂下令禁民间海船，原有海船者悉改为平头船，所在有司防其出入。"④在对外贸易方面，同年八月，恢复了在洪武七年罢废的市舶提举司，管理官方对外贸易，但民间的出海贸易仍然是禁止的。市舶提举司的职掌是：

---

① （明）黄省曾：《西洋朝贡典录》序，第7页。《明史》中更有关于番人不肯献宝为郑和所恶的记载。《鸡笼山传》云："永乐时，郑和偏历东西洋，靡不献琛恐后，独东番（鸡笼山）远避不至。和恶之。"见《明史》卷三二三，第8376页。

② 《明太宗实录》卷一〇上，洪武三十五年七月壬午，台湾"中研院"历史语言研究所校印本，第149页。

③ （明）郑晓：《今言》卷之二，第76页。

④ 《明太宗实录》卷二七，永乐二年正月辛酉，台湾"中研院"历史语言研究所校印本，第498页。

"海外诸番朝贡市易之事,辨其使人表文勘合之真伪,禁通番,征私货,平交易,闲其出入而慎馆谷之。"①明朝允许的仅是有限度的"番使"登岸贸易。"番使"凭明政府颁发的堪合,按规定的次数来华进行贸易,因此又称为"堪合贸易"。又因为来华贸易者,往往自称"番使",或被称为"番使",以朝贡的名义来进行贸易,因而又被称为朝贡贸易。当然,也有一些真正的外国使者来华,兼作贸易。在市舶司管理下,明朝的对外贸易规模也很大。与此相伴随的是非法的走私贸易。中外商人都可能拥有武装,以对抗官府的禁令。正德以后,武装走私和倭寇问题纠缠在一起,在东南沿海形成了严重的祸乱。到嘉靖末年,明朝才彻底平定了倭患。隆庆改元,朝廷颁布法令,正式解除了民间出海贸易的禁令,"准赴东西二洋"②。所以,那种在永乐年间,似乎出现了一种自由海外贸易的盛况的看法是没有根据的。

郑和下西洋在经济上肯定是一项收不抵支的事业。为此,它遭到许多当时人的批评。但是,明朝也有人认识到了它的政治意义,即,郑和下西洋不是为了财富,而是为了所谓"周官之王会"。万历年间的国子监祭酒、吏部左侍郎兼翰林院侍读顾起元(1565—1628)在《客座赘语》中写道:"惜哉,其以取宝为名,而不审于周官王会之义哉!"③这是说,人们习惯地称郑和下西洋是"下西洋取宝",没有仔细思考"周官之王会"的意义,是不妥的。所谓"周官之王会"与陈诚出使西域宣称的"协和万邦"、"共图王会之盛"是同一个意思。这是明成祖雄才大略之所在,然而,并不是所有的人都能理解这一点的。

---

① (清)张廷玉等撰:《明史》卷七五《志第五一·职官四·市舶提举司》,第1848页。

② (明)张燮《东西洋考》卷七《饷税考》:"隆庆改元,福建巡抚都御史涂泽民请开海禁,准贩东西二洋。"(第221页)

③ (明)顾起元:《客座赘语》卷一,"宝船厂",中华书局,1987年,第31页。

## 四、天下共享太平之福

其实，至此问题已经很清楚了。但是我还是要追问郑和为什么要下西洋，或者说明成祖朱棣为什么要派遣郑和下西洋？

郑和在海外所进行的活动是代表明政府的。他一直遵循的是明太祖朱元璋、明成祖朱棣处理与外夷关系的理念，表达了他们所认知的天下观。本篇的前两部分，对这些理念已经作了介绍。这里还要介绍一份文献，是永乐七年三月明成祖命郑和带给"四方海外诸番王及头目人等"的一封敕书。它更清楚、更完整地表达了明成祖派遣郑和下西洋所要达成的目的。

> 大明皇帝敕谕南京守备驸马督尉宋彪、襄城伯李隆：今遣太监郑和往西域忽鲁漠思等国公干，合用扛抬搬运钱粮官军，尔等即便照数差拨，毋得稽迟。
>
> 永乐七年三月　　日

> 皇帝敕谕四方海外诸番王及头目人等：朕奉天命，君主天下，一体上帝之心，施恩布德。凡覆载之内，日月所照、霜露所濡之处，其人民老少，皆欲使之遂其生业，不至失所。今特遣郑和赍敕，普谕朕意：尔等祗顺天道，恪遵朕言，循礼安分，毋得违越，不可欺寡，不可凌弱，庶几共享太平之福。若有撝诚来朝，咸锡皆赏。故此敕谕，悉使闻知。
>
> 永乐七年三月　　日[1]

很明显，明成祖派郑和出使的目的是"一体上帝之心，施恩

---

[1] 《郑和家世资料》"马公墓志铭、郑氏世系家谱"，附"敕书"，人民交通出版社，1985年，第2页。

布德",是为了普天之下的"人民老少","皆欲遂其生业,不至失所"。同时,他还要求"四方海外诸番王头目人等""循理安份",遵守礼制秩序,"不可欺寡,不可凌弱",最终实现"天下共享太平之福"。

这是一份堂堂正正的宣示,是明成祖对郑和的要求,也是他为建立天下秩序制定的准则。无疑,这使明朝在与各国交往中占据了道义的制高点。也因此,郑和遍行天下无往而不利。

明朝皇帝既自称是奉天命,就是天下共主,就有义务施恩布德,有责任维护天下秩序,各国间发生了纠纷,明朝就要去调节载处。明朝凭借实力和道义,即所谓"威德",对于胆敢暴寡凌弱的"越礼"行为,曾经一再给予训戒。比如,永乐元年,安南屡次兴兵侵略占城,就遭到了明成祖朱棣的训戒:

> 永乐元年八月癸丑,朱棣敕安南胡奎曰:朕君临万方,体天为治,一物失所,时予之辜。今占城与尔邻壤,尔屡兴兵侵其土地,杀其人民,剽掠财物,占城之人困尔荼毒。夫两国土地,传自先世,而主于天子,何得恃强踰越!为恶受祸,自古有明戒,然事已在赦前,兹不深究,自今宜保境安民,息兵修好,则两国并受其福。尔其钦哉! [①]

又如,永乐十七年,暹罗无故欲加兵于满剌加,也曾受到朱棣的训戒:

> 永乐十七年十月癸未,遣使谕暹罗国王三赖波磨剌扎的曰:"朕祇膺天命,君主华夷,体天好生之心以为治,一视同仁,无

---

① 《明太宗实录》卷二二,永乐元年八月癸丑,台湾"中研院"历史语言研究所校印本,第408页。

间彼此。王能敬天事大，修职奉贡，朕心所嘉，盖非一日。比者，满剌加国王亦思罕达儿沙嗣立，能继乃父之志，躬率妻子，谒阙朝贡，其事大之诚与王无异。然闻王无故欲加之兵。夫兵者凶器，两兵相斗，势必俱伤。故好兵非仁者之心，况满剌加既已内属，则为朝廷之臣，彼如有过，当申理于朝廷，不务出此，而辄加兵，是不有朝廷矣。此必非王之意，或者王左右假王之名，弄兵以逞私忿。王宜深思，勿为所惑。辑睦邻国，无相侵越。并受其福，岂有穷哉？王其留意焉。"[①]

郑和的出使虽然有一种居高临下的态势，但他一秉"厚往薄来"的方针，坚持强不凌弱、众不暴寡的原则，清除海盗，主持正义，不侵占所到国的土地，不掠夺所到国的财富，为明朝赢得了尊严和荣誉。明人盛赞郑和的功绩，说，"虽曰天子灵威致然，而二三中臣，捧数行之诏，蹈邈绝之境，百尺所至，靡不柔慑，东向而稽首，其殆不辱君命而善于怀诱者，亦贤矣哉"，称赞他"为天子光"[②]，这些夸奖，并非虚誉。

郑和《天妃灵应之记》碑文说，"自永乐三年奉使西洋，迄今七次，所历番国由占城国、爪哇国、三佛齐国、暹罗国、直逾南天竺、锡兰山国、古里国、柯枝国，抵于西域忽鲁谟斯国、阿丹国、木骨都束国。大小凡三十余国，涉沧溟十万余里。"[③]郑和所到之处大大促进了各国与中国的交往。据统计，永乐年间，郑和所到过的海外各国或地区，派使臣来华的就有318次（不包括朝鲜、日本、琉球）。有4个国家的11位国王亲自来华，有浡泥（在今加里曼丹岛）国王、苏禄（在今菲律宾苏禄群岛）国王、满剌加（在今马来西亚）国王、

---

①　《明太宗实录》，卷二一七，永乐十七年十月癸未，台湾"中研院"历史语言研究所校印本，第2161—2162页。

②　（明）黄省曾：《西洋朝贡典录》卷上，"自序"，"三佛齐"，第7页、第36页。

③　《天妃灵应之记》，胡廷武、夏代忠主编：《郑和史诗》，第12页。

古麻剌朗（今属菲律宾）国王等。这在中国历史上是从来没有过的。明成祖意图把儒家"天下为公"的理想推向全"天下"，提出"华夷无间"，不分彼此，都是所谓"天下赤子"，大明皇帝作为天下共主，对其"抚字如一"。在经济上，明朝对各国采取"厚往薄来"的原则。在文化上，明朝尊重各地的宗教风俗，在国家关系上主张强不凌弱，众不暴寡，人民老幼得以遂其生业，最终使全天下"共享太平之福"。这是一个以天下共主为中心的秩序体系，四方海外诸番要承认、接受这个体系，不得"梗化不恭"。否则，天下共主要对他们进行训诫和惩罚。明朝对各个国家要抚之如赤子，各个国家对明朝要有"事大"之诚心。[①]明朝官方文书将此表述为"臣服"，在实际上，明朝与各国之间建立的是通使和朝贡的关系。朝贡的意义，更多地是来华各国向明朝表达敬意同时享有从事贸易的权利。黄枝连称明成祖要在亚洲建立的华夏秩序为"天朝礼治体系"。我认为，明成祖不仅是要在亚洲，而是要在全天下建立这种体系，我更愿意称之为"天朝礼制体系"[②]。郑和下西洋就是明成祖为建立"天朝礼制体系"的宏图的一项努力。

史称，"成祖欲远方万国无不臣服"[③]。明成祖通过郑和下西洋等一系列努力，确实把明朝的影响推广到了极致。明人夸耀当时的明朝是："天之所覆，地之所载，莫不贡献臣服，三世五世，不是过矣。"[④]中国自古以来看重四夷来归，那被认为是有德的标志。朱棣特别乐于见到所谓四夷宾服、天下一家的局面。他希望以之夸耀于国人、彪炳于史册。永乐十三年十一月壬子，麻林国及诸番国进献麒

---

① 建文帝给朝鲜的诏书称："惟尔权知国事李曔能敦事大之礼，以朕生辰复修贡篚，心用嘉之。"朝鲜《李朝太宗恭定大王实录》一，辛巳元年二月乙未，吴晗辑：《朝鲜李朝实录中的中国史料》第一册，中华书局，1980年，第154页。

② 黄枝连：《天朝礼治体系研究》，中国人民大学出版社，1992年版。

③ （清）张廷玉等撰：《明史》卷三三二《西域传四·于阗》，第8614页。

④ （明）费信：《星槎胜览》序，中华书局，1954年，第11页，《附四卷本星槎胜览序》。

麟、天马、神鹿等物，朱棣在北京奉天门接受奉献，文武群臣纷纷稽首祝贺，说道："陛下圣德远大，被及远夷，故致此祥瑞。"朱棣说："岂朕德所致？此皆皇考深仁厚泽所被及，亦卿等勤劳赞辅，故远人毕来。"他故作谦辞，说"远人来归，未足恃也"[①]。朱棣得意自矜、骄傲自夸的心态溢于言表。

明成祖说的"强不凌弱、众不暴寡"，"天下共享太平之福"，仅仅是一种理想，郑和七次下西洋，前后经历二十余年，虽然一时轰轰烈烈，但这一理想的实现程度毕竟相当有限。天下的纷争是个常态，天下盛行强凌弱、众暴寡的丛林法则。而明成祖只是一位不世出的中国皇帝。他继承了中国传统的天下观，他凭借个人的强悍和雄厚的国力，去推动实现他的远大抱负。但是，一个国家难以为此坚持于久远，一个国家也不可能无穷尽地为之投入金钱和物力。明成祖朱棣的远大理想，最终会受到各种条件的制约而难以维继。

我们考察郑和下西洋时，不能用现代国际关系准则去比附古代的国与国之间的关系。那是历史上发生的事。历史人物的行为也用不着现代人去承担责任，历史人物的思想肯定没有现代人的高度。我仍想重复前面的话，一个帝国的君主是不懂得什么相互平等的，对他来说，一切都应该臣服，所谓"君主华夷"，所谓"天之所覆，地之所载，皆朕赤子"，并不具有当今国际关系中的平等观念。莫说明朝和明朝以前是如此，即使到了清朝，西方国家已经进入资本主义社会，中国君主的观念仍然没有改变。在清乾隆帝和英国使节在承德避暑山庄那次著名的会见中，中国君臣仍然斤斤于英使应该双腿下跪。最终马戛尔尼（1737—1806）以单腿下跪应付过关，满足了乾隆皇帝的虚骄之心。然而，乾隆帝仍把准许洋人来华贸易看作

---

① 《明太宗实录》卷一七〇，永乐十三年十一月壬子，台湾"中研院"历史语言研究所校印本，第1898页。

是对"外夷"的"加恩体恤"①。

抛开明成祖个人的政治目的不谈，在当时，天朝礼制体系的设想却是美好的。没有侵略，没有杀戮，没有强凌弱、众暴寡，天下共享太平之福。不幸的是，历史的进程常常伴随着掠夺和杀戮，特别是在西方资本主义国家崛起的时代。一些人在歌颂哥伦布等人的地理大发现时，却不计较他的野蛮掠夺和杀戮；在称颂世界文明的进步时，却不计对印第安文化的毁灭，忽视印第安人的血泪和苦难②。这种价值定位，是以西方为中心的，是以强权强势为中心的。在今天我们评价这段历史时是不是应该改变这种以西方为中心，宣扬掠夺、侵略有理的价值观呢？一些论者贬低郑和下西洋的历史贡献，认为它对推动人类文明进步没有意义。然而从更长远的历史发展看，郑和下西洋所遵循的强不凌弱、众不暴寡，天下共享太平之福的理念不是更伟大吗？相反，哥伦布式的海盗行径则是应该被唾弃的。世界需要发展，世界更需要和平、平等。发展不能以掠夺和流血的方式进行，不能以牺牲弱小民族为代价。因此，我们不能不赞叹中华民族自古追求的天下为公的伟大理想，追求建立普天之下一视同仁的和谐世界。郑和留给世界的不止是对新航路的开辟，不止是他的领先的造船和航海技术，不止是他高超的智慧和坚韧不拔的精神，更重要的是他倡导的是强不凌弱，众不暴寡，天下共享太平之福的天下观。"普天之下，莫非王土；率土之滨，莫非王臣"的时代已经过去了。当今世界上不需要什么天下共主，也不应该再追求什么"君主华夷""四海来朝"。但是，在21世纪的今天，建立国际新秩序时，郑和下西洋这份遗产仍然能够为我们提供宝贵

---

① 《清高宗实录》卷一四三五，乾隆五十八年八月已卯，"敕谕嗪咭唎国王"，参见〔法〕佩雷菲特：《停滞的帝国——两个世界的撞击》，生活·读书·新知三联书店1993年版。

② 1502年，达·伽马在印度洋上航行，遇到一艘没有武装的船，他下令抢光船上的财物，船上的700人全被烧死。西方的不少航海家都有残忍的抢劫记录。

的借鉴。

在评价郑和下西洋时，学界对郑和下西洋也不乏批评。我同意这样的意见："郑和下西洋是封建主义皇权至上的产物，而不是明初社会经济发展要求的结果；郑和下西洋所进行的对外贸易，是以封建主义官手工业生产为基础的封建国家的垄断商业；郑和下西洋助长了中国封建统治者的虚骄心理。"[①]郑和下西洋表现了中国人民的聪明才智和伟大的创造力，也表现出了中国人民的勇敢和大无畏精神。但郑和下西洋又同时是一出悲剧，这些伟大的航海家只是在被一个虚骄的皇帝所用时，才偶尔闪现出了光辉。郑和下西洋活动停止了，那雄伟的海船，那精湛的航海技术，那叱咤海上的英雄也就无影无踪了。

郑和下西洋是世界航海史上的壮举，早在近一个世纪前就受到新史学先驱梁启超先生的关注。与传统史家不同，任公视野开阔，有世界格局。他说："及观郑君，则全世界历史上所号称航海伟人，能与并肩者，何其寡也。郑君之初航海，当哥伦布发现亚美利加以前六十余年，当维哥达嘉马发现印度新航路以前七十余年。……刑余界中，前有司马迁，后有郑和，皆国史之光也！"[②]

然而，郑和下西洋这样的活动在宣德以后就再也没有举行了。为什么如此轰轰烈烈的航海竟会戛然而止？为什么郑和下西洋没有产生像哥伦布航海那样的深远影响？梁启超早在一百年前就说明白了，那就是它的动因不同："若我国之驰驱外国者，其希望之性质安在，则雄主之野心，欲怀柔远人、万国来同等虚誉，聊以自娱耳，故其所成就者，亦适应于此希望而止，何也？其性质则然也。故郑

---

① 冯尔康：《"郑和下西洋"的再认识——兼论"下西洋"与封建专制的关系》，南开大学历史系编：《南开史学》1980年第2期，南开大学出版社，1980年，第1页。

② 梁启超：《祖国大航海家郑和传》，原载《新民丛报》1904年第3卷第21号，署名"中国之新民"。见王天有、万明编：《郑和研究百年论文选》，北京大学出版社，2004年，第1页。

和之所成就，在明成祖既已踌躇满志者，然则以后虽有无数量之郑和亦若是则已耳。"①郑和下西洋缺乏经济发展原动力的驱使。明成祖所达到的目的在很大程度上是名义性的，而不是实质性的。他的虚誉满足了，那事业也就停止了。

对于郑和下西洋这样的活动停止的原因，一些美国学者写道："永乐帝死后，随后的洪熙帝和宣德帝放弃了这些探险——它们耗资巨大，也促使资源和注意力偏离了受到威胁的中国北部边境。事实上，中国从远洋探险中获得的政治、经济或军事价值很小，因此，这种决定是合情合理的。"②

的确，郑和下西洋戛然而止的原因，应该从对明朝自身历史及其面对的形势进行分析而得出结论。郑和第七次下西洋是在宣德五年（1430）到宣德八年（1433）。郑和就死在这次回航途中。而两年后（宣德十年，1435）的正月，宣宗也死了。明成祖朱棣死后，仁宗一反永乐之政，一切以收缩保守为是，毫无成祖开拓进取、长驾远驭之心。仁宗执政不足一年，宣宗继位。宣宗有心继承乃祖之事业，于是再派郑和出使西洋。但他享寿也不长，仅仅十年，即使想要再派什么人出使也没有机会了。英宗继承皇位时年仅十岁，被因循的老臣和老练的宦官包围，是一位明显的弱势君主，谈不上继承和弘扬祖宗大业！甚至，英宗君臣完全不了解祖宗派郑和出使西洋的目的所在。前引天顺二年（1458），司礼监太监福安慨叹说："永乐、宣德间屡下西洋，收买黄金、珍珠、宝石诸物，今停止三十余年，府藏虚竭。"他们仅以收买黄金珠宝看待郑和下西洋，其识见可谓等而下之了，又如何能想到海外开拓？而在此时，明朝北方的形势也在发生变化。明成祖没有彻底解决的蒙古问题，这时

① 梁启超：《祖国大航海家郑和传》，见王天有、万明编：《郑和研究百年论文选》，北京大学出版社，2004年，第8页。
② 〔美〕大卫·克里斯蒂安等：《大历史》，北京联合出版公司，2017年，第331页。

显露了出来，且对明朝的威胁越来越严重。蒙古瓦剌部的崛起，虽然还不能动摇明朝政权，却使明朝遭到了土木之变那样的惨败。在这种形势下，明朝再进行大规模的远航，显然是不可能的，既没有那么大的财力，也不允许再分散已经衰落的军力。郑和下西洋的停止是必然的。

## 附记：郑和实现了环球航行吗？

2002年，英国退役军官孟席斯（Gaven Menzies）出版了一部叫作《1421年：中国发现世界》（*1421: The Year China Discovered World*）的书。作者宣称，他历经15年，遍历120个国家，通过精心考证得出结论：中国人郑和率先实现了环球航海。这是一条爆炸性的新闻，立刻在全世界引起了广泛的反响。在短短3天之内，就有包括加拿大、日本在内的世界26家电视台对他进行采访，世界各大出版商不惜高价向他购买这本书的版权。孟席斯租用了英国皇家地理学会的演讲厅，邀请学者、外交官、海军军官、出版商和纪录片制片人250余人现场听他发表研究结论，而实际出席者竟达到了700多人。孟席斯的写手勃诺米也被出版商和电影公司的问询所包围，他说："几乎可以说，不管（结论）是否正确，这也是一个伟大的冒险故事。孟席斯是一个非常英式的偏执怪人，像他这样的人通常就是找出真相的人。"他又说："许多学者思想僵化，只想保护自己，对他们来说，孟席斯是一名门外汉，他们会像狼群那样围着他不放。"[①]

孟席斯是首先通过在美国明尼苏达大学图书馆发现的一幅古地图开始研究的，他的长期海上航行经历，给了他很大帮助。他不仅阅读了大量的史料，而且结合星象学、地图学、古代文物和人类学进行研究。孟席斯表示，他的研究态度很严肃，希望还历史以本来

---

① 中新网2002年03月08日。www.china.org.cn。

面目。他说:"了解郑和越多,越惊叹郑和历史的分量。"他推断,中国船队不仅到过非洲海岸,而且到过南美洲和澳大利亚,并进入了加勒比海和科蒂兹海。他提出了在加勒比海发现的9艘中国古代沉船残骸的有力证据。如果孟席斯的结论成立,它将改写世界航海史,改写世界地理大发现的历史。他又说:"郑和实在是个了不起的航海家,他具有超群的领导能力。他在船队前进的过程中,吸收了不少沿途的能工巧匠为船队服务,其中包括基督教徒、阿拉伯人、通晓各种语言的翻译。那是一个名副其实的跨国船队。""而且在我的考证中,郑和的航海根本带着和平的愿望,并非一些史籍中所说,是'耀兵异邦'。郑和在近20年的7次出海航行中,除了几次针对海盗的防卫作战外,没有证据显示,船队对沿途居民实施主动进攻,更无史料显示,郑和的船队意图征服异邦。这与以后西方的航海家征服性侵略性的远征性质根本不同。"

事实不幸被勃诺米言中。许多人像一群狼一样围住了门外汉孟席斯。

孟席斯的研究无疑是有缺陷的。比如,他得到的1424年以前绘制的古海图,上面就已标明了非洲、南美洲、澳大利亚和很多岛屿的位置,标明了好望角。而这时,欧洲人的航海探险还没有开始,早就有人到过这些地方。当时郑和正带领世界上最大的船队远航,他认为,那些人肯定是中国人。显然他的推论过于大胆,还需要更多的证据。到现在为止,我们还不能确认是中国人郑和首先完成了环球航海,但是我们应该对孟席斯的研究予以尊重,而不是指责。至少,他提出的问题值得我们进一步去探讨,作为一个有长期航海经历的人,他使用的一些方法也值得我们借鉴,而能够不带偏见地看待东西方的历史,也是一个学者应取的态度。

# 索　引

说明：（1）本索引设人名索引和地名索引，凡正文中出现的人名、地名皆在标引范围，地名一般采用通用地名；（2）标引词按照汉语拼音音序排列，首字相同按第二个字的音序排列，以此类推；（3）标引人名、地名后的阿拉伯数字表示所在页码。

## 人名索引

阿剌孙 171

阿里不哥 290

阿力台 210

阿鲁台 154，156，203，205，207，208，209，210，211，212，213，214，215，216，217，218，221，222，223，224，227，228，229，230，234，235

阿桑儿只 178

阿史那社尔 150，215

安克帖木儿 178，179

安禄山 150

把泰 177，298

把秃孛罗 202，207，224，225，234

别儿怯帖木儿 178

别列怯 178，179

宾鸿 141

伯克帖木儿 187

卜颜不花 153，212

卜颜帖木儿 149

蔡信 259

曹天宝 301

曾鼎 297

曾棨 98，99，297

查继佐 7，35，62，107，124，131，132，303，304，306，311

察罕达鲁花 203

察合台 290，291

常遇春 71

彻里帖木儿 210

陈诚 177，262，285，286，287，288，291，292，293，294，295，296，297，298，302，305，306，314

陈德文 177，298

陈登 18，25，105，157

陈迪 110

## 地名索引

# 后　记

　　我对明成祖朱棣的研究，开始于1978年在中国人民大学的研究生学习阶段。指导教师是韩大成教授。1985年10月，中国明史学会在黄山成立并召开国际研讨会，我提交了论文《永乐皇帝断论》。1986年10月，在宁波举办的首次国际黄宗羲学术讨论会上，我结识了李焯然教授。他建议将我的明成祖研究交付出版。在李纪祥先生的促进和邱家敬先生的鼎力相助下，1994年7月，《明成祖史论》在台北文津出版社出版。其中本人撰写的内容分列为内政篇、民族篇、外交篇，同时收入了李焯然撰写的思想篇、宗教篇。这次商务印书馆出版本书，我将本人对明成祖研究的有关文字做了重新编排校订和增补，单独印行，仍名《明成祖史论》。书中所述，大抵沿袭了原有的思路，也表达了不少新的想法，算是对历年研究的一个总结。

　　此次本书的编辑整理得到了许多人的帮助。新的编辑体例，要求对所有征引文献进行核校和统一格式。由于全书内容陆续形成于数十年之间，所引用的材料来源于不同的图书馆和藏书单位，即使同一部书，版本也参差不齐，核校统一的工作量相当大。这项繁重的工作是由张英聘、刘少华承担完成的。书末所附人名、地名索引，是由乔方悦编制的。对他们的热情帮助和辛勤付出，谨此表达衷心的感谢。

感谢商务印书馆将本书列入出版选题。感谢责任编辑朱绛所做的繁琐细致的编辑工作。感谢所有曾经帮助过我的师长、同事和朋友们。也借此表达对韩大成老师的深切怀念。

2022年10月25日